Edition Paashaas Verlag

EPV

Autor: Dieter Kleffner
Covermotive: Pixabay
Cover designed by Michael Frädrich

www.verlag-epv.de
Lektorat: Harry Michael Liedtke, Floodland Agency
Originalausgabe Januar 2020
ISBN: 978-3-96174-052-9

Die Deutsche Nationalbibliothek verzeichnet diese Publikation in der Deutschen Nationalbibliografie; detaillierte bibliografische Daten sind im Internet über http://dnb.d-nb.de abrufbar.

Selbstgerecht und selbst gerächt!

4 Kurzkrimis

FSC
www.fsc.org
MIX
Papier aus verantwortungsvollen Quellen
Paper from responsible sources
FSC® C105338

Diese Geschichten warten auf Sie:

Seite 7: Phobie
Der siebzigjährige Witwer Hannes Fischer ist sehr wohlhabend. Versehentlich hat er den Wagen von Heidemarie Kirsch vor einem Café zugeparkt. Er entschuldigt sich und lädt die zwanzig Jahre jüngere Witwe zu Kaffee und Kuchen ein. Beide kommen sich in den nächsten Tagen näher. Der Tochter von Hannes Fischer ist diese Dame suspekt. Stellt diese für ihren Vater sogar eine Gefahr dar?

Seite 34: Klinikluft - ganz normaler Wahnsinn
*Lars Svensson ist ein Mensch mit einem Gerechtigkeitswahn. Da er jeden Mitbürger schon bei geringen Regelverstößen maßregelt, wird er in der psychiatrischen Abteilung einer Uniklinik behandelt.
*ein älterer Patient der Intensivstation stirbt unerwartet.
*Ein Dieb treibt in der Klinik sein Unwesen
*Eine Praktikantin verschwindet in den geheimnisvollen Tunnelgängen, die die Klinikgebäude unterirdisch verbinden.
*Eine Ärztin begegnet ihrem Mörder im Moor
Dieser Krimi gibt Einblick in den gewohnten Klinikalltag, der sich jedoch in dieser Geschichte zu ganz normalem Wahnsinn entwickelt ...

Seite 179: Das Orakel vom Pool
Pythia ist ein professionelles Medium. Sie legt Skatkarten wie beim Tarot und liest aus deren Konstellation das Schicksal ihrer Kunden. Sie versteht ihre Arbeit im weitesten Sinne als Lebenshilfe und Seelsorge. Pythia ist für Stammkunden fast immer erreichbar. So nimmt sie auch ein Gespräch an ihrem privaten

Pool entgegen. Der Kunde steht vor der wichtigsten Entscheidung seines Lebens.

Seite 189: Silvas Rache
Sechzehn Jahre zuvor ...
Ein anonymer Informant sendete dem Drogendezernat gegen Mittag den Hinweis, dass am Hauptbahnhof ein Dealer mit dem 12:30-Uhr-Zug ankommen sollte. An der E-Mail war ein Foto des Drogenhändlers angehängt. Angeblich würde mindestens ein Kilogramm Kokain geschmuggelt. Dezernatleiter Meier beauftragte Puschkin und Silva, den Dealer zu beobachten, aber nicht festzunehmen.

Phobie

Ein Wolkenbruch scheuchte die Fußgänger zu den schützenden Hauseingängen. Eine Dame betrat eilig das Zeitungscafé LITERA und stellte ihren Schirm in den Ständer. Sie schaute sich suchend um. Die Tische und Stühle waren fast alle besetzt. Viele Gäste blätterten in Magazinen, Illustrierten oder der Tagespresse. Es duftete nach Kuchen, Waffeln und Kaffee. Ein grauhaariger Herr im Sommeranzug schaute von seiner Zeitung auf und traf den Blick der neuen Kundin. Sie lächelte ihm zu und suchte offensichtlich einen freien Platz. Er erhob sich und zeigte auf den zweiten Stuhl an seinem Tisch. Sie kam zögernd näher.
„Guten Tag, mein Name ist Hannes Fischer. Setzen Sie sich bitte zu mir."
Sie ließ sich von ihm aus der eleganten Regenjacke helfen und nahm Platz.
„Mein Name ist Kirsch. Heidemarie Kirsch. Ich bin jetzt etwas verunsichert. Normalerweise setze ich mich nicht zu fremden Herren. Ich hatte gar nicht vor, in dieses Café zu gehen."
Er lächelte die Frau mit den schwarzen Locken an: „Und warum sind Sie doch hereingekommen?"
„Weil heute alles schiefläuft. In der Stadt habe ich nicht das gefunden, was ich mir vorgestellt habe. Als ich nun in mein Auto steigen wollte, da war der Wagen zugeparkt. Gleichzeitig öffnete der Himmel seine Schleusen. In diesem Moment guckte mich dieses Café so einladend an, dass ich nicht widerstehen konnte."
„Frau Kirsch, sind Sie einverstanden, wenn ich Sie einlade? Es gibt hier einen hervorragenden Käsekuchen."

Sie zeigte zum Schaufenster. „Mir wäre lieber, wenn der protzige Geländewagen dort endlich wegfahren würde. Dann käme ich weiter."
Fischer reckte den Hals: „Sie meinen den schwarzen SUV vor der Tür?" Sie nickte. Der Siebzigjährige machte ein verlegenes Gesicht: „Oh, das ist mein Geländewagen. Mir war absolut nicht aufgefallen, dass ich Ihren Wagen zugeparkt habe. Jetzt muss ich Ihnen erst recht ein Stück Kuchen ausgeben." Sie blickte skeptisch zu Uhr. Fischer fragte: „Wartet die Familie?"
„Nein, auf mich wartet niemand mehr. Mein Mann ist verstorben und mein Kinderwunsch wurde nie erfüllt."
„Verzeihung, ich trete bei Ihnen von einem Fettnäpfchen ins Nächste. Ist wohl nicht mein bester Tag. Ich bin übrigens auch Witwer. Nur, in meinem Alter ist das eher normal. Sie sind mindestens dreißig Jahre jünger."
„Ach was, das ist alles nur Make-up. Die Fünfzig ist nicht mehr weit und ab fünfzig werden Frauen bekanntlich unsichtbar."
Der Grauhaarige schüttelte peinlich berührt den Kopf: „Aber das ist doch Unsinn!" Er winkte die Bedienung heran und bestellte Kuchen und Kaffee.

Unternehmer Hannes Fischer war der Gründer einer riesigen Fensterfabrik, die mittlerweile von seiner Tochter Daniela geleitet wurde. Als er das Vorzimmer zu Dannys Büro betrat, lächelte ihn seine ehemalige Sekretärin an. „Herr Fischer, das ist ja eine Überraschung. Was darf ich für Sie tun?"
„Frau Müller, ich hoffe, dass es Ihnen gut geht. Ist meine Tochter im Büro?"
„Die Chefin ist da. Aber Vorsicht! Es herrscht Gewitterluft!"
Er schmunzelte, klopfte an die Tür und betrat das Chefzimmer. Daniela Fischer telefonierte offensichtlich mit einem unzuverlässigen Lieferanten. Sie gab ihrem Vater ein stummes Zeichen,

Platz zu nehmen. Der Siebzigjährige versuchte, ein ernstes Gesicht zu machen, da das dem laufenden Telefongespräch angemessen war. Tatsächlich schmunzelte er innerlich. Seine Tochter war nun neununddreißig Jahre alt. Sie hatte die blonden Haare und die schöne Figur ihrer verstorbenen Mutter Walli. Die blauen Augen und der Mund stammten von seinen Genen. Vor allem das hartnäckige Handeln und Taktieren hatte sie von ihm. Hannes Fischer hätte sich sehr über Enkelkinder gefreut. Daniela war sein einziges Kind. Bei ihr tickte mächtig die biologische Uhr. Seit fünf Jahren lebte sie mit ihrem Freund Heiko Kleff zusammen. Von Heirat war nie die Rede. Doch was konnte er von ihr erwarten? Als Nachfolgerin seines Unternehmens war sie sein ganzer Stolz. Wie sollte sie da gleichzeitig noch Mutteraufgaben erfüllen? Man kann nicht alles haben.

Frau Fischer knallte den Hörer auf die Gabel und pustete lang aus. Dann sagte sie leise: „So, es wurde Zeit, dass ich diesen Gauner endlich einmal zusammenfalte.“ Sie stand auf und nahm ihren Vater in die Arme. „Hi, Paps. Was kann ich für dich tun?“

Er küsste sie auf die Stirn: „Danny, nimm Platz. Wir müssen reden.“

Sie ließ sich in ihren Chefsessel fallen und schaute den Vater streng an: „Du kommst mir jetzt bitte nicht wieder mit dem Thema Familie oder so? Ich weiß, dass ich kurz vor der Vierzig stehe und dass du gerne einen Enkel hättest.“

Sie drehte ihren Kugelschreiber angriffslustig zwischen den Fingern.

„Es ist viel schlimmer, Danny. Ich habe jemanden kennengelernt. Heidi und ich fahren am Wochenende zusammen zum Chiemsee.“

„Heidi? Paps, welche Heidi? Offensichtlich bekomme ich in letzter Zeit einiges nicht mehr mit. Erzähle mir von ihr.“

„Danny, ich will dich nicht lange aufhalten. Du weißt, dass ich in Gefühlsangelegenheiten nicht viele Worte mache. Trotzdem halte ich es dir gegenüber für fair, wenn ich offen bin. Du weißt, wie sehr ich deine Mutter geliebt habe. Walli ist nun seit fünf Jahren tot, und ich weiß nicht, wie lange der Herrgott mich hier unten noch duldet."
Das Telefon läutete. Frau Fischer nahm den Hörer und sagte streng: „Jetzt nicht!", und legte wieder auf.
Verlegen strich sich Hannes durch die noch vollen, silbernen Haare und fuhr fort: „Ich denke, ich habe mich in meinem hohen Alter noch einmal verliebt, und hoffe, dass du meinen neuen Weg akzeptieren wirst."
„Erzähle mir von dieser Heidi."
Hannes konnte sich ein Schmunzeln nicht verkneifen. „Oh, sie ist sehr attraktiv. Sie ist belesen und hat Stil. Heidi verlor ihren Mann vor zwei Jahren. Wir haben uns per Zufall getroffen. Ich hatte sie versehentlich zugeparkt. Falsches Parken kann also nützlich sein."
Daniela Fischer drehte ihren Kugelschreiber wieder etwas schneller in den Fingern und fragte mit spitzem Unterton: „Wie alt ist die attraktive und belesene Heidi denn?"
„Sie wird am Wochenende fünfzig. Wir feiern ihren Geburtstag in aller Stille."
„Fünfzig!", schoss es aus Daniela heraus. „Alle Achtung! Da ist die belesene Heidi altersmäßig nicht so weit von mir entfernt wie zum Herrn Papa." Sie blickte ihren Vater durchdringend an. „Paps, du versprichst mir, dass du dich von ihr nicht ausnutzen lässt, okay?"
Hannes erhob sich. „Ich bin froh, dass du Verständnis für mich hast."
Sie nahm ihn liebevoll in den Arm. „Was hättest du gemacht, wenn ich gegen diese Beziehung gewettert hätte?"

„Ich denke, das Gleiche wie du. Ich hätte meinen Kopf durchgesetzt.“
Er gab ihr einen Abschiedskuss und verließ das Büro.

Heidi Kirsch und Hannes Fischer buchten in einem kleinen Hotel am Chiemsee. Jeder wohnte selbstverständlich in einem eigenen Zimmer. Sie hatte darauf bestanden, dass niemand von ihrem runden Geburtstag erfahren solle. Doch als sie nun beim Frühstück saßen und er nicht einmal gratulierte, stand ihr die Enttäuschung ins Gesicht geschrieben. Gedankenverloren rührte sie im Kaffee. Wie konnte ein runder Geburtstag glatt vergessen werden? Hatte sie diesen stilvollen Mann falsch eingeschätzt? Oder litt er mit seinen siebzig Jahren bereits an einer leichten Demenz? Nach dem Frühstück gingen beide stumm zum Parkplatz. Sie stellte sich neben den Geländewagen und wartete darauf, dass Hannes öffnete. Er blieb jedoch vor einem Cabrio stehen und fragte: „Wie würde dir ein solcher Flitzer gefallen?“
Sie betrachtete den offenen Zweisitzer: „Den finde ich sehr schick. Aber ich verstehe nicht viel von Autos.“
Er hielt ihr einen baumelnden Schlüssel vor die Nase: „Setze dich mal hinein.“
Zögernd nahm sie den Schlüssel an: „Wieso? Ich verstehe nicht?“
„Weil das jetzt dein Auto ist. Herzlichen Glückwunsch zum Geburtstag!“
Frau Kirsch bekam feuchte Augen und fiel Fischer um den Hals. Den gesamten Tag steuerte Heidi ihren neuen Wagen über die Alpenstraße von einer romantischen Sehenswürdigkeit zur nächsten. Der Wind spielte mit ihren schwarzen Haaren und Hannes fühlte sich an ihrer Seite wie ein junger Gott. Abends überraschte er im Hotel als ausgezeichneter Klaviervirtuose und dann war dieser herrliche Tag verflogen.

Als Hannes am nächsten Morgen in ihren Armen glücklich erwachte, hatte er sein Herz endgültig verloren. Behutsam verließ er die schlafende Venus und betrat das edle Badezimmer. Als er auf dem WC saß, fiel sein Blick auf die Badewanne. Schlagartig stieg ihm der Schweiß auf die Stirn. Der Puls begann zu rasen. Das Herz trommelte schmerzhaft gegen die Brust. Sein Hals schnürte sich mehr und mehr zu. Hannes wollte schreien, doch nur röchelnde Laute entwichen der Kehle. Frau Kirsch öffnete die Badezimmertür und sah seinen entsetzten Zustand.
„Hansi, Schatz, was ist mit dir? Soll ich einen Arzt rufen?“
Zitternd hob er seine Hand und zeigte zur Wanne. Frau Kirsch erblickte dort eine fette Hausspinne. Sie nahm das Tier in die Hand und schloss behutsam die Finger.
„Erstaunlich, mit welcher Kraft sich so ein kleines Wesen befreien möchte. Ich setze die Spinne nach draußen.“
Fischer war immer noch kreideweiß, doch er bekam wieder Luft. Der Puls beruhigte sich. Heidi kehrte zurück und schloss Hannes in ihre Arme. Er stöhnte: „Diese verfluchte Spinnenphobie bringt mich eines Tages noch um. Das ist mir unendlich peinlich vor dir.“
Sie küsste ihn und flüsterte: „Das muss dir nicht peinlich sein. Wir haben alle unsere Schwächen.“

Nachdem Hannes Fischer aus dem Urlaub zurückgekehrt war, wollte er seine neue Liebe so schnell wie möglich in den Bekanntenkreis einführen. Sein neu erblühtes Leben sollte sich unauffällig und normal anfühlen. Also lud er alle wichtigen Personen seines Gesellschaftskreises zu einer Party im eigenen Heim ein. Bald darauf hatten fast alle feierfreudigen und neugierigen Leute der Einladung zugesagt.
Der hundert Quadratmeter große Raum füllte sich mehr und mehr. Die elegant gekleideten Damen hielten ihr Champagner-

glas in den Händen, die Herren prosteten sich mit Cognac und altem Whisky zu. Stolz führte Fischer seine neue Liebe zum Mikrofon des Band-Leaders. Heidis schwarze Locken hingen bis auf die Schultern. Das trägerlose Kleid war figurbetont, schlicht und teuer. Frau Kirsch hatte sich kunstvoll geschminkt und lächelte selbstbewusst in alle neugierigen Gesichter.
„Liebe Freunde und Familie", begann Hannes Fischer die offizielle Begrüßung und nickte seiner Tochter zu, „mit Familie meine ich Daniela und Heiko, ich möchte euch nun meine neue Lebenspartnerin Heidemarie Kirsch vorstellen. Ihr wisst, dass ich nur ungern viele Worte zu großen Gefühlen mache. Dass mich diese Frau glücklich macht, dürfte aber nicht zu übersehen sein. Deshalb wünsche ich uns allen eine fröhliche Party und eröffne hiermit das Buffet."
Er gab Heidi einen Kuss und geleitete sie unter allgemeinem Applaus zu einem Tisch. Die Liveband spielte einen Tusch und wählte zum Essen moderate Instrumentalmusik. Daniela gab sich betont als Geschäftsfrau. Ihre blonden Locken waren streng hochgesteckt. Sie trug einen Hosenanzug. Die Pumps klickerten auffällig laut bei jedem Schritt. Ihr Freund Heiko Kleff zeigte sich hingegen legerer. Der einundvierzigjährige Sportlehrer trug eine Weste und hatte die oberen beiden Hemdenknöpfe geöffnet. Frau Kirsch schritt nach dem köstlichen Essen von Tisch zu Tisch. Sie stellte sich persönlich vor und hielt leichte Konversation. Als sie Daniela Fischer passierte, blieb sie kurz stehen und reichte der Tochter des Hauses die Hand: „Ich hoffe, dass wir beide gute Freundinnen werden", und zu Danielas Freund Heiko Kleff gewandt meinte sie: „Ich bin die Heidi. Ich habe von Hannes gehört, dass du einen schwarzen Gürtel trägst und Kinder im Judo unterrichtest. Stimmt das?" Heiko nickte stumm. Ihre Augen funkelten ihn geheimnisvoll an und sie sagte: „Ich wünsche mir heute Abend einen Tanz mit dir."

Dann verschwand sie in der Menge. Daniela rollte mit den Augen und flüsterte: „Ich weiß nicht, was mit der nicht stimmt. Aber das bekomme ich heraus."
„Wieso? Die ist doch interessant."
„Eine schwarze Mamba ist auch interessant. Ich kann Paps nicht verstehen. Die Frau passt vom Typ und vom Alter her absolut nicht zu ihm."
„Spüre ich da bei dir vielleicht ein bisschen Eifersucht, Danny?"
Sie machte spöttisch: „Pah!", drehte sich auf dem Absatz um und ließ Heiko stehen.
Zu fortgeschrittener Stunde verkündete die Band eine Damenwahl. Frau Kirsch wurde bereits von vielen Männern angehimmelt. Sie trat an den Stehtisch, wo Heiko Kleff mit zwei Golfspielern im Gespräch war, und sagte: „Ich möchte mir meinen versprochenen Tanz abholen."
Heiko führte Heidi zur Tanzfläche. Die Band spielte einen Rock'n'Roll. Das Tanzpaar harmonierte so gut, dass es bald Applaus gab. Die Musik wandelte sich zu sehr langsamen Rhythmen und der Tanz wurde eng. Heidi tanzte sehr, sehr eng. So eng, dass im Hintergrund bereits getuschelt wurde. Endlich machte die Band eine Pause.
Hannes nahm den Arm seiner Angebeteten und geleitete sie in den Garten. In einer ruhigen Ecke klagte er: „Kannst du mir erklären, was das gerade sollte? Willst du mich vor allen Leuten lächerlich machen?"
Sie gab ihm einen Kuss auf die Wange und entschuldigte sich: „Wenn du nicht durch den Schleier deiner Eifersucht geschaut hättest, dann wäre dir vielleicht aufgefallen, dass dieser Sportlehrer sein Temperament nicht zügeln kann. Er hat mich beim langsamen Tanzen an sich gepresst. Ich habe mich nicht stark gewehrt, weil ich nicht wollte, dass dieses skandalöse Verhalten allen auffiel. Es tut mir leid, wenn das anders ausgesehen hat.

Ich habe für junge Schnösel nichts übrig. Ich fühle mich nur bei reiferen Männern geborgen. Aber kläre lieber mal, was zwischen deiner Tochter und diesem Sportlehrer nicht stimmt. Schau dir Daniela an. Sie ist nicht glücklich mit ihm." Heidi schmiegte sich an Hannes und hauchte: „Nicht so glücklich wie ich mit dir."
Als beide wieder ins Haus traten, standen Daniela und Heiko abseits in einer Ecke. Sie machte ein verärgertes Gesicht, er schüttelte den Kopf. Da wusste Fischer, dass Heidi eine bessere Beobachtungsgabe hatte als er.

Herr Fischer betrat das Vorzimmer zum Büro seiner Tochter. Seine lang gediente Sekretärin lächelte ihn an: „Herr Fischer, was darf ich für Sie tun?"
„Frau Müller, ist meine Tochter im Büro?"
„Die Chefin ist da. Aber Vorsicht! Es herrscht wieder Gewitterluft!"
Er klopfte und betrat das Chefzimmer. Daniela Fischer telefonierte. Sie gab ihrem Vater ein Zeichen, Platz zu nehmen, und beendete das Gespräch sehr rasch.
„Hallo, Paps. Was hast du auf dem Herzen, dass du persönlich vorbeikommst?"
„Du weißt, dass ich nicht gerne umschweifende Worte mache. Daher komme ich gleich zur Sache. Heidi möchte mich heiraten."
Daniela lehnte sich in ihrem Chefsessel zurück und klopfte unbewusst mit ihrem Kugelschreiber auf einen Notizblock. Langsam sprach sie: „Du bist mit der lieben Heidi jetzt vier Monate zusammen, richtig?" Er nickte stumm und sie fuhr fort: „Da ihr wohl kaum wegen einer ungewollten Schwangerschaft dringend heiraten müsst, sehe ich nicht den Grund zur Eile."

„Danny, lass deine Ironie! Ich bin nicht mehr der Allerjüngste und Heidi möchte selbstverständlich eine gesicherte Perspektive für ihre Zukunft. Ich bin nicht verpflichtet, dich um Zustimmung zu bitten. Doch du bist ein Teil von mir, und ich möchte, dass wir alle zusammen glücklich werden."
„Paps, ich möchte auch, dass du glücklich wirst. Was weißt du denn über ihre Vergangenheit? Wieso könnt ihr nicht genauso zusammenleben wie Heiko und ich? Wer braucht denn heute noch einen Trauschein? Trauscheine benötigt man, wenn man dem Partner keine Treue zutraut. Du hast ihr doch dein Herz geschenkt. Das neue Cabrio sehr wahrscheinlich auch. Ihr beide lebt recht luxuriös und reist durch die Weltgeschichte. Was fehlt dieser Frau?"
„Sage nicht immer so betont ‚diese Frau'. Sie ist doch nett zu dir."
„Möchtest du, dass ich Mama zu ihr sage? Das gefällt dieser Frau gewiss nicht, weil sie gerne so jung auftritt, wie ich es noch bin."
Hannes Fischer erhob sich verärgert und schritt zur Tür: „Ich hätte mehr Verständnis und Toleranz von dir erwartet."
Daniela ging auf ihren Vater zu und schloss ihn in die Arme. In ihren Augen stand ehrliche Sorge. „Bitte spreche mit deinem befreundeten Notar darüber. Triff keine Entscheidungen mit der rosa Brille. Du kannst Heidi Kirsch absichern, indem du sie unter klaren vertraglichen Bedingungen in ein Testament aufnimmst. Alles andere halte ich für übereilt. Okay?"
„Danny, ich habe Heidi bereits in meinem Testament berücksichtigt. Ich bin nicht mehr der Jüngste."
Hannes Fischer war schon fast durch die Tür, als Daniela noch eine Frage hatte: „Paps, sag mal, wer ist dieser Riese, der sich neuerdings in deinem Garten herumtreibt? Der sieht nicht wie ein Gärtner aus."

„Das ist Bernhard Hepp. Heidi hat ihn als eine Art Hausmeister eingestellt. Er kümmert sich um viele Dinge, die in den letzten Jahren nicht mehr in Ordnung gebracht wurden. Früher hatte deine Mutter darauf geachtet. Er streicht jetzt den Pool, reinigt die Pumpe, ölt die Tore und macht den Garten. Er scheint ein Allround-Man zu sein."
„Aha, und diesen Mann hat die liebe Heidi eingestellt? Woher kennt sie ihn?"
„Danny, darum kümmere ich mich nicht. Lass Heidi diese Aufgabe, wenn sie Freude daran hat."
Daniela winkte ab und setzte sich hinter ihren Schreibtisch.
Fischer schloss die Tür zum Büro und fragte seine ehemalige Sekretärin: „Sagen Sie ehrlich, Frau Müller, war ich früher genauso streng wie meine Tochter?"
Sie schmunzelte: „Nein, Chef. Sie waren schlimmer!"

Daniela Fischer hatte ihren Vater zum einen wegen seines kaufmännischen Talents bewundert, zum anderen wegen seiner treffend analytischen Menschenkenntnis. Doch seitdem Paps diese Heidemarie Kirsch nur durch eine rosa Brille anschaute, war sein analytisches Gespür offensichtlich dahin. Daniela hatte viele Gene ihres Vaters. Vor allem besaß sie Menschenkenntnis. Sie wusste, dass das Gesicht und die Mimik eines unehrlichen Menschen täuschen können, die Augen aber nicht. Heidemarie Kirsch hatte ein verlockendes Lächeln, doch ihre Augen verrieten bei genauer Betrachtung pure Hinterlist. Genauso suspekt wirkte dieser Gärtner und Hausmeister Bernhard Hepp, den Frau Kirsch neuerdings engagiert hatte. Daniela hatte nicht nur Betriebswirtschaft studiert, sondern auch Informatik. Sie interessierte sich für die aktuellen Entwicklungen der elektronischen Datenverarbeitung. Eines ihrer neuen Programme besaß die Fähigkeit, Ähnlichkeiten von Gesichtern herauszufiltern und aufzuspüren. Dieses Programm fütterte Daniela mit Fotos von Heidemarie Kirsch, die sie mit dem Smartphone auf der letzten Party gemacht hatte. Gesucht wurde in Facebook und diversen Suchmaschinen. Es dauerte nicht lange, da meldete das Programm die ersten Treffer. Frau Kirsch schien Partys zu lieben. Es fiel bald auf, dass sie fast immer mit älteren Herren zu sehen war. Daniela sagte in ihrer Euphorie die nächsten Geschäftstermine ab und stieg akribisch in die weitere Recherche ein. Bilder aus dem Internet zu fischen, war noch einfach. Schwieriger wurde die Suche nach den Namen der abgebildeten Personen. Die großen Zeitungen veröffentlichten mittlerweile viele ihrer Berichte ebenfalls im Internet – auch die Annoncen zu Taufen, Verlobungen, Hochzeiten und Beerdigungen. Nach zwei Stunden stand sicher fest, dass Heidemarie Kirsch mehrmals verheiratet gewesen war. Sie war mindestens zum dritten Mal Witwe geworden. Immer waren ihre Männer deutlich älter gewesen. Kurz bevor Daniela das Internet verlassen wollte, warf das Suchprogramm einen neuen Verdacht auf. Eine süddeutsche Agentur hatte zehn Jahre zuvor für ihren Escort-Service geworben. Die attraktiven Reisebegleiterinnen waren zum Teil abgebildet. Das Gesicht einer rothaarigen Dame sah dem von Heidemarie Kirsch erstaunlich ähnlich. Daniela lief in ihrer Recherche zu Hochform auf. Doch auch nach weiteren drei Stunden konnte sie über diese Agentur und deren Mitarbeiterinnen nichts Handfestes erfahren. Die ehemalige Anschrift hatte sich entweder geändert oder die Firma existierte längst nicht mehr.

Daniela Fischer wollte diese Heidemarie Kirsch erst zur Rede stellen, wenn alle ihre Informationen fundamentiert waren. Sie rief die Familien der verstorbenen Männer an, mit denen Frau Kirsch einst verheiratet gewesen war. Dort bestätigte sich, dass alle Männer spätestens ein halbes Jahr nach der Hochzeit mit dieser Heidemarie plötzlich und unerwartet gestorben waren.

Untersuchungen der Polizei hatten jedoch nie den Verdacht bestätigen können, dass es sich dabei um Verbrechen handelte. Daniela rief Heiko an und berichtete ihm von ihren Ergebnissen. Der Sportlehrer meinte nachdenklich: „Das hört sich alles sehr übel an, stützt sich aber auf reine Verdächtigungen und Spekulationen. Was willst du mit diesem Wissen nun anfangen?“
„Was ich will? Ich will, dass mein Vater weiß, was für eine gefährliche Schlange er am Hals hängen hat. Er ist in Gefahr!“
„Danny, meinst du, dass er dir dankbar ist, dass du in Heidis Leben herumschnüffelst?“
„Sag mal, auf welcher Seite stehst du denn? Das ist eine Mörderin! Mindestens eine dreifache Mörderin!“
„Nein, Danny, sie ist bis jetzt lediglich eine verdächtige Person. Ich verstehe, dass du dir Sorgen um Hannes machst. Aber du musst mit kühlem Kopf vorgehen.“
„Ja sicher, typisch für dich! Du bist cool und sitzt immer alles aus!“
Sie warf den Hörer auf die Gabel. Frau Fischer musste etwas unternehmen. Sie musste ihren verblendeten Vater vor dieser Natter beschützen. Sie griff erneut zum Hörer und wählte Heidemaries Anschluss. Frau Kirsch meldete sich wie immer äußerst freundlich: „Ja bitte? Ach, Daniela, das ist nett, dass du mich mal anbimmelst.“
„Nett ist auch die kleine Schwester vom Satan!“, ging Frau Fischer direkt auf Konfrontation. „Heidi, ich möchte, dass du so schnell wie möglich meinen alten Herrn verlässt. Und zwar so, dass er sich nicht verletzt fühlt.“
Kirschs Stimme wurde ebenfalls streng: „Aus welchem Anlass sollte ich deinen Vater verlassen? Nur weil du eifersüchtig bist wie eine Pubertierende?“
„Nein, weil du bereits mindestens drei Männer auf dem Gewissen hast. Deine anschmiegsame Masche hast du prima beim

Escort-Service gelernt. Hemmungen sind dir nicht bekannt. Und wenn den Herren das Hirn in die Hose rutscht, dann hat jemand wie du leichtes Spiel."
Frau Kirsch schwieg einen Moment. Dann sagte sie: „Das sind alles schwere, beleidigende Vorwürfe. Nichts davon ist wahr. Nichts davon kannst du beweisen."
Daniela bluffte: „Denke, was du willst. Ich habe mit den Familien deiner verstorbenen Männer telefoniert: Schmidtbauer, Walters und Kirsch. Du bist bei denen so beliebt wie die Pest. Rufe sie an und erkundige dich, ob ich nach dir gefragt habe. Als rothaarige Escort-Dame gibst du übrigens ein verschärftes Bild ab."
Kirsch erwiderte: „Komm zu Sache. Was willst du wirklich von mir?"
„Liebe Heidemarie Kirsch, ich gebe dir zwei Wochen Zeit, dich stilvoll von Hannes zu verabschieden. Wenn du dann nicht aus meiner Familie verschwunden bist, lege ich meinem Vater die Beweise vor und schalte die Kripo ein. Guten Tag, Frau Kirsch!"
Der Hörer fiel in die Gabel und Daniela griff hastig zu einer versteckten Zigarettenpackung.

Hannes Fischer schaute in seinem Wagen auf den Tacho. Noch zehn Kilometer, dann würde er endlich zu Hause sein. Die Blase drückte unangenehm. In den verbleibenden fünfzehn Minuten Fahrzeit wollte er nicht bei einer Gaststätte halten, um sich dort zu erleichtern. Er rief Heidi an und sagte in die Freisprechanlage: „Schatz, ich bin in Kürze daheim. Ich muss wegen meiner lästigen Prostata dringend zur Toilette. Alles in Ordnung bei dir?"

„Danke, mir geht es gut. Ich habe für uns einen kleinen Gaumenschmaus vorbereitet und schiebe den nun in den Ofen. Sei pünktlich."

Fischer ließ schon bald den Wagen in die Doppelgarage rollen und eilte ins Haus. Das Tor schloss sich automatisch. Im Hausflur rief er: „Hallo, Heidi! Ich gehe nur noch rasch in die Gästetoilette. Dann bin ich schon bei dir!"

Aus der Küche hörte er ihre Stimme: „Alles gut, lass dir Zeit."

Er zog die Tür hinter sich zu, ließ die Hose herunter und setzte sich rasch aufs WC. Er müsste unbedingt mal wieder zur Prostatakontrolle. Der gesteigerte Harndrang war ihm furchtbar peinlich und lästig. Hannes Fischer besah sich aus der sitzenden Position im Spiegel über dem Waschbecken. Das Haar war zwar silbergrau, aber immer noch erstaunlich voll. Die kleinen Falten und Grübchen wirkten auf die Damen eher interessant als alt. Nein, wie siebzig sah er noch nicht aus. Sein Mund zog sich zu einem zufriedenen Lächeln. Der Blick wanderte weiter zum Korb für gebrauchte Gästehandtücher. Über dem Rand hing ein etwa fünf Zentimeter langes Haarbüschel. Das war nicht schwarz wie Heidis Schopf, eher braun bis gelb. Wer ließ denn so etwas da hängen? Fischer zuckte zusammen. Der Haarbüschel begann sich geisterhaft zu bewegen. Noch ein weiteres Haarbüschel griff über den Rand des Handtuchkorbs. Und noch ein Büschel. Den haarigen Beinen folgte ein handtellergroßer Körper. Die stolze Riesenkrabbenspinne blickte das menschliche Wesen hypnotisierend an. Schlagartig stieg dem Mann der Angstschweiß auf die Stirn. Der Puls begann zu rasen. Seine Hand erreichte zitternd die Türklinke. Wenn er die Tür öffnen könnte, dann müsste Heidi seine furchtbare Atemnot bemerken. Sie hatte ihm schon einmal am Chiemsee aus einer solchen Situation geholfen. Doch die Klinke ließ sich nicht herunterdrücken. Lag das am Schloss? Nein, der Riegel stand in der geöffneten

Position. Die Klinke hatte noch nie geklemmt. Fischers Herz trommelte alarmierend! Sein Hals schnürte sich mehr und mehr zu! Er wollte schreien, doch nur krächzende Laute entwichen seiner Kehle. Die zwanzig Zentimeter große Spinne kletterte akrobatisch an der Außenseite des Korbs zum Boden. Fischer wollte mit dem Schuh nach ihr treten, doch die Phobie lähmte seine Motorik. Völlig erstarrt musste er mit ansehen, wie das grässliche Geschöpf sein rechtes Hosenbein heraufkrabbelte.
„Heidi!“, schrie seine lautlose, innere Stimme.
Wie in Zeitlupe stürzte Fischers Gesicht dem Untier entgegen. Es wurde größer und größer. Jeden Moment würde es ihn verschlingen ... Das Bild wurde hell und heller. Es war ein warmes, anziehendes Licht. Aus dem Schein kam Hannes verstorbene Frau Walli auf ihn zu. Sie lächelte liebevoll und ergriff seine Hand. Hannes Fischer beruhigte sich. Seine irdische Angst wandelte sich in ein Gefühl himmlischer Geborgenheit ...

Heidemarie Kirsch saß vor der Intensivstation auf einer Wartebank. Ihr standen die Tränen in den Augen. Daniela Fischer lief mit klackernden Stöckelschuhen nervös hin und her. Plötzlich blieb sie stehen und raunzte Heidemarie wütend an: „Sollte Paps nicht mehr zu sich kommen, dann leite ich noch morgen meine Recherchen über dich an die Polizei weiter. Dieses Mal kommst du nicht davon!“
Frau Kirsch blickte auf ihre Füße und schwieg.
Ein Arzt schob die Tür zur Intensivstation auf und trat in den Flur. „Wer von den Damen ist Frau Fischer?“
„Ich bin Frau Fischer. Daniela Fischer, die Tochter.“
Der Arzt machte ein ernstes Gesicht: „Es tut mir leid. Wir haben alles versucht, doch Ihr Vater ist nicht mehr zu sich gekommen. Er hatte ein schwaches Herz und die Reanimation kam sehr wahrscheinlich etwas zu spät.“

Gefühle der Trauer und der Wut gegen Kirsch rangen in Danielas Brust.
Heidemarie erhob sich: „Herr Doktor, mein Name ist Kirsch. Ich bin die Lebensgefährtin von Herrn Fischer. Darf ich Hannes sehen?“
Daniela stieg die Zornesröte ins Gesicht: „Du wirst ihn jetzt in Ruhe lassen! Du hast Paps auf dem Gewissen! Alles werde ich in Bewegung setzen, um das zu beweisen!“
Dann drängte sie sich durch die Tür zur Intensivstation. Der Arzt schloss hinter ihr die Tür und sagte zu Frau Kirsch: „Nehmen Sie ihr das nicht übel. Frau Fischer befindet sich als Tochter in einer Ausnahmesituation.“
Kirsch lächelte angemessen: „Ich weiß. Ich werde mich später um sie sorgen, wenn sie sich beruhigt hat. Vielen Dank für Ihren gut gemeinten Rettungsversuch bei meinem Mann. Ich gehe nun und kümmere mich um die notwendigen Dinge.“
In einem verwinkelten Nebenflur zog Kirsch ihr Smartphone aus der Tasche. Die rief Hepp an: „Bernhard, Fischer ist tot. Wo steckst du gerade?“
„Ich stehe mit meinem Wagen an der Klinikzufahrt, um dich abzuholen. Da du im Krankenwagen mitgefahren bist, hast du doch kein Auto bei dir.“
„Das ist gut! Das ist sogar sehr gut!“
„Heidi, du klingst besorgt. Wirst du auf deine alten Tage etwa noch sensibel?“
„Leider überschlagen sich dieses Mal die Ereignisse. Jetzt macht seine Tochter Probleme. Sie will gegen mich vorgehen. Kläre das bitte.“
„Was soll sie denn gegen dich in der Hand haben? Fischer hatte einen Infarkt, Herzversagen oder so. Bei seinem Alter überrascht das niemanden.“

„Berni, sie hat recherchiert. Sie kennt die Namen von meinen letzten drei Männern. Sie hat auch irgendwas von meinem alten Begleitservice ausgegraben. Das könnte bei einem sehr ehrgeizigen Ermittler zu unangenehmen Fragen führen. Müssen wir beide das unbedingt haben? Vergisst nicht, wenn mein Kopf rollt, dann rollt auch der deine. Ich hoffe, dass du das verstanden hast!"
„Was schlägst du vor?"
„Ich schlage vor, dass du wartest, bis Daniela mit ihrem Wagen aus dem Krankenhausparkhaus fährt. Dann hängst du dich dran und lässt dir etwas Endgültiges einfallen. Leute, die trauern, sind unkonzentriert und verunglücken nicht selten. Wenn nicht im Straßenverkehr, dann zu Hause auf der Treppe. Sei wie immer kreativ. Tschüss, mein Berni-Bärchen."
Heidemarie machte ein Kussgeräusch und beendete das Gespräch.

Daniela Fischers Wagen fuhr aus dem Parkhaus der Klinik. Es dämmerte bereits. Durch das Seitenfenster sah man, dass Daniela ihre blonden Locken nun offen trug. Sie reihte sich forsch in den Feierabendverkehr ein. Sie blickte sich hin und wieder um, da es ihr so vorkam, als würde ihr ständig derselbe Wagen folgen. Endlich erreichte sie ihre Reihenhaussiedlung und bog vor einem Eckhaus in die Garagenzufahrt ein. Das Tor öffnete sich per Fernbedienung und der Wagen verschwand. Das Fahrzeug, das Frau Fischer gefolgt war, fuhr ohne Licht einige Meter weiter und hielt ebenfalls an. Der riesige Bernhard Hepp stieg aus. Langsam schritt er auf das Grundstück von Frau Fischer zu. Hepp hatte beim Vorbeifahren gesehen, dass in der Doppelgarage nur ihr Wagen stand. Also war diese widerspenstige Daniela allein zu Hause. Hinter der Scheibe des Badezimmers konnte er schattenhafte Bewegungen einer Frau erahnen. Die Dame mach-

te sich wohl gerade frisch. Das Licht im Bad erlosch. Hepp sprang über den Gartenzaun und schlich im Schutz der Dunkelheit um das Haus. Daniela hatte einige Kleidungstücke zum Lüften auf die Terrasse gehängt. Hepp schmunzelte. Die Tür zum Wohnzimmer war nur angelehnt. Das indirekte Licht einer Ecktischlampe erhellte den Wohnraum nur schwach. Frau Fischer hatte den Fernseher eingeschaltet. Hepp konnte gut ihren blonden Schopf erkennen. Sie saß im Sessel mit dem Rücken zum Wohnzimmerfenster. Ein leises Anschleichen würde kaum bemerkt. Im Fernseher lief eine Talkshow. Die Gardine bewegte sich lautlos. Schon war die Tür wieder angelehnt. Der breitschultrige Hepp hielt die Enden eines Stricks in den Händen. Die Schlinge baumelte bei jedem Schritt. Der Blondschopf reagierte nicht. War Daniela vielleicht sogar eingeschlafen?
Hepp erreichte die Rückseite des Sessels. Blitzschnell warf er der Frau die Schlinge über den Kopf und zog mit aller Gewalt zu. Das Opfer hatte jedoch rechtzeitig die Finger zwischen Hals und Strick stecken können und leistete erstaunlich heftige Gegenwehr. Der Blondschopf stemmte sich mit beiden Füßen gegen die Tischkante. Unter diesem Druck kippte der Sessel nach hinten und die Schlinge löste sich einen Moment. Mit einem Ruck war der Kopf heraus. Hepp wollte nachgreifen, doch seine Handgelenke wurden umfasst und der Körper nach vorne gerissen. Hepp verlor das Gleichgewicht. Er stürzte kopfüber auf sein Opfer. Beide wälzten sich am Boden. Hepps Arme und Beine wurden routiniert umklammert. Endlich bekam er den blonden Schopf zu fassen und riss ihn brutal an sich.
Was war das denn? Er hielt nur eine blonde Perücke in der Hand ... Und statt Daniela Fischer war Heiko Kleff über ihm. Der Judoka fasste in Hepps Kragen und presste den Kehlkopf seines Gegners mit aller Kraft nach unten. Hepp begann zu röcheln. Panisch versuchte er nach Luft zu ringen. Seine Arme und Beine

waren in einem raffinierten Haltegriff gefangen. Hepp wurde schwarz vor Augen. Er hörte noch, wie sein Widersacher sagte: „Du hast mich von hinten heimtückisch angegriffen. Juristisch gesehen handele ich in Notwehr. Der Staat wird mir dankbar sein, wenn du im Knast keine Kosten mehr erzeugst. Also gibt es für mich nur einen Grund, dich leben zu lassen. Ich will wissen, wie Hannes zu Tode gekommen ist."

Kleff ließ den Würgegriff etwas lockerer, damit sein Gegner vorübergehend zu Atem kam.

Röchelnd stammelte Hepp: „Ich weiß es nicht!"

Kleff drückte sein Daumengelenk schmerzhaft in den weichen Unterkiefer des Gegners und nahm ihm wieder die Luft. Im Schein des flackernden Fernsehbildes stand Hepp die Todesangst ins Gesicht geschrieben. Kleff ließ den Griff etwas nach und mahnte: „Entweder sagst du nun, wie Hannes starb oder du folgst ihm jetzt direkt ins Jenseits!"

„Es war eine Heteropoda Maxima", krächzte Hepp."

„Eine Hetero was? Ich verstehe nicht!"

„Heidi hat Hannes im Klo eingeschlossen und vorher eine Riesenspinne dort ausgesetzt." Kleff ließ ihn etwas Luft holen und Hepp beteuerte: „Die Riesenkrabbenspinne tötet keinen Menschen. Sie sieht nur gefährlich aus. Der Alte hat wohl vor Angst einen Herzschlag bekommen. Das war alles."

„Das war alles?", rief eine Frauenstimme. „So eine Schlange! So ein verfluchtes Miststück!"

Daniela Fischer hatte die gesamte Zeit in der Wohnzimmertür gestanden und den Angriff und Kampf mit ihrem Smartphone als Video aufgezeichnet. Ihr Gesicht war rot vor Zorn. Dann schossen ihr die Tränen in die Augen.

Kleff fragte: „Wo hat Heidi die Spinne hergeholt? Ist das verdammte Vieh noch im Haus?"

Hepp rang nach Luft und krächzte: „Ich habe mehrere Terrarien mit Spinnen und Skorpionen zu Hause. Als Hannes seinen Herzinfarkt hatte und von der Feuerwehr reanimiert wurde, hatte Heidi mir die Spinne wieder mitgegeben."
„Wo ist deine Wohnung?"
Hepp gab die Adresse nur widerwillig an.
Heiko zog einen Wohnungsschlüssel aus der Hosentasche des Riesen. „Danny, hole Isolierband und einen guten Drink. Wir müssen diesen Kerl vorübergehend außer Gefecht setzen."
Hepp wollte sich erneut zur Wehr setzen, doch der Judoka hielt ihn mit seiner Bodenkampftechnik so im Griff, dass Daniela dem Riesen die Füße und Hände binden konnte. Kleff setzte den Mann auf und Daniela hielt Hepp ein Glas vor den Mund.
Bernhard fragte misstrauisch: „Was ist da drin? Wollt ihr mich vergiften?"
Daniela zischte: „Dann hätten mir uns nicht so viel Arbeit mit dir gemacht. Trink und gib Ruhe."
Widerwillig trank Hepp das Glas leer. Bald darauf meinte er mit schwerer Zunge: „Ihr habt mir irgendein Zeug da rein getan!"
Seine Augen wurden schwerer und schwerer. Endlich kippte sein Körper zur Seite.
„Heiko, was hast du jetzt vor? Was sollen wir mit Hepp machen?"
„Wir lassen ihn hier liegen, sammeln die letzten Beweise und übergeben ihn dann der Polizei."
„Und was ist mit dieser Mörderin? Ich will sie anzeigen."
„Habe noch etwas Geduld. Eine Spinne kehrt immer zu ihrem Netz zurück."

Frau Kirsch hatte sich vom Krankenhaus ein Taxi nach Hause genommen. Sie lief nervös im Haus von Hannes Fischer auf und ab. Wann würde Hepp sich endlich melden? War er immer noch dieser verdammten Daniela auf den Fersen? Hatte er sie vielleicht schon mundtot machen können? Kirsch betrachtete die teure Wohnzimmereinrichtung. Der riesige Kamin, die antiken Möbel, die edlen Teppiche, dieses alles würde schon bald ihr gehören. Hannes hatte ihr laut Testament das Haus mit dem gesamten Inventar vermacht. Die Fensterfabrik, die Daniela erben sollte, war ein anderes Thema. Frau Kirsch musste einen klaren Kopf behalten und konnte nur einen Schritt nach dem anderen abarbeiten. Heidi ärgerte sich. Verdammt, warum rief Hepp nicht an? Sie schenkte sich einen Cognac ein und kippte den ersten Schluck hastig herunter. Das Handy bimmelte. Endlich! Sie fragte drängend: „Bernhard, was ist los? Spanne mich nicht auf die Folter! Warum flüsterst du? Deine Stimme klingt so komisch."

„Die Verbindung ist wackelig. Komm rasch in meine Wohnung."

„Ich soll jetzt in deine Wohnung kommen? Was ist mit Daniela? Hast du sie ...?"

Die Verbindung brach ab. Kirsch stieg in ihr Cabrio und fuhr los. Nach zwanzig Minuten klingelte sie an einem Mehrfamilienhaus. Der Türöffner summte. Sie betrat das Treppenhaus. Die Wohnungstür stand angelehnt. Kirsch trat ein.

„Bernhard, wo steckst du?"

Aus dem hinteren Teil der Wohnung hörte sie gedämpft: „Moment, bin auf dem Klo!"

Frau Kirsch warf im Wohnzimmer ihre Jacke auf das Sofa und ging lächelnd zu einem der vier Terrarien. Hinter der ersten Scheibe erhob eine grüne Schlange ihren Kopf und züngelte neugierig. Daneben beeindruckte ein Becken mit künstlichen Steinhöhlen, die von der Riesenkrabbenspinne behaust wurden. Im nächsten Kasten lief eine brasilianische Wanderspinne durch ihr gläsernes Reich. Das Terrarium neben der Terrassentür wur-

de von mehreren Skorpionen bewohnt. Einer reckte bedrohlich den stacheligen Schwanz. Heidi Kirsch klopfte schmunzelnd an die Scheibe der brasilianischen Spinne und fragte: „Na, meine Liebe, hast du denn heute schon gejagt?“ Die weibliche Wanderspinne hatte eine Spannweite von über zehn Zentimetern. Als Drohgebärde richtete sie ihre vorderen Klauen so auf, als würde sie Frau Kirsch mit zwei Pistolen bedrohen.
„Na, na, wer wird denn gleich so unfreundlich sein?“
Frau Kirsch hob den Deckel des Terrariums ab und erfasste das Tier mit fachlichem Griff. Sie trug die Kampfspinne zum Glasbecken, in dem die Riesenkrabbenspinne in einer Steinhöhle lauerte. Kirsch sprach zu der Kampfspinne wie mit einem Kuscheltier: „Sieh mal, in dem Loch sitzt das große Monster. Es hatte mit Hepp einen stressigen Ausflug gemacht, um den lieben Hannes ein bisschen zu erschrecken. Da sieht man, dass die Männer keine Ahnung haben. Der große Kollege ist nicht annähernd so gefährlich wie du, nicht wahr, mein Schatz?“
Die Kampfspinne bewegte verärgert die Beine, konnte sich aber dem Griff des menschlichen Wesens nicht entziehen.
„Ich denke, dass das als Beweis reicht“, sagte Kleff sachlich und senkte die Videokamera.
Heidemarie Kirsch fuhr ertappt herum. Daniela Fischer drängte sich im Türrahmen an Heiko vorbei und wollte sich auf die Mörderin ihres Vaters stürzen. Doch die riesige Spinne in Heidis Hand ließ sie augenblicklich stehen bleiben.
Kleff sagte: „Heidemarie Kirsch, es ist alles vorbei. Ich rufe nun die Polizei, die wird sich um das Weitere kümmern.“
Er nahm sein Smartphone und wählte die Notrufnummer.
Kirsch hielt Daniela Fischer die Spinne angriffslustig vors Gesicht. Die Blonde erstarrte zur Salzsäule. Ihr Gesicht wurde kreideweiß. Der Puls jagte. Angstschweiß trat auf die Stirn. Anscheinend litt sie unter derselben Phobie wie ihr Vater. Heiko

wollte dazwischen gehen, doch Kirsch warnte mit triumphierender Stimme: „Vorsicht! Diese Kampfspinne ist eine Phoneutria. Übersetzt ist ihr Name Mörderin. Sie ist die giftigste Spinne der Welt. Heiko, du wirfst dein Handy jetzt brav in das Terrarium zu der Krabbenspinne. Danach werde ich mich verziehen. Machst du aber eine falsche Bewegung, dann landet mein kleiner Schatz in Dannys Dekolleté.“

Kleff konnte kaum fassen, dass seine sonst so resolute Freundin Daniela wie hypnotisiert dastand. Mit weit aufgerissenen Augen starrte sie die Killerspinne an, die ihre vorderen Klauen wie Pistolen auf die menschliche Beute gerichtet hielt.

„Wirf dein Handy endlich ins Terrarium!“, schnauzte Kirsch erneut den Sportlehrer an.

Widerwillig ging Kleff auf das Glasbecken zu und hob den Deckel an. Die Krabbenspinne streckte eines ihrer zehn Zentimeter langen Beine aus der Steinhöhle. Scheppernd fiel das iPhone hinein und der Deckel knallte wieder zu. Blitzschnell warf Frau Kirsch Daniela die Killerspinne auf die Brust und wollte zur Terrassentür eilen. In der Drehung brach ein Absatz ihres hohen Stöckelschuhs. Sie stolperte und stürzte direkt gegen das Terrarium der Skorpione. Glas splitterte. Blut spritzte. Kirsch schrie vor Schmerz und Wut. Als sie sich am Boden aufrichten wollte, krabbelte ein Skorpion fluchtartig in ihr Kleid. Andere hingen in den schwarzen Locken.

„Holt diese Viecher von mir herunter!“, flehte sie voller Panik und schlug um sich.

Daniela Fischers extreme Spinnenphobie hatte sie in eine reglose Statue verwandelt. Deshalb schlug sie auch nicht reflexartig nach der Mörderspinne. Phoneutria fühlte sich nicht angegriffen und hatte keinen Grund, ihr kostbares Gift in das versteinerte Geschöpf zu stoßen. Sie ließ sich zu Boden fallen und ging endlich auf Jagd. Wie würden wohl diese niedlichen Skorpione

schmecken, die sich so zahlreich um das menschliche Wesen am Boden bewegten? Phoneutria begann, Heidemaries damenhafte Kleidung nach Skorpionen abzusuchen.
Frau Kirsch schlug wieder um sich. Doch ihre Schreie und abwehrenden Schläge wurden immer kraftloser. Kleff überwand sich und hob erneut den Deckel des Terrariums der Krabbenspinne an. Das iPhone lag nur wenige Zentimeter vor dem grässlichen Geschöpf. Rasch fischte er das Telefon heraus und ließ den Deckel pustend zufallen. Sein Finger tippte die Notrufnummer und er meldete: „Mein Name ist Heiko Kleff. Kommen Sie schnell!“ Er gab die Adresse durch. „Wir brauchen auch einen Krankenwagen. Eine Frau wurde von Skorpionen und einer Spinne angegriffen.“

Nicht nur die Polizei traf nach wenigen Minuten ein. Die Feuerwehr war von der Notrufzentrale ebenfalls alarmiert worden. Aufgrund der giftigen Spinnen und Schlangen wurden die Hausbewohner evakuiert und ein Spezialist des städtischen Tierparks angefordert.
Zwei Beamte fuhren mit Frau Fischer zu ihrem Haus, um Bernhard Hepp festzunehmen, der dort gefesselt schnarchte. Währenddessen hatte Kleff auf die Kripo gewartet. Ein grauhaariger Herr mit Brille und Lederjacke trat näher und stellte sich vor. „Ich bin Kommissar Krüger. Sind Sie der Mann, der diese Sache gemeldet hat?“
Kleff berichtete, was sich zuletzt in der Wohnung von Bernhard Hepp abgespielt hatte. Wie Frau Kirsch aus eigenem Pech vor das Terrarium gefallen war. Krüger machte sich permanent Notizen. Dann fragte er: „Woher wussten Sie, dass Ihre Freundin Fischer von Herrn Hepp verfolgt und angegriffen werden sollte?“

„Nachdem mich Daniela aus dem Krankenhaus angerufen und erzählt hat, was mit Hannes geschehen war, bin ich auch zur Klinik gefahren. Auf der Suche nach der Intensivstation erblickte ich plötzlich in einem Quergang Heidi Kirsch. Sie telefonierte und wirkte nicht gerade traurig. Ich stand für sie nicht sichtbar hinter ihrem Rücken und drückte mich in eine Nische. In Krankenhausfluren setzt sich der Schall deutlich fort. Ich hörte, wie sie zu jemandem sagte, dass sie von Hannes' Tochter als Täterin entlarvt worden wäre. Der andere Telefonteilnehmer sollte Dannys Wagen verfolgen und sich endgültig um sie kümmern."
Krüger blickte Kleff forschend in die Augen: „Sie waren sich sicher, dass Frau Fischer in großer Gefahr sein würde?"
„Ja klar! Ich verständigte mich mit Danny per Handy und sie fuhr heimlich mit einem Taxi zu sich nach Hause. Um sie zu schützen, wollte ich an ihrer Stelle ihr Auto nehmen. Per Zufall sah ich in der Klinik an einer Garderobe eine blonde Perücke, die vermutlich einer Krebspatientin gehören wird. Das brachte mich auf die Idee, Danielas Rolle einzunehmen. Ich stieg in ihr Auto und fuhr aus dem Parkhaus. Wie vermutet, wurde ich schon bald von Bernhard Hepp verfolgt."
Während der Kommissar weitere Notizen machte, beschrieb Kleff den hinterlistigen Überfall in Fischers Wohnzimmer und wie der Kampf ausgegangen war.

Epilog

Die Terrassentür stand ein Stück offen. Das indirekte Licht einer Ecktischlampe erhellte den Wohnraum nur schwach. Der Fernseher lief. Ein blonder Kopf lehnte sich gemütlich im Sessel an und blickte zum Bildschirm. Im Europaparlament gab es anscheinend wieder heftige Diskussionen. Die Gardine bewegte sich lautlos. Schon war die Tür wieder angelehnt. Ein Mann

schlich zur Rückseite des Sessels. Blitzschnell umschlang er von hinten den Hals des Blondschopfs.
„So, jetzt habe ich dich!“, rief er lachend. Die Arme des Angreifers wurden spielerisch herumgedreht und sein Körper landete rückwärts auf dem dicken Perserteppich. „Ich gebe auf!“, rief Heiko zu Daniela. „Du bist sehr geschickt und lernst schnell.“
Sie lag auf ihm und fragte: „Hast du die Post vom Gericht gelesen?“
„Nein, steht der Verhandlungstermin nun fest?“
„Es gibt zwei Verhandlungen. Eine gegen Heidemarie Kirsch und eine gegen ihren Handlanger Hepp. Übrigens haben sich zwei weitere Familien von Heidemaries verstorbenen Männern unserer Klage angeschlossen. Unser Rechtsanwalt hält es für ratsam, dass nicht nur unsere Videos als Beweise vorliegen. Wichtig ist auch, dass im Haus meines Vaters im Staubsaugerbeutel Spinnenhaare gefunden wurden. Auf dem Staubsauger sind Fingerabdrücke von Heidemarie, aber nicht von Hepp. Damit kann sie nicht behaupten, er hätte alles alleine geplant.“ Heiko erhob sich und ging zum Barfach. Er schenkte zwei Drinks ein und reichte ihr ein Glas. Daniela setzte sich auf dem Teppich in den Schneidersitz und berichtete: „Heidemarie wurde aus der forensischen Klinik entlassen und in die JVA überführt. Die Ärzte waren erstaunt, dass dieses zähe Luder drei Skorpionstiche und einen Spinnenbiss überlebt hat.“
Heiko stieß sein Glas an das von Daniela: „Mich wundert das nicht. Sie ist doch die Spinnenkönigin.“

Klinikluft – Normaler Wahnsinn

Die grelle Deckenbeleuchtung des Zimmers der Intensivstation schmerzte in Wilhelm Rombergs Augen. Er schloss die Lider. Der alte Goldschmied lag völlig entkräftet in einem Krankenbett. Überwachungsgeräte blinkten und piepten lästig. Romberg junior saß am Bett seines alten Herrn, öffnete den Deckel der auf dem Nachtschrank stehenden Schnabeltasse und gab Zucker in den duftenden Tee. Leise klackerte der Löffel, bis alles gründlich verrührt war.

„So, Vater, ich denke, der Tee ist nicht zu heiß. Probiere mal."

Armin Romberg führte die Tasse an die Lippen des alten Herrn. Plötzlich stand jemand in der offenen Zimmertür und rief mit tiefer Stimme: „Du bist Satan! Ich erkenne dich! Fahre augenblicklich zur Hölle!"

Romberg junior blickte sich überrascht um. Der fremde Mann im Türrahmen war mittleren Alters, blond und groß. Er trug einen schwarzen Jogginganzug. Seine Augen funkelten zornig und der rechte Zeigefinger stieß drohend in Armins Richtung.

Stationsschwester Maria eilte herbei. Sie zog den Fremden am Arm zurück in den Flur und herrschte ihn an: „Wie oft muss ich Ihnen noch sagen, dass Sie nicht ohne Erlaubnis die Intensivstation betreten dürfen? Gehen Sie jetzt bitte!"

Romberg junior wandte sich wieder seinem Vater zu und hielt sorgsam die Tasse. Der alte Herr nippte vorsichtig. Er verzog angewidert das Gesicht und sagte: „Das Zeug schmeckt furchtbar. Kamillentee habe ich noch nie gemocht!" Seine knochige Hand wehrte die Tasse ab und er fuhr fort: „Ich habe dir schon bei deinem letzten Besuch erklärt, dass mein Entschluss ein für alle Mal feststeht. Ich überschreibe Veronika das Juweliergeschäft. Sie hat es sich verdient. Sie hat den Laden nach dem Tod deiner Mutter verantwortungsvoll weitergeführt. Du hast nie Interesse an meiner Firma gezeigt. Außerdem hat sich Veronika im Gegensatz zu dir nach meinem Schlaganfall liebevoll um mich gekümmert.“

„Vater, das sehe ich ganz anders!“ Armin setzte die Schnabeltasse erneut an die Lippen seines alten Herrn und drängte: „Trinke bitte alles aus. Dein Körper benötigt viel Flüssigkeit.“

Wilhelm Romberg schluckte noch einige Male angewidert, dann drehte er den Kopf zur Seite. „Ich bin müde. Wenn du noch etwas mit mir besprechen willst, dann komme später wieder.“

Demonstrativ schloss er seine Augen. Der Sohn schob die Tasse auf dem Nachttisch zur Seite und blickte auf die Uhr. Es war kurz vor elf.

„Gut, Vater, wie du möchtest“, presste er durch die Lippen und verließ den Raum.

Stationsschwester Maria wartete an der Tür des Krankenzimmers. Sie blickte Armin Romberg mitfühlend an und flüsterte: „Ich habe die letzten Sätze gehört, da die Tür offen stand. Nehmen Sie sich das nicht so zu Herzen. Ihr Vater ist allgemein ein sehr freundlicher Mann. Doch wenn sich Patienten sehr krank fühlen, dann vergreifen sie sich schon mal im Ton – auch gegenüber ihren Kindern.“

Der Mittvierziger zog sein Portemonnaie und reichte Schwester Maria einen Geldschein. Sie wollte ablehnen, doch er sagte: „Das ist für die Kaffeekasse. Sie haben hier keine leichte Aufgabe. Passen Sie bitte sehr gut auf meinen Vater auf. Er ist unser bestes Stück. Ich hatte Ihnen meine Visitenkarte gegeben. Rufen Sie mich jederzeit an, sollte sich sein Zustand verschlechtern.“

Die Schwester geleitete Armin Romberg zur Ausgangstür der Intensivstation. „Machen Sie sich nicht zu viele Sorgen. Die Vitalwerte Ihres Vaters sind deutlich besser geworden.“

Intensiver Duft ätherischer Badeöle strömte bis in das Wartezimmer der physiotherapeutischen Abteilung. Alle Stühle waren besetzt. Manche Patienten blickten ungeduldig auf die Uhr. Andere blätterten in Zeitschriften oder tippten auf ihren Smartphones. Leise Musik plätscherte aus den Deckenlautsprechern. Das Telefon hinter dem Tresen der unbesetzten Anmeldung klingelte mehrmals. Eine junge Frau hastete aus einer der unzähligen Behandlungsräume zum Festnetzapparat und meldete sich: „Uni-Klinik, Physiotherapie. Praktikantin Jule Lehmann hier. Was kann ich für Sie tun?“ Sie lauschte einen Moment, rollte mit den Augen und rief: „Herr Becker, Telefon für Sie!“ Die Zwanzigjährige legte den Hörer zur Seite und ging auf den Abteilungsleiter zu, der nun aus der Tür eines Behandlungsraums kam und sich an einem Waschbecken rasch die Hände wusch.
„Julchen, wer ist denn am Apparat?“
Jule flüsterte ihm ins Ohr: „Die olle Menke will Sie sprechen. Frau Oberärztin hat angeblich selbst einen Hexenschuss. Wenn Sie mich fragen, dann hat die auch sonst einen Schuss.“
Die Tür zum Wartezimmer stand weit auf. Ein blonder Hüne erhob sich, tippte demonstrativ auf seine Uhr und sagte: „Becker, Sie haben acht Minuten Verspätung. Das ist nicht korrekt. Sie haben pünktlich zu sein.“
Die übrigen Patienten schauten die beiden Männer gespannt an. Becker grüßte freundlich in die Runde und betrachtete den ungeduldigen Herrn von Kopf bis Fuß. Der Blondschopf war ihm als Stammpatient der psychiatrischen Abteilung seit Jahren bekannt. Der vierzigjährige Hüne trug immer einen schwarzen Jogginganzug und verschlissene Trekking-Sandalen an nackten Füßen. Meistens hatte er eine deutliche Knoblauchfahne. Seine stechenden Augen schauten so provokant und ungehemmt, dass viele Patienten und manche Mitarbeiter seinem Blick nach wenigen Sekunden ausweichen mussten. Becker ließ sich grund-

sätzlich nicht provozieren und erwiderte: „Herr Svensson, wir sind in unserem Terminplan etwa fünf Minuten in Verzug. Gestern waren Sie eine halbe Stunde zu spät und bekamen trotzdem eine Behandlung. Da haben Sie sich nicht beklagt. Wir arbeiten mit Menschen und nicht mit Stechuhren. Bitte nehmen Sie wieder Platz und gedulden Sie sich noch etwas."
Der Abteilungsleiter ging zum Schreibtisch, griff zum Hörer und grüßte: „Becker. Guten Morgen, Doc. Was kann ich für Sie tun?"
„Herr Becker, es ist mir sehr peinlich, aber ich rufe in privater Angelegenheit an. Die Hexe hat meinen Rücken erwischt. Ich weiß, dass Ihr Terminkalender voll ist und dass Ihre Patienten Schlange stehen. Ich will mich bestimmt nicht vordrängeln, aber ich darf hier in der Intensivstation nicht ausfallen. Meine Kollegin ist im Mutterschaftsurlaub und wie immer gibt es keine Vertretung. Leider weiß ich mich kaum noch aufrecht zu halten und da hoffe ich auf Ihre Hilfe."
Der Fünfzigjährige schaute auf den Computermonitor, der ihm den Terminplan anzeigte. Alle vierzehn Mitarbeiterinnen und Mitarbeiter waren lückenlos ausgebucht. Also sagte er: „Doc, kommen Sie um 13:00 Uhr, da mache ich Mittagspause und schaue mir das mal an."
„Ich werde pünktlich sein. Danke!"
Der ungeduldige Patient stand immer noch an derselben Stelle. Spitz fragte er: „Na, werden die Privatpatienten wieder bevorzugt?"
„Nein, Herr Svensson, aber Sie schiebe ich jetzt entsprechend Ihrem Behandlungsplan in eine schöne, heiße Moorpackung."

Stationsschwester Maria freute sich auf ihren Schichtwechsel. Der kleine Zeiger der Uhr bewegte sich endlich Richtung der Eins. Noch eine knappe halbe Stunde, dann hatte sie es ge-

schafft. Um 13:00 Uhr war ihr Dienst für heute vorbei. Plötzlich gab ein Überwachungsgerät in Wilhelm Rombergs Zimmer Alarm. Der Blutdruck des Patienten sank zu tief. Die Herzfrequenzen veränderten sich bedrohlich.
„Schwester!“, rief der alte Herr mit schmerzverzerrtem Gesicht. „Rufen Sie Veronika Weiß an! Sie soll dringend kommen und Notar Beckmann mitbringen!“
Währenddessen öffnete eine Krankenschwester, die zur Mittagschicht kam, gemütlich die Tür zur Intensivstation und fragte: „Maria, wo steckst du? Alles ruhig bei euch?“
„Ich bin bei Herrn Romberg! Ruf sofort Dr. Menke an! Wir haben einen Notfall!“
Wenige Minuten später stürmten Dr. Menke und ein Assistenzarzt an Rombergs Bett.
„Herzstillstand!“, rief Schwester Maria.
Im Monitor des Elektrokardiogramms waren die pulsierenden Zacken einer flachen Linie gewichen.
„Sofort Sauerstoff und schließen Sie den Defibrillator an!“, befahl Oberärztin Menke. Gleichzeitig begann sie mit manueller Herzmassage. Ihre Handballen pressten rhythmisch auf das Brustbein des Patienten. Sie zählte laut: „Eins, zwei, drei, vier. Eins, zwei, drei, vier. Eins, zwei, drei, vier.“
Das EKG zeigte noch keine eigene Herztätigkeit.
„Wo bleibt der Defibrillator?“, fragte der Assistenzarzt nervös.
Auf Rombergs Brust wurden Elektroden angebracht. Schwestern und Ärzte wichen zurück. Es knallte. Der Patient krampfte auf seinem Bett.
„Adrenalin!“, rief Dr. Menke zum Assistenzarzt.
Bald darauf zeigte das EKG Reaktionen. Selbstständige Herzschläge nährten die Hoffnung der Mediziner. Dann setzte Rombergs Pumpe wieder aus. Nach der zweiten Schockbehandlung ließ die Oberärztin ein Antiarrhythmikum spritzen. Schweißge-

badet machte der Assistenzarzt mit der Herzmassage weiter. Auch die dritte Schockbehandlung folgte. Rombergs Körper bäumte sich erneut auf. Eine fremde Stimme ertönte im Türrahmen: „Dieser Mann ist in großer Gefahr. Satan wird zurückkommen.“
Die Oberärztin schaute sich nach der Stimme um und griff reflexartig mit der Hand an ihre schmerzende Lendenwirbelsäule. In der offenen Tür stand ein Mann in schwarzem Jogginganzug mit Trekking-Sandalen an den nackten Füßen.
„Sie verlassen sofort die Station“, rief Schwester Maria und drängte den Mann in den Flur zurück.
Gleichzeitig meldete das EKG eine selbstständige Herztätigkeit. Rombergs Rhythmus stabilisierte sich und der Blutdruck begann zu steigen.
Nach einer halben Stunde war Wilhelm Romberg wieder bei Bewusstsein. Dr. Menke blickte zufrieden zur perfekt fließenden Infusion und sagte zum Assistenzarzt: „Wenn sich sein Zustand verschlechtern sollte, dann rufen Sie mich. Ich bin in der Physiotherapie zu erreichen.“ An der Tür fragte sie Schwester Maria: „Wer war der Überraschungsgast? Ist das nicht ein Patient aus unserem Haus?“
„Lars Svensson ist sein Name. Eine Nervensäge aus der Psychiatrie.“
„Und wie ist Herr Svensson in die Intensivstation hineingekommen?“
„Weil Sie und der Assistenzarzt die Tür nicht richtig ins Schloss geschoben haben.“
Dr. Menke nickte nachdenklich und sagte: „Sie haben recht, Maria. Vielen Dank für Ihre Hilfe. Machen Sie Feierabend. Ihr Dienst ist längst beendet.“

Dr. Menke wählte das Nottreppenhaus, um die physiotherapeutische Abteilung ungesehen zu erreichen. Auf diesem Weg vermied sie es, die Anmeldung und das Wartezimmer der ungeduldigen Patienten zu passieren. Becker nahm die Oberärztin in den hinteren Räumen in Empfang und tippte drängend auf seine Uhr.
Dr. Menke sagte: „Ich muss mich für meine Verspätung entschuldigen. Kennen Sie Herrn Romberg? Ihre Mitarbeiter machen mit diesem Patienten Atemgymnastik."
Becker nickte stumm und ging voraus.
Dr. Menke folgte seinen eiligen Schritten und berichtete weiter: „Romberg hatte gegen 13:00 Uhr einen Herzstillstand. Deshalb kam ich nicht rechtzeitig weg."
Becker öffnete die Tür zu einem Behandlungsraum und fragte: „Wie geht es Romberg jetzt?"
„Wir haben ihn stabilisiert." Dr. Menkes Blick schweifte über die Massageliege zu einem Elektrogerät und dem Schlingentisch, der wie eine Folterbank wirkte. „Muss ich etwas ausziehen?"
„Wenn der Hexenschuss nur in Ihrem Kittel steckt, dann können Sie den anbehalten", scherzte Becker. Er zeigte zur Liege. „Entkleiden Sie sich bitte bis auf BH und Slip. Die frischen Badetücher können Sie zum Zudecken benutzten. Dann legen Sie sich auf den Rücken. Wir schauen zuerst, ob der Ischias beleidigt ist. Ich komme wieder, wenn Sie so weit sind." Er verließ den Raum.
Dr. Menke setzte Ihre Brille ab und hängte die Kleidung an eine Garderobe. Als sie sich auf den Rücken legen wollte, schossen ihr vor Schmerz die Tränen in die Augen. Außerhalb des Behandlungsraums war etwas zu hören und Dr. Menke rief: „Fertig, kommen Sie herein!"
Doch der Therapeut kam nicht. Unter der Tür war ein breiter Schlitz, durch den man zum Flur hinaussehen konnte. Die Ärz-

tin setzte ihre Brille wieder auf. Sie erblickte nackte Füße in Sandalen, die langsam auf und ab wippten. Dr. Menke fragte: „Herr Becker, sind Sie dort im Flur?"
Statt einer Antwort bewegte sich ganz langsam die Klinke nach unten.

Im Warteraum der physiotherapeutischen Abteilung ging Praktikantin Jule auf einen älteren Herrn im weißen Bademantel zu und streckte ihm ihre Hand entgegen: „Hi, Herr Kaiser. Lehmann ist mein Name. Aber sagen Sie einfach Jule zu mir. Das tun sowieso alle. Sie sollen für Ihr rechtes Ohr eine Rotlichtbestrahlung bekommen. Ich führe Sie jetzt zur Behandlungskabine." Der Patient erhob sich und ordnete pedantisch seine Kleidung. Dann folgte er der Frau mit dem blonden Pferdeschwanz. Sie passierten Massagekabinen, Räume für medizinische Bäder, die Moorküche und eine Wassertretanlage. Plötzlich blieb Herr Kaiser stehen. Jule lächelte ihn auffordernd an: „Es ist nicht mehr weit. Soll ich Sie am Arm geleiten?"
Der Patient wurde kreideweiß und verzog das Gesicht. Jule schaute auf Kaisers Füße und erschrak. Etwas Dünnflüssiges quoll aus seinem rechten Hosenbein und verteilte sich über den Hausschuh und auf dem Boden. Dem Patienten traten vor Scham die Tränen in die Augen. Leise sagte er: „Der Stoma-Beutel ist undicht geworden. Das ist mir unendlich peinlich."
Jule fragte nervös: „Stoma-Beutel, was ist das?" Hilfe suchend schaute sie nach links und rechts und rief: „Herr Becker? Florian? Kann mal jemand ganz schnell kommen?"
Ein junger Physiotherapeut unterbrach seine Behandlung. Er eilte den Flur zwischen den Kabinen entlang, besah sich das Malheur und fragte. „Sind Sie Stoma-Patient?"
Kaiser nickte mit zusammengekniffenen Lippen.

„Okay, mein Name ist Florian Böhm. Ich bringe Sie zu einem Duschraum. Dort ziehen wir die verschmutzte Kleidung aus, reinigen Ihren Körper und Julchen bestellt in der Station frische Wäsche. Also keine Panik auf der Titanic."
Böhm lenkte Kaiser durch die nächste Tür. Abteilungsleiter Becker kam hinzu, besah sich die Spur auf dem Fußboden und fragte: „Weiß die Station schon Bescheid?"
Böhm schüttelte den Kopf und setzte den Patienten auf einen Duschstuhl. Jule verstand immer noch nicht, was geschehen war. „Was ist ein Stoma?"
Da Kaiser entkleidet wurde, winkte Becker seine Praktikantin zum Flur hinaus. Dort erklärte er: „Der Mann hat einen künstlichen Darmausgang. Die Flüssigkeit, die dort austritt, wird in einem Beutel aufgenommen. Doch wenn diese Beutel nicht sorgsam aufgeklebt werden, dann passiert leider solch ein Malheur. Du gehst jetzt zur Station und holst Herrn Kaiser frische Kleidung. Ich rufe inzwischen die Stationsschwester an und rede mit ihr ein paar Takte über sorgsame Stoma-Versorgung."

Die Klinke des Behandlungsraums wurde noch einmal gedrückt, doch die Tür blieb zu. Becker hatte den Behandlungsraum von außen mit einem Steckschlüssel verriegelt. Die nackten Füße vor der Tür gehörten nicht dem Therapeuten. Der trug weiße Socken und weiße Sandalen.
Dr. Menke wartete immer noch auf ihre Massage und schaute nervös auf die Uhr. Wo blieb Becker? Plötzlich hörte sie von Weitem seine Stimme: „Svensson, ich habe Ihnen mehrfach erklärt, dass diese Räume nicht Ihrer Unterhaltung dienen. Sie haben heute keine Anwendungen mehr in meiner Abteilung und deshalb gehen Sie jetzt bitte!"
Der hochgewachsene Blonde blickte den Therapeuten durchdringend an, doch der hielt seinem Blick stand und wies ener-

gisch zum Ausgang. Die schwarzen Sandalen machten eine Kehrtwende und schlurften davon. Becker betrat den Behandlungsraum und sagte: „Sorry, jetzt habe ich Sie warten lassen. Einem Stoma-Patienten ist ein Malheur passiert und nun stand auch noch Svensson hier vor der Tür. Er ist ein Psychopath mit einem Gerechtigkeitswahn."

Dr. Menke lag auf dem Rücken. Becker stellte sich an das Fußende der Liege. Er griff an die rechte Wade seiner Patientin und sprach: „Heben Sie das Bein gestreckt an. Sobald diese Bewegung im Rücken schmerzt, stoppen Sie. Das Gleiche wiederholen wir mit dem linken Bein." Nach dieser Funktionsprüfung konnte Becker eine Ischialgie ausschließen und diagnostizierte: „Sie haben nur eine Lumbago, einen klassischen Hexenschuss. Der lässt sich mit Massagen und Wärmeanwendungen besänftigen." Er bat die Ärztin, sich auf den Bauch zu drehen und fragte: „Wie alt sind Sie?"

„Spielt das für diese Behandlung eine Rolle?"

„Aber sicher! Wenn Patienten bis zum dreißigsten Lebensjahr Bandscheibenbeschwerden bekommen, dann muss das unbedingt radiologisch abgeklärt werden. Wenn Menschen mit Ende dreißig und aufwärts über einen Hexenschuss oder Ischialgie klagen, dann ist das fast normal. Da reicht ein vorläufiger Tastbefund. Diese Schmerzen sind unangenehm, aber nicht bedrohlich."

„Ich bin in diesem Jahr fünfundvierzig geworden. Mit anderen Worten heißt Ihre Prognose, dass ich nun öfter Rückenschmerzen bekomme?"

„Ihre Muskeln fühlen sich verspannt, aber relativ gesund an. Sie können Ihren Rücken mit regelmäßigen Übungen vor einem Hexenschuss schützen. Was machen Sie sportlich?"

„Ich gehe mit dem Hund spazieren. Und ich laufe jeden Tag gefühlte zwanzig Kilometer durch die Klinik."

Beckers Hände arbeiteten einfühlsam und schienen zu glühen. Die Augenlider seiner Patientin wurden schwer. Dank der gesteigerten Muskeldurchblutung gingen die Schmerzen zurück. Die Ärztin begann die Massage zu genießen. Am liebsten wäre sie heute nicht mehr von dieser Liege aufgestanden. In diesem Moment meldete sich ihr Pieper: „Dr. Menke bitte dringend zur Intensivstation! Dr. Menke bitte!“

Gegen 20:00 Uhr schaltete Dr. Menke in ihrem Büro vor Müdigkeit den Computer aus. Die übrigen Arztberichte mussten bis morgen warten. Sie verließ ihr Büro und schaute besorgt in der Intensivstation nach dem Patienten Romberg. Der alte Herr öffnete die Augen. Ein Lächeln zog über die blassen Lippen.
„Guten Abend, Frau Doktor.“
Die Oberärztin drückte seine Hand. „Wie fühlen Sie sich nach diesem holprigen Tag?“ Gleichzeitig prüfte sie die Infusion und die Überwachungsgeräte. Alles schien in Ordnung zu sein.
„Frau Doktor, Ihnen habe ich es zu verdanken, dass ich noch mit Veronika und mit meinem Notar Beckmann sprechen konnte. Jetzt geht es mir gut. Es ist alles geregelt. Der Rest liegt in Gottes Hand.“
„Na, das hört sich wie ein Abschied an. Herr Romberg, wir tun alles dafür, dass Sie wieder gesund nach Hause kommen. Verlieren Sie nicht den Mut. Ihr Herz benötigt noch etwas Zeit zur Erholung.“
Romberg winkte ab und murmelte: „Jetzt habe ich alle Zeit der Welt.“
„Gut, dann sehen wir uns morgen wieder. Sie passen hier brav auf meine Station auf und ich kümmere mich nun um meinen Hund.“
Dr. Menke betrat das Dienstzimmer und fragte die Schwester: „Haben die Laborwerte von Romberg neue Erkenntnisse ge-

bracht, warum heute Mittag diese heftige Attacke aufgetreten ist?"
„Nein. Es sieht fast danach aus, als hätte Romberg zu seiner üblichen Medikation ein stark blutdrucksenkendes Mittel bekommen. Um das festzustellen, müsste eine weitere Laboruntersuchung vorgenommen werden."
„Gut, machen Sie eine Notiz, auf dass wir dieser Sache morgen nachgehen. Ich wünsche Ihnen einen ruhigen Dienst."
Die Oberärztin verabschiedete sich von dem Pflegepersonal, verließ das Klinikgebäude und trat den Weg zum Parkhaus an. Der trübe Sommertag brachte frühe Dämmerung. In dem dunklen Parkdeck flackerten einige defekte Leuchtstoffröhren gespenstisch. Ferne, schlurfende Schritte waren zu hören. Dr. Menke blickte aufmerksam hinter sich. Die Schritte verstummten. Sie ging weiter auf ihren Wagen zu und entriegelte mit der Fernbedienung die Türen. Wieder schlurfende, ferne Schritte. Immer noch war niemand zu sehen. Als die Ärztin gerade einsteigen wollte, fiel ihr ein Zettel unter dem Scheibenwischer auf. Sie nahm ihn an sich. Dort stand eine handschriftliche Nachricht, die bei diesem schlechten Licht kaum zu lesen war. Dr. Menke bestieg rasch den Wagen und verriegelte die Türen. Der Motor sprang an und sie setzte forsch zurück. Die Räder quietschten in den Kurven und schallten durch das Gebäude. Die elektrische Schranke akzeptierte ihren Parkausweis und gab dem Weg nach draußen frei. Im Augenwinkel erblickte Dr. Menke noch so eben den seltsamen Patienten, der überraschend bei Rombergs Herzattacke in der Tür des Intensivzimmers aufgetaucht war. Die Ärztin fuhr bis zur belebten Hauptstraße und hielt an. Sie griff zu dem Zettel, der zuvor am Scheibenwischer gesteckt hatte, und las die handschriftliche Botschaft: *Romberg ist durch Satan in Gefahr!*

Dr. Menke blickte sich zur Ausfahrt des Parkhauses um. Der seltsame Mann war verschwunden. Wie hieß dieser Mensch? Becker hatte im Flur vor dem Behandlungsraum den Namen Larsson oder Svensson gerufen. Die Ärztin strich sich über das müde Gesicht. Morgen würde sie mit dem zuständigen Psychiater über diesen sonderbaren Patienten sprechen.

Thilo Becker fuhr am frühen Morgen mit dem Mountainbike zur Arbeit. Das herrliche Juliwetter war des Nachts in Regen übergegangen. Sein Weg führte über den Leinpfad der Merck. Dieser zehn Meter breite Fluss schlängelte sich am Grundstück der Uni-Klinik vorbei und war ein begehrtes Ziel der Patienten, die immer wieder verbotenerweise das Krankenhausgelände verließen. Täglich beobachtete Becker hier die heimlichen Raucher, die von ihren behandelnden Ärzten nicht gesehen werden wollten. Hier lagen unter den Büschen leere Schnapsfläschchen versteckt. Hier liefen Pärchen Hand in Hand, die das Schicksal durch gleiches Leid zusammengeführt hatte. Hier saßen bei gutem Wetter die Rentner und badeten die Würmer am Angelhaken.

Wo der Winter den Asphalt aufgerissen und das Hochwasser den Belag weggeschwemmt hatte, bildeten sich heute riesige Pfützen. Die Stollenreifen des Bikes spritzten das gesammelte Wasser nach allen Seiten. Schwere Regentropfen trommelten auf Beckers Fahrradhelm und ergossen sich über die Kleidung. Der Himmel wirkte genauso grau wie der Fluss und die Betonwände der fernen Klinikgebäude. Bei solch einem Wetter war das Tal menschenleer. Nach der nächsten Flussbiegung würde endlich der steile Weg zum Klinikgelände einmünden. Plötzlich und unerwartet sprang aus dem dichten Gebüsch ein riesiger Hund vor das Rad. Fast wäre Becker beim Ausweichen in die Merck gestürzt. Geschickt stellte er das Mountainbike zwischen

sich und dem bellenden Tier. Es war eine Deutsche Dogge, die aufgeregt mit ihrem Schwanz peitschte.
Von fern rief eine Frauenstimme: „Bruno, bei Fuß! Hörst du endlich? Du kommst sofort bei Fuß!“
Becker machte mit dem Mund ein seltsames Geräusch und die Dogge schaute ihn irritiert an. Das Bellen wich einem leisen Knurren. Nervös bewegten sich die Nasenflügel des Hundes. Der Schwanz wedelte weniger wild. Der Biker hielt der Dogge die Rückseite seiner Hand so entgegen, dass er sie bei einem Angriff noch rechtzeitig zurückziehen konnte. Bruno kam schnüffelnd näher und nahm Witterung auf. Seine raue Zunge leckte das Regenwasser von Beckers Handrücken. Die Hundehalterin begann zu rennen. Ihre Stimme bekam einen panischen Klang. „Sind Sie verrückt? Ziehen Sie sofort Ihre Hand zurück. Der Hund kann Sie verletzten!“
Der Biker erkannte unter der tief heruntergezogenen Kapuze des Regenmantels das Gesicht der Oberärztin. „Hallo, Doc! Ein trübes Wetter haben Sie sich zum Spazierengehen ausgesucht. Es ist auch nicht gut für Ihren Rücken.“
Außer Atem stammelte sie: „Sie können doch nicht einfach einen fremden Hund anfassen. Er hätte zubeißen können.“
„Nein, das glaube ich nicht. Alle großen Hunde, die ohne Leine und Maulkorb laufen dürfen, gehören zur Rasse Der-tut-nix.“
Dr. Menke leinte das Tier an und die Dogge machte ein enttäuschtes Hundegesicht.
„Sie haben keine Angst vor großen Hunden, Herr Becker?“
„Nein, Angst nicht, nur immensen Respekt. Wer keinen Respekt vor großen Tieren hat, dem fehlt schnell ein Finger oder ein Stück vom Gesäß.“
Dr. Menke streichelte liebevoll über Brunos nasses Fell, ihre Stimme bekam einen mütterlichen Klang: „Nein, Bruno, so etwas tust du ja nicht.“

Becker wechselte das Thema und fragte: „Wie geht es Ihrem Rücken. Was macht die Hexe?“
„Bis gestern Abend war es erträglich. Seit heute Morgen sind die Schmerzen wieder da.“
„Kommen Sie doch heute Abend zum Schwimmen ins Reha-Zentrum. Wir haben ab 18:00 Uhr Personalschwimmen. Das Wasser hat dreißig Grad. Vielleicht kann ich Ihnen auch noch eine heiße Moorpackung anlegen.“
Bruno schaute interessiert einer platschenden Ente nach, die sich bei diesem Wetter in ihrem Element besonders wohl fühlte.
Dr. Menke fragte: „Sie meinen allen Ernstes, ich soll mich im Badeanzug vor den Studenten und Pflegeschülern im Wasser tummeln?“
„Gut, wenn Sie möchten, dann können Sie auch ohne Badeanzug schwimmen.“
„Herr Becker, Sie haben einen seltsamen Humor. Aber auf das Angebot der Wärmeanwendung komme ich gegebenenfalls zurück.“
Der Therapeut bestieg sein Rad. „Ich wünsche uns einen ruhigen Dienst.“
Kaum war Becker hinter der nächsten Kurve mit spritzenden Reifen verschwunden, da sah die Oberärztin von ferne einen Mann in gelber Öljacke auf sich zukommen. Seine Kapuze verdeckte das Gesicht bis zum Kinn. An den nackten Füßen trug er schwarze Sandalen, die hemmungslos durch jede Pfütze stapften. Bruno zog neugierig in die Richtung des Fremden und begann zu knurren. Dr. Menke hielt die Leine kurz, sodass die Dogge direkt neben ihr stand. Obwohl der Hund bedrohlich knurrte und bellte, ging der Fremde in gleichbleibendem Schritt nur knapp an der Oberärztin vorbei. Sein Gesicht blieb unter der Kapuze verborgen. Bruno zitterte plötzlich und rieb sein nasses Fell an den Hosenbeinen seines Frauchens.

Viele Mitarbeiterinnen und Mitarbeiter der Klinik waren froh, dass sie während der Dienstzeiten ihre Kinder in der benachbarten Kita unterbringen konnten. Zwischen dem Klinikgelände und der Tagesstätte verlief eine verkehrsberuhigte Straße. Gut sichtbare Schilder wiesen die Autofahrer auf spielende Kinder hin. Seit einiger Zeit bemerkten besorgte Mütter, dass ein Mann im schwarzen Jogginganzug das Treiben in dieser Straße beobachtete. Er lächelte die Kinder an, sprach aber nie mit ihnen. Jedem Wagen, der diese Zone nur etwas zu schnell durchfuhr, drohte er mit erhobener Faust. Hin und wieder machte er sich demonstrativ Notizen. Einige couragierte Mütter hatten diesen seltsamen Zeitgenossen versucht anzusprechen, doch der Mann wendete sich dann stets ab und verschwand in den Schluchten des Klinikgeländes. Irgendjemand hatte recherchiert, dass es sich bei diesem Beobachter um einen Patienten der Psychiatrie handeln würde. Deshalb wuchs unter den Eltern die Sorge, dass dieser ‚schwarze Mann' für die Kinder gefährlich werden könnte.

Endlich hatte sich eine engagierte Mutter bei dem zuständigen Psychiater einen Gesprächstermin geben lassen, um Klarheit in diese Angelegenheit zu bringen. Dr. Werner empfing die besorgte Dame freundlich in seinem Büro, bot ihr einen Sessel an und fragte: „Was führt Sie zu mir?"

„Die Eltern der Kita beobachten seit geraumer Zeit, dass ein Patient aus Ihrer Abteilung ständig an der Straße zwischen der Klinik und dem Kindergarten steht."

Die Mutter beschrieb das Aussehen des ‚schwarzen Mannes'.

„Hat sich unser Patient gegenüber den Kindern bedrohlich verhalten?"

„Bedrohlich?", suchte die Mutter nach passenden Beispielen. „Dieser Mann macht heftige Drohgebärden, wenn die Autos zu schnell durch die Straße fahren. Er ruft den Fahrern oft Schimpfworte oder Flüche hinterher. Manchmal schreibt er die Kennzeichen auf."

„Und dieses Verhalten empfinden Sie gegenüber Ihren Kindern bedrohlich?"

Die Frau fühlte sich in ihrer Sorge nicht verstanden und sagte mit empörtem Ton: „Hallo? Ist das etwa normal, wenn sich jemand an die Straße stellt und Verkehrssünder maßregelt und bedroht? Wer weiß, wozu der Kerl noch fähig ist."

„Gibt es denn nicht in fast jeder Straße einen gelangweilten Rentner, der von morgens bis abends über Falschparker schimpft und die Kennzeichen an die Polizei weitergibt? Das ist nicht krank. Das ist ein überzogenes Gerechtigkeitsgefühl."

„Aber nicht jeder Rentner ist in der Psychiatrie! Wie es auch sei, als Vertreterin der Eltern bitte ich Sie, Ihren Patienten vom Kindergarten fernzuhalten. Das soll nicht heißen, dass wir kein Verständnis für kranke Menschen haben, aber ..."

Dr. Werner fragte nach: „Aber was?"

Die Dame atmete genervt und erklärte: „Dieser seltsame Mensch aus der Psychiatrie stellt im Gegensatz zu den spießigen Rentnern ein erhöhtes Risiko für die Sicherheit unserer Kinder dar."

„Die Autofahrer, die rücksichtslos an der Kita vorbeirasen, die sogenannten ‚Normalen', stellen die für die Kinder ein kleineres Risiko dar als unser Patient?"

„Mein lieber Herr Doktor, Sie versuchen, die Dinge zu verdrehen. Sie haben nur Verständnis für Ihren Patienten. Sie sollten auch mal über den Tellerrand schauen."

„Das tue ich. Ich habe Ihre Sorge verstanden und werde mit unserem Patienten darüber sprechen. Andererseits lege ich aber auch Wert darauf, dass unsere Gesellschaft psychisch Kranke mit einem aufgeklärten Blick betrachtet. Sie sind nicht mehr oder weniger gefährlich als Gesunde. Wirklich böse Menschen sind nicht krank. Die gehören nicht in die Klinik, die gehören in die Hände der Justiz."

Die Besucherin stand aus ihrem Sessel auf und fragte noch einmal nach: „Also wird Ihr Patient nicht mehr am Kindergarten stehen?"

„Nein, das wird er nicht. Fühlen Sie sich mit dieser Entscheidung besser?"

„Ich spreche nicht nur für mich. Ich spreche für die Elternschaft. Vielen Dank."

Dr. Werner ergriff zum Abschied warmherzig die Hand der besorgten Mutter und sagte: „Ich danke Ihnen für das offene Gespräch."

Becker schickte seinen jüngsten Physiotherapeuten und die Praktikantin zu einer Vorlesung im Fachbereich der Psychiatrie. Florian Böhm und Jule Lehmann freuten sich, dass sie endlich eine Stunde aus dem Behandlungstrott herauskommen konnten. Um 12:50 Uhr trafen die ersten weiß gekleideten Zuhörer im Hörsaal ein, um sich die angenehmsten Plätze zu sichern. Ein grauhaariger Pfleger schob seinen mächtigen Bauch auf Böhm zu und griff dem jungen Therapeuten und Fitnesstrainer demonstrativ an dessen Oberarm.

„Sieh mal an. Aus dem schlaksigen Jungen ist ein Mann geworden."

Florian grüßte und zeigte auf die Praktikantin: „Walter, das ist Jule. Sie möchte Physiotherapeutin werden." Und zu Jule gewandt sagte er: „Pfleger Walter hat mich während meines Praktikums in viele pflegetechnische Raffinessen eingeweiht. Er war der absolut ruhende Pol im Operationssaal."

Der Grauhaarige blickte die Praktikantin an und sagte: „Becker hat Sie mir gar nicht vorgestellt. Er hatte sicher Sorge, dass ich

ihm ein so hübsches Geschöpf abwerben würde. Übrigens, in der Krankenpflege würden Ihnen viele Aufgabenbereiche offenstehen. Sie könnten sich spezialisieren und Karriere machen. Beim Becker sitzen Sie doch nur im Keller und schauen den Patienten beim Baden zu."
Mittlerweile hatten sich fast alle Plätze gefüllt und das Stühleklappern wich einem lebhaften Stimmengewirr. Florian und Jule setzten sich in die letzte Reihe. Der junge Therapeut hielt sich beim Gähnen die Hand vor den Mund und murmelte: „Das soll was werden. Genau in der Zeit, wo jeder seinen Tiefpunkt hat, hält der Psycho-Doktor seinen Vortrag über Schlafmittel und Tranquilizer."
Dr. Werner trat ans Rednerpult. Die Lautsprecher kratzten kurz, dann begrüßte der Psychiater sein Auditorium: „Liebe Kolleginnen und Kollegen, liebe Mitarbeiterinnen und Mitarbeiter, sehr geehrte Gasthörer! Wir sprachen beim letzten Referat über Neurosen und Psychosen. Ich erinnere: Zu den Neurosen gehören die Zwänge und die Phobien. Ebenso die depressive Verstimmung. Alle diese Symptome sind psychogene Reaktionen, um strategisch auf bestimmte Lebenssituationen zu reagieren. Deshalb ist es sinnvoll, bei diesen Erkrankungen nach gründlicher Psychoanalyse eine passende Psychotherapie durchzuführen. Die Psychosen, zu denen beispielsweise Manien, Depressionen und die Schizophrenie gehören, sind Erkrankungen des Gehirns und können oft mit Hilfe von Psychopharmaka erfolgreich behandelt werden. Haben Sie noch Fragen dazu? Falls nicht, schließen wir dieses Thema nun ab." Der Dozent blickte über die stummen Zuhörer und fuhr fort: „Gut, so kommen wir zu den Psychopharmaka. Beginnen wir mit den beliebten Beruhigungsmitteln. Mit Sorge stelle ich fest, dass sich die Benzodiazepine aus der Gruppe der Tranquilizer zu einer Lifestyle-Droge entwickelt haben. Sie werden als Schlafmittel und gegen innere

Unruhe eingesetzt. Die Kollegen Hausärzte sind bei diesen Verordnungen recht großzügig geworden und ..."
Florian hörte Dr. Werners Stimme nur noch von Weitem. Er sackte auf dem Stuhl immer mehr in sich zusammen. Dann kippte sein Kopf auf Jules Schulter. Sie stieß ihren Kollegen empört an, doch der reagierte nur mit einem peinlichen Schnarchen. Schmunzelnd blickten einige Zuhörer hinter sich und Jule bekam rote Wangen.
Der Dozent sagte: „Meine Damen und Herren, Sie hören, dass man bereits mit Worten einen gesunden Schlaf einleiten kann. Medikamente sind also immer die zweite Wahl."

Thilo Becker verabschiedete seine Kollegen gegen 18:00 Uhr, da er heute für die Aufsicht beim Personalschwimmen alleine Dienst hatte. Studenten und Auszubildende amüsierten sich bereits in dem großen Thermalbad. Das Platschen und Jubeln war bis im letzten Winkel des Reha-Zentrums zu hören. Als Becker die Halle betrat, säumten riesige Wasserpfützen den Beckenrand. Ein junger Mann tauchte über den Schwimmbadboden und versuchte, die Füße der Schwimmerinnen zu erfassen. Ein Pflegeschüler rief alarmiert: „Achtung, Kapitän Becker betritt die Brücke!", und die übrigen jungen Leute lachten.
Der Physiotherapeut betrachtete den Taucher, der immer noch nach den zappelnden Füßen angelte und fragte: „Wer hat das ganze Wasser hier über den Rand gespritzt?"
Eine Studentin zeigte auf den Taucher und erklärte: „Hier beobachten wir wieder sehr schön das Imponiergehabe des Männchens. Kevin ist ganz stolz, wenn er vom Rand springt und mit seiner Arschbombe einen Tsunami auslöst."
Endlich hüpfte der Taucher aus dem Wasser und setzte sich schwungvoll auf den Beckenrand. Becker tippte dem jungen Mann von hinten auf die Schulter. Kevin drehte sich überrascht

herum, rieb sich das Wasser aus den Augen und fragte: „Oh, Herr Becker. Was machen Sie denn hier?“

„Zufällig arbeite ich hier. Außerdem bin ich gerade auf der Suche nach fleißigen Händen, die mit dem Wischer sofort den nassen Hallenboden trocknen. Ich möchte nicht, dass hier jemand ausrutscht. Haben wir uns verstanden?“

Plötzlich wurde es still. Becker schaute verwundert in die stummen Gesichter der jungen Leute. Als er sich umwandte, stand Oberärztin Menke in der Tür. Die Internistin arbeitete an dieser Uni-Klinik auch als Dozentin und stand im Ruf, sehr streng zu sein. Nach Meinung der Studenten besaß sie keinen Funken Humor. Semester-Clown Kevin glitt geräuschlos ins Wasser und tauchte unter.

Dr. Menke fragte Becker: „Besteht das Angebot mit der Wärmeanwendung noch?“

Er nickte, ging zu den Ruheräumen voraus und fragte: „Kennen Sie sich mit Moor aus?“

„Mein verstorbener Vater hat sich privat für ein Brookwaldmoor eingesetzt. Es steht heute unter Naturschutz.“

„Ich meinte eigentlich unsere fünfzig Grad heißen Moor-Paraffin-Packungen.“ Becker öffnete eine Ruhekabine und zeigte auf die frisch bezogene Liege. „Sie werden extrem schwitzen. Entkleiden Sie sich bitte entsprechend. Ich bereite nun alles vor.“

Dr. Menke hörte von Weitem das Lachen und Platschen in der Schwimmhalle. Aus der anderen Richtung war Beckers Stimme zu hören. Er sang: ‚Wir sind die Moorsoldaten und ziehen mit dem Spaten ins Moor ...‘ Bald darauf stieß der Therapeut hastig die Kabinentür auf und ließ eine schwere Packung auf die Liege gleiten. Dr. Menke drückte skeptisch einen Finger in die braune Masse, runzelte die Stirn und fragte: „Wie schnell kühlt die Packung ab?“

„Gar nicht!“, antwortete Becker lachend. „Ich stelle grundsätzlich noch ein Teelicht unter die Bank. Bei einem Hexenschuss muss der Hexe kräftig eingeheizt werden.“
„Ich sagte Ihnen bereits: Sie haben einen seltsamen Humor.“
„Doc, Spaß beiseite. Versuchen Sie sich mit einem Ruck rückwärts auf das Moor fallen zu lassen. Nach einer Schrecksekunde ist das heiße Element schon erträglich.“
Mutig legte sich die Ärztin in den Torf und der Therapeut wickelte ihren Körper mit den Laken stramm ein. Menke konnte nur noch ihren Kopf bewegen. Schlagartig trat ihr der Schweiß auf die Stirn.
Becker meinte in beruhigendem Ton: „Ich lösche nun das Licht und verriegle die Tür von außen. In zwanzig Minuten fühlen Sie sich wie neu geboren. Okay?“
„Ich fühle mich eher wie eine Mumie.“
„Das ist gut. Mumien halten sich lange.“
„Herr Becker, mal ganz im Ernst. Wussten Sie, dass im Brookwaldmoor eine Mumie gefunden wurde?“
Er schüttelte den Kopf und sie erzählte: „Damals war ich noch ein Kind. Mein Vater hatte mir diese Mumie in einer Ausstellung gezeigt. Es war eine Frau, die zur Zeit der Germanen im Moor versenkt worden war. Sogar ihre Kleidung war noch erhalten. Durch diese Funde wissen wir, wie sich die Menschen vor zweitausend Jahren gekleidet haben.“
„Das klingt sehr interessant. Aber ich muss zwischendurch mal ins Schwimmbad sehen, damit die Bande nicht zu wild herumtobt. Danach komme ich zurück.“
Becker schloss die Tür. Unter leisem Flöten entfernten sich seine Schritte. Dr. Menke atmete mit tiefen Zügen. Die Augenlider wurden schwerer und schwerer. Sie versank in eine Traumwelt. Schon bald sah sie sich als kleines Mädchen an der Hand ihres Vaters durch eine geheimnisvolle Moorlandschaft laufen. Ihre

Schritte machten seltsame Geräusche. Die Ärztin tauchte aus ihren Traumbildern auf. Reale Schrittgeräusche kamen näher und näher. Sie hielten vor der Kabine. Dr. Menke erblickte einen schmalen Lichtstreifen unter der Tür. Dort bewegten sich nackte Zehen in alten Sandalen.
Leise sagte eine tiefe Stimme: „Romberg hätte nicht sterben dürfen. Du hättest das verhindern können. Satan wird jetzt auch dich in seine Welt hinabziehen. Tief unter das Moor. Tief ... immer tiefer ... immer tiefer ...“
Dr. Menke versuchte ihre Hände aus der Packung zu ziehen, doch sie konnte sich keinen Zentimeter bewegen. Sie kam sich ausgeliefert vor. Mit starker Willenskraft unterdrückte sie die aufsteigende Furcht und fragte: „Sie sind Herr Larsson, nicht wahr?“
„Nein, mein Name ist nicht Larsson!“

Lehrer Grote lag als Privatpatient in einem Einzelzimmer und bereitete sich auf seine Darmspiegelung vor. Er hatte bereits ein Abführmittel trinken müssen. In seinem Bauch rumorte es alarmierend und auf dem Tisch wartete bereits der nächste Becher dieser ekelhaften Flüssigkeit. Wer diese Prozedur mitmachen musste, konnte dankbar sein, wenn ihm ganz alleine das WC gehörte. Zwischen dem Gefühl des Müssens und des Könnens durften nach der Einnahme dieses Treibstoffes nur wenige Schritte zum Thronsaal liegen. Schon wieder war es so weit. Grote riss die Bettdecke zur Seite und stand mit einem Satz in den Pantoffeln. Seine Schritte waren klein, aber eilig. Die Toilettentür schlug hinter ihm laut ins Schloss. Mit einer geschickten Wende bei fallender Hose traf er in letzter Sekunde die Keramik. Er atmete auf. Das Wort ‚Erleichterung‘ erfüllte seine volle Bedeutung. Doch das Grummeln im Bauch mahnte ihn, diesen Thron vorläufig nicht mehr zu verlassen. Entspannt pfiff

er ein Liedchen. Plötzlich bemerkte Grote aus dem Zimmer seltsame Geräusche. War jemand zu Besuch gekommen? Wollte die gnadenlose Schwester nachsehen, ob er alle Abführmittel brav getrunken hatte? Grote fragte durch die geschlossene Toilettentür: „Hallo, ist dort jemand?“
Keine Antwort. Die fremdartigen Geräusche ließen aber auch nicht nach. Der Lehrer machte sich langsam Sorgen. Immer wieder wurde vor Dieben gewarnt. Die Patienten waren gebeten worden, beim Verlassen des Zimmers alle Wertsachen einzuschließen. Grote wollte sich gerade erheben, da warnte ihn ein erneuter Bauchkrampf, diese günstige Position auf keinen Fall aufzugeben. Die Schnur der Notklingel fiel ihm ins Auge und der Lehrer gab Alarm. Fünf Minuten später klopfte die Schwester an die Toilettentür und rief: „Herr Grote, Sie haben geschellt! Darf ich hineinkommen?“
„Besser nicht. Hier ist dicke Luft. Aber ich hatte den Eindruck, dass jemand in meinem Zimmer war.“
Nach einer kleinen Weile fragte die Schwester: „Haben Sie Ihre Telefonkarte bei sich?“
„Nein, die steckt doch im Gerät!“
„Da ist sie nicht. Hatten Sie Wertsachen in Ihrer Nachttischschublade?“
„Ja, mein Smartphone und ein Notebook.“
„Da sind diese Dinge nicht. Mein Gott, ich glaube, Sie wurden bestohlen. Ich suche die Station ab und melde mich gleich wieder.“ Mit hektischen Schritten eilte sie davon.

Ein lang gezogener Pfiff hallte von Weitem durch den Gang des Reha-Zentrums. Jemand kam mit schnellen Schritten herbei. Erleichtert hörte Dr. Menke Beckers Stimme. Der Therapeut rief: „Lars, langsam werde ich stinkesauer. Ich habe dir verboten, in meiner Abteilung ungefragt herumzuschleichen. Ich

weiß, dass du hochintelligent bist und mich sehr genau verstanden hast."
Svensson gab keine Antwort, wendete sich um und schlurfte davon. Bald darauf fiel hinter ihm die Tür ins Schloss. Becker öffnete die Ruhekabine und fragte: „Alles in Ordnung, Doc?"
Die Ärztin nickte stumm. Der Therapeut tupfte ihr mit einem Tuch den Schweiß aus dem Gesicht und sagte: „Lars Svensson ist laut seiner Ärzte ungefährlich. Doch das anormale Verhalten eines Psychopathen kann einem hin und wieder auf die Nerven gehen."
„Dieser Patient hatte sich gestern unbemerkt in die Intensivstation geschlichen. Leider kam er in einem sehr ungünstigen Moment. Er hat mit angesehen, wie wir Herrn Romberg wiederbelebt haben. Für Svensson hat das eventuell ausgesehen, als wenn wir Romberg misshandelt hätten. Ich habe Dr. Werner den Vorfall gemeldet, damit er Svensson darüber einfühlsam und verständlich aufklärt."
„Wie geht es Romberg heute?"
„Er hatte wieder starke Atemnot bekommen und der Blutdruck fiel unaufhaltsam. Wir konnten ihn dieses Mal nicht stabilisieren. Es ist furchtbar. Ich habe dem Chefarzt nahegelegt, diese Sache von einer unabhängigen Stelle untersuchen zu lassen. Irgendetwas stimmt da nicht."
Sie atmete tief durch und fragte: „Bleiben Sie bis zum Ende meiner Liegezeit in der Nähe?"
„Ja, ich stehe jetzt wie der Erzengel mit dem Flammenschwert vor Ihrer Tür."
„Lassen Sie das Flammenschwert weg. Mir ist heiß genug. Die letzten Minuten möchte ich genießen."
Becker verließ die Kabine und drückte die Tür leise ins Schloss. Menke schloss die Augen. Der brennende Hautreiz des Moors überdeckte mittlerweile den Rückenschmerz. Mit jedem tiefen

Atemzug entfernten sich ihre Gedanken weiter und weiter. Bilder ihrer Kindheit wurden wieder lebendig ...

Ängstlich blickte die kleine Mareike an der Hand ihres Vaters über den Morast der fremdartigen Landschaft. Sie bückte sich, hob einen Stein auf und warf ihn in die breiartige Masse. Es gluckerte seltsam. Langsam versank der Brocken.
„Papa, wie tief ist das Moor?"
Professor Menke erklärte: „Es gibt hier Stellen, da ist das Moor über acht Meter tief. Du musst dir vorstellen, dass sich nach der Eiszeit das geschmolzene Wasser in tiefen Senken gesammelt hat und bis heute nicht abfließen konnte. In vielen tausend Jahren sanken auf dem Grund dieser Gewässer abgestorbene Pflanzen und so wuchs das Moor Schicht um Schicht bis zu dem Aussehen, wie wir es hier nun vorfinden. Seit vielen Jahrzehnten stechen die Menschen das Moor ab, um damit zu heizen und die Luft zu verpesten. Ein Teil dieser Landschaft wurde durch meine Initiative zum Naturschutzpark Brookwaldmoor erklärt."
Plötzlich gluckerte das Moor. Mareike erschrak. Ein Frauenkopf kam an die Oberfläche. War das eine Moorleiche? War das eine Mumie, wie sie diese im Museum gesehen hatte? Mit einem Mal fühlte sie, dass sie selbst die Frau im Moor war. Sie war allein. Sie rief nach ihrem Vater, doch der existierte nicht mehr. Auch der Himmel hatte sich verdunkelt. Mareike versuchte, sich im Moor zu bewegen. Es gelang ihr nicht. Panik stieg in ihr auf. Noch bevor sie zu schreien begann, löste sich der Albtraum in Nichts auf ...

Die Deckenbeleuchtung der Ruhekabine wurde eingeschaltet und Becker öffnete die Tür. Behutsam befreite er die Ärztin aus den strammen Laken und half ihr auf.

„Wenn Sie möchten, können Sie im Nebenraum die Dusche benutzen. Badetücher liegen bereit. Wenn ich die Schwimmer alle an Land gezogen habe, finden Sie mich am Schreibtisch."

Eine Viertelstunde später betrat Dr. Menke den Raum der Patientenanmeldung. Becker bearbeitete gerade am Rechner die Dienstpläne. Er lächelte die Ärztin an und fragte: „Na, was macht die Hexe?"
„Die Schmerzen sind im Moment weg. Doch mit meinem brennenden Rücken kann ich nun die Wohnung aufheizen." Sie legte ihm die Hand auf die Schulter. „Vielen Dank für die Behandlung. Machen Sie Feierabend. Ihre Familie wartet sicher schon."
„Meine Frau und ich haben uns schon vor längerer Zeit getrennt. Ich habe es mit meinen permanenten Zusatzausbildungen, mit meiner Stelle als Dozent in der Physiotherapeutenschule und dem Engagement bei einem Sportverein übertrieben. Man kann es eben nicht allen recht machen."
„Lassen Sie den Kopf nicht hängen. Im Grunde sind wir ja letztendlich mit der Klinik verheiratet."
Becker nickte nachdenklich und Dr. Menke verließ die Abteilung.

Die Oberärztin hatte ihren Wagen dieses Mal nicht im dunklen Parkhaus, sondern direkt an der Hauptstraße geparkt. An einigen Fahrzeugen hingen Zettel unter den Scheibenwischern, die vom letzten Regenguss durchnässt waren. Vor ihrem Auto parkte ein roter Porsche. Daneben stand ein gut aussehender Mann, der gerade solch einen Zettel von seiner Windschutzscheibe zog. Dr. Menke erkannte Armin Romberg und ging sogleich auf ihn zu.
„Herr Romberg, wir haben uns heute noch nicht gesehen. Es tut mir so leid um Ihren Herrn Vater. Wir haben alles medizinisch

Mögliche versucht und ihn doch nicht noch einmal retten können. Ich spreche Ihnen meine herzliche Anteilnahme aus.“
Armin Romberg nahm gefasst ihre Hand: „Es war wohl von Gott so gewollt. Da sind wir Menschen machtlos. Mein Vater hatte ein gutes Leben.“
Dr. Menke blickte auf Rombergs Hand, die immer noch den feuchten Zettel hielt: „Diese Botschaften sind nicht von der Polizei oder vom Ordnungsamt. Deren Strafzettel sind wasserdicht. Solch ein Wisch wie Sie ihn bekommen haben, kommt von anderer Stelle. Diese Zettel hängt irgendein Spaßvogel seit Tagen an die Autos. Was steht denn drauf?“
Romberg entfaltete das nasse Papier. Er las und wirkte überrascht. Sein Daumen strich über das letzte Wort, dessen Buchstaben dadurch noch mehr verwischten. Dann meinte er: „Ja, das ist eine handschriftliche Nachricht. Viele Buchstaben sind vom Regen verwischt.“
Dr. Menke fragte neugierig: „Darf ich die mal sehen?“ Sie analysierte: „Der erste Buchstabe ist ein großes R. Dann folgt ein Wasserfleck. Zusammen mit der Silbe -berg könnte das Ihr Name Romberg sein.“ Die Ärztin las weiter: „Romberg ist ein Mä... oder Mö... “
Armin Romberg begann selbst zu buchstabieren und sagte entsetzt: „Das gibt es doch nicht. Das erste Wort kann wirklich Romberg heißen. Aber was stand ursprünglich am Ende bei Mä...? Vielleicht heißt der Satz: Romberg ist ein Märtyrer.“
Dr. Menke fragte: „Aber warum soll Ihr Vater ein Märtyrer sein? Verwahren Sie bitte diesen Zettel. Vielleicht wird er später noch bei einer polizeilichen Ermittlung benötigt.“
Armin Romberg steckte das Blatt kopfschüttelnd ein: „Für mich ergibt das keinen Sinn. Wie es auch sei, ich muss jetzt nach Vaters Tod viele wichtige Schritte einleiten. Frau Doktor, ich wünsche Ihnen einen angenehmen Feierabend.“

Er stieg rasch in den Wagen und der Porsche brauste davon.

Florian und Jule hatten seit dem frühen Morgen Stationsdienst. Bettlägerige Patienten mussten mobilisiert und mit Atemübungen versorgt werden. Die Praktikantin war in Stationsflur mit einer alten Dame spazieren gegangen und wollte ihren Kollegen nun in der Intensivstation treffen. Sie betrat einen Fahrstuhl, in dem ein Mitarbeiter des Patientenfahrdienstes hinter einem leeren Rollstuhl stand. Sein Funkgerät rauschte. Die Stimme des Zentralisten dirigierte das Personal durch die Klinik. Jule begann, den Text eines Plakats an der Innenwand der Kabine vorzulesen: „Klinik-Sommerfest in der alten Herzkammer am Samstag ab 18:00 Uhr. Wir laden alle Mitarbeiterinnen und Mitarbeiter ein. Für das leibliche Wohl und Musik wird gesorgt ..."
Der Fahrstuhl setzte sich in Bewegung und hielt in der nächsten Etage. Ein Patient im Jogginganzug stieg hinzu. Jule grüßte freundlich: „Hallo, Lars. Warst du schon beim Wassertreten?"
Svensson nickte stumm und verzog keine Miene. Jule las weiter den Text über das Sommerfest. Der dreißigjährige Mann vom Fahrdienst musterte die schöne Blondine ungeniert von Kopf bis Fuß. Sein kantiger Unterkiefer bewegte rhythmisch ein Kaugummi. Unter breitem Grinsen sagte er: „Ich denke, am Samstag sehen wir uns auf dem Sommerfest. Dann kannst du mal mit einem richtigen Mann tanzen."
Jule löste den Blick von dem Plakat, betrachtete den Fahrdienstler und starrte irritiert auf eine Reihe schief stehender Zähne. Wie war so etwas im Zeitalter der Zahnspangen möglich? Sie fragte: „Hast du auch einen Namen?"
„Ich bin Bernd Borowski. Freunde rufen mich Bobo."
Plötzlich schnaufte Jule vor Lachen und antwortete: „Bobo, sollte das gerade eine Anmache sein? Noch plumper geht es wohl

nicht. Was wird denn deine Freundin dazu sagen, wenn du mit fremden Mädchen tanzt?“
Das Kaugummi schmatzte einen Moment lang, dann sagte Borowski: „Ich habe zurzeit keine feste Freundin.“
Der Aufzug hielt in der Etage der Intensivstation. Jule ging durch die Tür. Sie drehte sich herum, tippte sich an die Stirn und sagte: „Welches normale Mädchen sollte sich auch auf einen so plumpen Typen wie dich einlassen? Und dann schau auch mal in den Spiegel.“
„Okay, du Emanze. Wir sehen uns Samstag. Mache dich schön frisch für mich!“
Schon schlossen sich die Schiebetüren des Fahrstuhls vor Borowskis Gesicht. Die Kabine setzte sich wieder in Bewegung. Svensson blickte dem Fahrdienstler direkt in die Augen. Der begann nach kurzer Zeit, nervös zu blinzeln. Dann wurde ihm die Sache zu bunt und er fragte provokant: „Was glotzt du mich so doof an? Du kommst doch bestimmt aus der Psychiatrie.“
Svensson nickte stumm und setzte sich wie selbstverständlich in den leeren Rollstuhl. „Heh, das geht nicht!“, beschwerte sich der Fahrdienstler. „Ich muss jemanden vom Röntgen abholen.“
Er tippte Svensson mehrmals auf die Schultern, doch der ließ sich nicht zum Aufstehen bewegen. Verärgert griff der Mitarbeiter zum Funkgerät und erklärte der Zentrale seine Situation. Nach kurzer Beratung kam der Befehl aus der Zentrale: „Dann fahr den Mann zur Psychiatrie! Dort wird man wohl wissen, was man mit ihm machen muss!“
„Scheiße“, fluchte Borowski, „wegen dir Idiot komme ich zu spät und kann mir den nächsten Anschiss anhören!“

Die Schwester der gynäkologischen Station wollte gerade das Arztzimmer betreten, da beobachtete sie eine unbekannte Person mit einer Sporttasche. Sie ging auf den Mann zu und fragte: „Suchen Sie jemanden? Kann ich Ihnen helfen?“

Der Fremde antwortete nervös: „Ich suche Herrn Müller. Er hat einen Knöchelbruch.“

„Und den suchen Sie in der Gynäkologie? Merkwürdig! Gehen Sie bitte zwei Etagen tiefer zur chirurgischen Station und fragen Sie dort noch einmal nach.“

Der Fremde entschuldigte sich und eilte zu den Fahrstühlen. Er bestieg den ersten Lift, der gerade seine Türen öffnete. In der Kabine saß ein blonder Patient im Rollstuhl, der den neuen Fahrgast durchbohrend anstarrte. Der Mann vom Fahrdienst machte eine verärgerte Miene und sprach in sein Funkgerät. Der Aufzug hielt als Nächstes vor der Säuglingsstation. Der Besucher mit der Sporttasche stieg eilig aus. Er inspizierte den Stationsflur. Viele Türen standen offen. Im ersten Krankenzimmer hielt sich niemand auf. Der Mann trat ein. Blitzschnell ließen sich an den Nachtschränken die Telefonkarten entnehmen. Dann plumpsten ein Smartphone und ein Portemonnaie in die Sporttasche. Von fern hörte man Säuglingsgeschrei. Der Langfinger peilte die Lage. Der Stationsflur war immer noch menschenleer. Im nächsten verwaisten Zimmer fanden sich als Beute eine kostbare Uhr und eine Halskette. Leider steckte nur eine Telefonkarte.

Forsche Schritte erklangen auf dem Flur. Jemand näherte sich. Der Dieb presste seine Tasche an sich und hatte schon eine glaubhafte Erklärung für seinen Aufenthalt parat. Doch er benötigte die Ausrede gar nicht, im Dienstzimmer klingelte das Telefon. Die Schritte entfernten sich wieder. Die Schwester meldete sich in der Ferne mit kräftiger Stimme und erklärte dem Anrufer, dass die Mütter zurzeit fast alle im Kinderzimmer wären. Also huschte der Dieb ungesehen einen Raum weiter. Dort warteten auf ihn wieder ein Portemonnaie mit Kreditkarten und ein iPad. Als der Langfinger gerade in den Wandschrank griff, fiel die Zimmertür laut ins Schloss. *Verdammt, wer war das? War das der Durchzug?*, fragte sich der Dieb und blickte vorsichtig um die Ecke. *Gott sei Dank, niemand hier!* Der Dieb griff zur Türklinke. Überrascht murmelte er vor sich hin: „Wieso lässt die sich nicht bewegen?"

Er stemmte sich mit dem Oberkörpergewicht auf die Klinke. Sie gab immer noch nicht nach. Hatte jemand die Tür von außen verriegelt? Schweißtropfen bildeten sich auf der Stirn des Mannes. Auf keinen Fall durfte er mit der Beute entdeckt werden. Die Tasche musste sofort durch das Fenster in den Garten geworfen werden. Das war die Lösung! Dort würde er die Beute später wiederfinden. Leider ließ sich das Fenster nur eine Handbreit öffnen. Was jetzt? Sollte er die Beute einzeln durch den Spalt nach draußen werfen? Ihm kam eine neue Idee. In vielen älteren Kliniken waren die Zimmer über die Toiletten verbunden. Diese Fluchtmöglichkeit hatte er noch gar nicht kontrolliert. Wenige Sekunden später endeten seine flinken Schritte im Bad vor einer gekachelten Wand ...

Jule und Florian trafen fast gleichzeitig vor der Intensivstation ein. Noch bevor sie die Klingel erreicht hatten, öffnete sich die Tür. Dr. Menke kam ihnen entgegen. Die Oberärztin tippte demonstrativ auf ihre Uhr: „Sie sollten doch schon vor einer halben Stunde bei Frau Schulte-Gerstmann gewesen sein. Ich möchte, dass diese Dame jeden Tag pünktlich behandelt wird."

Jule verdrehte genervt die Augen und murmelte: „In diesem Haus steht man oft genug eine halbe Stunde vor der geschlossenen Aufzugtür. Wie soll man da pünktlich sein?"

Dr. Menke schob ihre Brille höher und setzte einen strengen Ton auf: „Junge Dame, wenn Sie Ihr Praktikum lieber in den Fahrstühlen absolvieren möchten, dann melden Sie sich beim

Patientenfahrdienst. Ich erreiche meine Patienten über die Treppe. Und zwar pünktlich!“

Florian warf Jule einem warnenden Blick zu, dass sie den Mund halten solle. Mit Menke war bekanntlich nicht gut Kirschen essen.

Schwester Maria begrüßte die Mitarbeiter der Physiotherapie freundlich und stellte sie der greisen Patientin vor: „Frau Schulte-Gerstmann, schauen Sie mal. Hier sind zwei nette Menschen, die Sie auf die Beine stellen wollen! Haben Sie verstanden?“

Die alte Dame hielt sich eine Hand hinter ihr Ohr und fragte: „Was soll ich bestellen?“

Florian strich sanft über die knochige Hand der Dame und sprach ihr direkt ins Ohr: „Wir machen Atemübungen mit Ihnen und laufen dann ein paar Schritte.“

Die Schwester legte die Bettdecke zur Seite und verließ das Zimmer. Mit geübten Griffen setzte der Physiotherapeut Frau Schulte-Gerstmann auf die Bettkante. Sie ließ amüsiert die Beine baumeln. Jule fixierte die Schultern der Patientin und Florian bewegte deren Arme beim Ein- und Ausatmen. Zehn Minuten später stand Frau Schulte-Gerstmann bereits stolz neben ihrem Bett und machte ein fröhliches Gesicht. Schwester Maria rief aus dem Flur: „Florian, Telefon! Dein Chef ist am Apparat! Es scheint dringend zu sein!“

Florian fragte Jule: „Kannst du Frau Schulte-Gerstmann einen Moment alleine halten?“

„Geh ruhig. Wir Mädels kommen schon lange ohne euch Jungs aus“, und sie fragte die Patientin: „Habe ich recht?“

Die alte Dame schüttelte den Kopf und antwortete: „Nein, mir ist nicht schlecht.“

Florian mahnte seine Kollegin: „Aber nicht alleine laufen. Ich bin sofort wieder da.“

Er verließ den Raum und eilte zum Schwesternzimmer.

Jule sprach ihrer Patientin Mut zu: „Die Kerle meinen immer, sie seien unersetzlich, doch die vier Schritte bis zum Stuhl schaffen wir beide doch ganz alleine, nicht wahr?“
Die verwirrte Patientin nickte zustimmend und setze einen Fuß vor. Nach dem zweiten Schritt schrie Frau Schulte-Gerstmann auf. Es gab ein seltsames Geräusch. Hinter der Patientin flossen Urin und Blut auf den Fußboden. Panisch gaben ihre Knie nach. Bevor sie aus Jules Armen auf den Boden stürzen konnte, sprang Florian herbei und fing die alte Dame auf.

Zwei junge Mütter kamen in der Frauenstation aus dem Säuglingszimmer. Sie hielten den frisch gewickelten Nachwuchs im Arm und plauderten. Vor ihrem Krankenzimmer sagte eine von ihnen: „Wieso steht hier ein Stuhl vor unserer Tür. Siehe mal, die Lehne ist unter die Klinke geklemmt.“
Die andere Mutter blickte auf einen Zettel an der Tür. Jemand hatte darauf mit einem dicken schwarzen Filzstift in Druckbuchstaben geschrieben: *Achtung! In diesem Raum ist ein Dieb eingeschlossen. Rufen Sie die Polizei*!
Die Stationsschwester kam hinzu: „Meine Damen, was ist hier los?“
„Das möchten wir von Ihnen wissen. Wir kommen gerade vom Wickeln und sehen den Stuhl hier unter die Klinke gekeilt. Außerdem steht diese seltsame Botschaft an der Tür.“
Die Schwester las ebenfalls verwundert den handschriftlichen Text. Dann legte sie ihren Finger vor die Lippen, damit die Frauen sich ruhig verhielten. Ihr Fingerknöchel klopfte kräftig an die Tür.
„Hallo, ist dort jemand im Zimmer?“
Einen Moment später hörte sie eine Männerstimme: „Hallo? Ich habe mich im Zimmer geirrt. Als ich mich herumdrehte, hat

wohl ein Scherzbold von außen die Tür verschlossen. Seien Sie so freundlich und lassen Sie mich endlich raus!“
„Hier steckt leider kein Schlüssel mehr“, flunkerte die Schwester. „Einen Moment bitte, ich kümmere mich darum. Bin gleich wieder da!“ Sie führte die Mütter zurück zum Säuglingszimmer und sagte: „Bleiben Sie bitte dort, bis ich Sie abhole. Die Zentrale hatte vor einer halben Stunde eine Warnung herausgegeben, dass ein Dieb im Haus sein könnte. Offensichtlich ist das der Mann. Ich rufe jetzt den technischen Dienst und die Polizei an.“
Rasch wurden die übrigen Stationsmitarbeiterinnen aus Pflege und Küche informiert und aus Sicherheitsgründen alle Patientinnen vom Flur ferngehalten.

Becker schaute verdutzt auf den Patiententerminplan und fragte seine Kollegin in der Anmeldung: „Wieso kommt jetzt Frau Dr. Menke bei mir zur Massage? Die hat mir doch gesagt, dass sie heute keine Zeit hat.“
Die Kollegin erwiderte: „Das ist nicht unsere Oberärztin Mareike Menke. Das ist ihre Mutter Cornelia. Sie ist die Witwe von Prof. Dr. Alexander Menke, ehemaliger Herzspezialist und medizinischer Leiter unserer Konkurrenz. Cornelia Menke hat ihren Doktortitel sicherlich angeheiratet. Auf jeden Fall hat sie Haare auf den Zähnen. Sie wollte unbedingt von dem Herrn Abteilungsleiter behandelt werden. Ja, Chef, jetzt darfst auch du mal wieder ein bisschen kneten.“
Die Tür öffnete sich und eine ältere, stilvoll gekleidete Dame trat ein. Sie schaute demonstrativ auf ihre Uhr und sagte: „Guten Tag. Mein Name ist Dr. Menke. Ich habe genau jetzt einen Termin.“
„Guten Tag, Frau Doktor. Mein Name ist Becker. Ich bin Ihr behandelnder Physiotherapeut. Haben Sie eine Verordnung oder handelt es sich um eine Entspannungsmassage?“

„Man hat Sie mir für Entspannungsmassagen empfohlen. Ich hoffe, dass Sie dieser Empfehlung gerecht werden. Welchen Raum bieten Sie mir an?"
Zehn Minuten später verteilten Beckers Hände ein wohlduftendes Öl auf der Haut der neuen Patientin. Sie lag auf dem Rücken, hatte ihren Oberkörper mit einem großen Badelaken zugedeckt und ließ sich die Beine und Arme massieren.
„Herr Becker, wie alt schätzen Sie mich?"
„Ein Gentleman spricht nicht über das Alter schöner Frauen."
„So einfach kommen Sie mir nicht davon, Herr Becker! Ich möchte von Ihnen eine konkrete Einschätzung. Nur Mut!"
„Ich weiche Ihnen nicht aus. Gut, lassen Sie es mich so definieren. Wir haben in unserem Haus eine Oberärztin mit dem Namen Dr. Menke. Kann es sein, dass Sie die große Schwester sind?"
„Sie sind ein gnadenloser Charmeur. Ich denke, dass Sie wissen, dass Mareike meine Tochter ist. Lassen wir das. Was halten Sie von meiner Muskulatur?"
„Man sieht sofort, dass Sie sehr gesund leben und sicherlich Sport treiben. Vermutlich Gymnastik."
„Ich wäre Ihnen dankbar, wenn Sie das als Therapeut auch mal Mareike weiterempfehlen würden. Ich mache jeden Morgen zwanzig Minuten Gymnastik in unserem Schwimmbad. Ich habe dem Kind gesagt, dass es sich meinen Übungen anschließen soll." Sie winkte ab. „Da redet man gegen eine Wand. Immer wird die Klinik als Ausrede benutzt. Das hat sie von ihrem Vater."
„Ich habe Ihre Tochter mit Bruno getroffen. Wenn sie täglich mit dem Hund läuft, dann ist das auch eine gesunde Bewegung."
„Bruno? Unbedingt musste Mareike dieses riesige Tier ins Haus holen. Ja, sie hat ein großes Herz für verwaiste Tiere. Aber was meinen Sie, wer sich um Bruno kümmert?"

Becker sog an seiner Unterlippe und meinte: „Ich kann es mir denken.“
„Richtig! Sie müssten sich mal ansehen, welchen Dreck Bruno ins Haus schleppt und was der alles zerdeppert. Das Kind macht das doch nicht weg! Nein, dafür ist die Mutter da. Und glauben Sie, ich dürfte mal etwas dazu sagen? Sofort gibt es ein langes Gesicht. Gott sei Dank hat unser Haus zwei Wohnungen.“
Becker wollte das Thema wechseln: „Bitte drehen Sie sich auf den Bauch. Dann erzählen Sie mir mal, was Sie beruflich gemacht haben. Sie tragen einen Doktortitel.“
Die resolute Dame drehte sich flink herum und meinte mit strengem Ton: „Haben Sie vielleicht gedacht, ich würde mich mit Dr. Menke anreden lassen, wenn ich nicht selbst promoviert hätte?“ Becker massierte kräftig ihre Waden und schwieg. „Ich hatte gerade meine Dissertation geschrieben“, erläuterte Frau Dr. Menke, „da meldete sich Mareike an. Alexander machte weiter Karriere. Und ich?“ Sie winkte ab, schloss die Augen und murmelte: „Jetzt sprechen wir nicht mehr so viel. Ich möchte die Behandlung genießen.“

Als Jule die Intensivstation verließ, leuchteten ihre Wangen vor Scham immer noch feuerrot. Florian schob sie sanft in den Aufzug: „Komm, nimm dir das nicht so zu Herzen. Jeder macht mal einen Fehler. Wir sind alle nur Menschen. Oma Schulte-Gerstmann hat von deinem kleinen Missgeschick kaum etwas mitbekommen. Schwester Maria ist das Kathederschieben gewohnt.“
„Die olle Menke wird mir den Kopf abreißen. Die kann mich nämlich nicht leiden“, jammerte Jule vor sich hin.
Florian schaute auf seine Notizen mit den weiteren Behandlungsterminen und sagte: „Ist ja allerliebst. Krankengymnastik bei einer jungen Mutter in der Säuglingsstation. Demnächst

schickt Thilo mich noch zur Schwangerschaftsgymnastik.“ Er grinste Jule frech an. „Aber für dich wäre das bestimmt interessant. Dann kannst du dich gedanklich schon mal auf deine künftige Mutterrolle vorbereiten.“

Jule zog eine Grimasse und streckte ihm als Antwort die Zunge heraus. Der Aufzug hielt in der Etage der Säuglingsstation und die jungen Therapeuten öffneten die Eingangstür. Plötzlich schallte ein greller Pfiff durch den Flur. Der grauhaarige Pfleger Walter winkte Florian alarmierend von Weitem zu. Der Physiotherapeut spurtete los und Jule folgte ihm. Kaum angekommen hielt der korpulente Pfleger warnend einen Finger vor die Lippen. Er zeigte auf den Stuhl unter der Klinke und auf den handschriftlichen Hinweis an der Zimmertür. Pfleger Walter flüsterte: „Der Typ ist noch drin. Der technische Dienst wurde bereits verständigt. Die Polizei auch. Sollen wir warten oder packen wir uns den Schurken?“

Aus dem Zimmer kam die verärgerte Frage: „Was soll denn nun diese Scheiße? Machen Sie endlich die Tür auf. Wenn nicht, dann schlage ich das Fenster ein!“

Der Pfleger klopfte an die Tür: „Entschuldigen Sie, dass es so lange gedauert hat. Der Ersatzschlüssel ließ sich nicht finden. Ich öffne sofort!“

Florian brachte sich in Position und der Pfleger zog mit einem Ruck den gekeilten Stuhl unter der Klinke fort. Augenblicklich wurde die Tür aufgerissen. Ein Mann stürmte vorgebeugt heraus und stieß mit seinem Kopf gezielt in Walters dicken Bauch. Der Pfleger rang nach Luft und stürzte zu Boden. Florian grätschte dem Flüchtenden in die Beine. Der Mann fiel der Länge nach auf den Bauch, seine Tasche rollte klappernd davon. Der Dieb begann wild um sich zu schlagen und traf Florian an der Braue. Doch als der dicke Pfleger auch noch auf ihn kniete, gab er fluchend den Widerstand auf.

Zwei Polizeibeamte trafen ein. Sie legten dem Mann Handschellen an. Ein Zeugenprotokoll wurde verfasst und das Diebesgut inspiziert. Unzählige Stimmen aufgeregter Mütter schallten durch den Flur. Babys kreischten und dazwischen klingelte das Telefon. Pfleger Walter winkte Jule heran: „Kommen Sie, Fräulein Praktikantin. Haben Sie schon mal eine Platzwunde versorgt?"
Er zeigte auf Florians verletzte Braue. Jule wurde jedoch abgelenkt. Sie starrte überrascht auf Svensson, der wie ein Geist plötzlich im Türrahmen des Schwesternzimmers stand. Er wechselte mit dem Dieb einen seltsamen Blick, nickte diesem zu und verschwand lautlos, wie er gekommen war. Zurück blieb ein deutlicher Knoblauchgeruch.

Becker machte sich auf den Weg zu einer Besprechung mit Prof. Dr. Krüger, dem Chefarzt der Orthopädie. Er klopfte mehrmals an eine der drei Aufzugtüren, da der Lift wieder lästig lange auf sich warten ließ. Endlich schoben sich die Türen zurück und der Oberarzt der Psychiatrie trat heraus.
„Herr Becker, gut, dass ich Sie hier antreffe. Es gibt ein Problem. Ihnen muss unser Patient Wolke bekannt sein. Er war gestern und heute Morgen in Ihrer Abteilung. Jedes Mal, wenn er zur Station zurückgekehrt ist, hatte der Mann eine frische Alkoholfahne. Wir müssen davon ausgehen, dass Herr Wolke den Alkohol in Ihrer Abteilung versteckt hat."
„Ich werde meine Leute informieren, damit Wolke beobachtet wird. Außerdem werden wir versuchen, die Alkoholquelle zu finden. Aber das kann dauern. Die Suchtkranken sind sehr raffiniert."
Der Oberarzt bedankte sich und ging weiter. Becker forderte erneut den Fahrstuhl an. Noch bevor er in den Lift stieg, schallte eine Kinderhupe durch den Flur. Florian und Jule lenkten einen

Gehwagen mit einem weißhaarigen Patienten um die Kurve. Der alte Herr lachte seltsam und betätigte immer wieder die Hupe. Becker sagte: „Mir ist nicht bekannt, dass unsere Gehwagen mit Hupen ausgestattet sind. Wer hatte denn die Schnapsidee, das Ding dort anzuschrauben?“

Florian antwortete: „Es gibt noch Mitarbeiter mit Humor.“

Becker erblickte das Pflaster auf Böhms Augenbraue: „Was ist da passiert?“

Die Antwort ging unter, denn der verwirrte Patient betätigte wieder kräftig seine Hupe. Als auch Jule lachend den Blasebalg betätigte, stand plötzlich Dr. Menke in der offenen Aufzugtür. Sie trat heraus, stellte sich direkt vor die Praktikantin und sagte: „Ich komme gerade von Frau Schulte-Gerstmann. Sie haben eigenmächtig gehandelt und meiner Patientin Schaden zugefügt. Ihr Praktikum ist mit sofortiger Wirkung beendet!“

Jules Wangen wurden rot. Tränen stiegen in ihre Augen. Kleinlaut sagte sie: „Es tut mir leid. Ich wollte doch nur ...“

„Sie wollten nur Ihren Kopf durchsetzen. Sie sind mir mehrfach mit Ihrer vorlauten und unzuverlässigen Art aufgefallen. In diesem Haus ist damit Feierabend, so wahr ich Menke heiße!“

Florian stellte sich zwischen Jule und die Oberärztin: „Es war mein Fehler. Ich wurde an das Telefon gerufen und hätte die Patientin erst wieder ins Bett legen müssen. Jule ist nur Praktikantin und trägt somit keine Verantwortung.“

„Junger Mann“, schaute Dr. Menke ihm streng in die Augen, „Schwester Maria hat mir den Vorfall genau geschildert. Sie brauchen nichts zu beschönigen oder für dieses Fräulein den Helden spielen. Mein Entschluss steht fest.“ Sie drehte sich herum und hielt neben Florians Abteilungsleiter noch einmal an. Mit deutlich freundlicherem Ton meinte sie: „Tut mir leid, Herr Becker. Aber unser Haus kann sich solche Patzer nicht erlauben.“

Der Herr im Gehwagen lachte wieder und ließ die Hupe erschallen. Kopfschüttelnd verschwand Dr. Menke im nächsten Flur. Florian erklärte seinem Vorgesetzten, was in der Intensivstation geschehen war. Jule blickte Becker flehend an und fragte mit zittriger Stimme: „Muss ich wirklich sofort die Klinik verlassen? Kann man mir nicht noch eine Chance geben?“
Becker massierte nachdenklich sein Kinn. Dann sagte er: „Jeder hat eine Chance verdient.“ Er führte Jule ein Stück von dem Herrn im Gehwagen fort und flüsterte: „Dr. Werner von der Psychiatrie hat mir soeben berichtet, dass einer seiner Patienten in unserer Abteilung Alkohol versteckt. Nachdem ihr diesen netten Herrn wieder in sein Zimmer gebracht habt, wirst du in unsere Abteilung gehen und so lange suchen, bis du die Quelle gefunden hast. Alles Weitere besprechen wir später.“ Er blieb noch einmal neben Florian stehen und sagte: „Du machst heute ohne Jule in den Stationen weiter. Kommst du damit klar?“
„Muss ich wohl. Andererseits könntest du mich an ihrer Stelle begleiten, dann kommst du nämlich mal von deinem Schreibtisch weg.“
„Ich habe jetzt einen Termin bei Prof. Dr. Krüger. Weißt du, wer seine Schwiegermutter ist?“
Florian dachte kurz nach. Dann zischte er leise: „Scheiße! Da möchte ich nicht mit dir tauschen.“

Becker stand vor der Bürotür des Chefarztes der orthopädischen Chirurgie und sammelte sich. Wenn Prof. Dr. Krüger ihn wirklich wegen des Missgeschicks mit seiner Schwiegermutter hierher bestellt hatte, dann war ein kräftiges Donnerwetter zu erwarten. Krüger gehörte noch zu den Chirurgen des alten Schlages, über welche die erfahrenen OP-Schwestern ehrfürchtig hinter vorgehaltener Hand sagten: „Ein Chirurg, der kein Böllerkopf ist, ist kein Chirurg!“

Becker klopfte kräftig an.
„Treten Sie ein!“, schallte es von innen.
Als sich die Tür öffnete, stand der Professor erstaunlicherweise hinter seinem Schreibtisch auf, bemühte sich um einen freundlichen Gesichtsausdruck und grüßte: „Mein lieber Becker, schön, dass Sie sich Zeit für mich genommen haben. Setzen Sie sich!“ Er wies auf einen Besuchersessel. Prof. Krüger lehnte sich in seinem Bürostuhl zurück und trommelte mit den Fingern auf der Tischplatte. Sein Gesicht wurde ernst. „Sie können sich denken, warum ich Sie zu einem Gespräch gebeten habe?“
Becker tastete sich geschickt vor: „Sie sprechen unsere bedauerlichen Wartezeiten bei der Terminvergabe an. Leider ist auf Drängen der Verwaltung unser Personalbestand schlanker geworden. Wenn sich unsere Behandlungsqualität nicht verschlechtern soll, dann schlägt sich das auf die Wartezeiten nieder.“
„Ach, Becker ... Unsere Verwaltung spart doch in jeder Abteilung an Personal. Wissen Sie, dass meine Ärzte mittlerweile fünfundzwanzig Prozent ihrer kostbaren Zeit mit dem Ausfüllen von Formularen verbringen?“ Prof. Krüger wechselte das Thema. „Nein, es geht um den Patienten Herbert Schumann. Unser Stationsarzt Dr. Brahms hatte angewiesen, dass Herr Schumann in der Physiotherapie eingerenkt werden sollte. Sie, Herr Becker, haben den Patienten nicht behandeln wollen und wieder zur Station zurückgeschickt.“
„Ich erinnere mich. Mein junger Kollege Florian Böhm wollte den Patienten behandeln. Ich kam zufällig hinzu. Ich habe die Lendenwirbelsäule von Herrn Schumann manuell untersucht und den dringenden Verdacht geäußert, dass es sich dort um einen akuten Bandscheibenvorfall handelt. Bei einem Prolaps-Verdacht ist jede manuelle Therapie kontraindiziert. Ohne eine radiologische Abklärung wird keiner meiner Leute daran Hand

anlegen." Becker machte eine kleine Pause und ergänzte: „Herr Dr. Brahms ist Chiropraktiker. Sollte er Herrn Schumacher selbst eingerenkt haben, dann hoffen wir mal, dass das gut gegangen ist."

„Das ist es leider Gottes nicht. Wir mussten Herrn Schumann noch am gleichen Tag operieren." Er blickte Becker tief in die Augen und sagte deutlich leiser: „Ich bitte Sie, dass von Ihrer Abteilung nicht noch zusätzlich Öl in dieses Feuer gegossen wird. Den Kollegen Brahms habe ich bereits zurechtgewiesen. Inwieweit der Patient mit rechtlichen Schritten und Forderungen an die Klinik herantreten wird, bleibt abzuwarten. Auf jeden Fall wäre es für die Klinik besser, wenn die andere Seite den ersten Schachzug macht. Sie wissen, was ich meine?"

„Ich sehe keinen Grund, den ersten Stein zu werfen. Wir machen alle mal Fehler. Gibt es von Ihrer Seite noch mehr zu besprechen?"

„Nein, so ein unangenehmes Thema reicht wohl!"

„Leider habe ich aber noch etwas Unangenehmes vorzubringen. Es handelt sich um die Krankengymnastik bei Ihrer Schwiegermutter Frau Schulte-Gerstmann. Die nette Dame macht gute Fortschritte. Leider ist meinen Mitarbeitern ein Malheur passiert. Bei dem Versuch, mit der alten Dame zu laufen, wurde ihr versehentlich der Katheder gezogen. So etwas darf nicht passieren, aber auch Physiotherapeuten sind nur Menschen."

Der Professor lehnte sich nachdenklich in seinem Chefsessel zurück, trommelte wieder mit den Fingern auf der Tischplatte und fragte: „Was hat die Menke dazu gesagt?"

„Selbstverständlich hat die Oberärztin getobt. Sie will, dass meine Praktikantin aufgrund dieses Vorfalls die Klinik verlässt."

„Wie geht es meiner Schwiegermutter jetzt?"

Becker zuckte mit den Schultern: „Kann ich nicht sagen. Der Vorfall wurde mir gemeldet, als ich fast hier vor Ihrer Tür stand.“
Der Professor griff zum Telefon, wählte die Nummer der Intensivstation und grüßte: „Krüger hier. Geben Sie mir mal Menke ans Ohr. Ich warte.“ Bald darauf hörte er sich den Bericht der Oberärztin an. Dann sagte er: „Becker sitzt bei mir und hat mich informiert. Hat meine Schwiegermutter realisiert, dass ihr der Katheder vorübergehend gefehlt hat?“ Er hörte sich die Antwort an und meinte: „Mareike, wir sind alle nur Menschen. Sorge bitte dafür, dass meiner Frau nichts darüber berichtet wird. Sie würde sich nur unnötig aufregen und dann hängt sie mir heute Abend die Ohren damit voll. Die Krankengymnastik wird künftig jemand anderes übernehmen. Das bespreche ich nun mit Herrn Becker. Ich danke dir für deine Fürsorge und grüße Mutter von mir.“

Am frühen Nachmittag beendete Dr. Menke ihren Dienst in der Intensivstation. Das Wetter war sommerlich warm. Bereits am Morgen hatte die Oberärztin der Stationsschwester Maria vorgeschwärmt, dass sie vorhabe, am Nachmittag endlich Überstunden abzubauen und mal durch die Stadt zu bummeln. Aufgrund der miserablen Parkmöglichkeiten in der City bestieg Dr. Menke vor der Klinik ein Taxi. Zwanzig Minuten später setzte sie der freundliche Fahrer mitten in der belebten Einkaufszone ab. Das sonnige Wetter spiegelte sich in der guten Laune der Kunden wider. Die Tische der Cafés waren alle besetzt. Nach einem erfolgreichen Bummel durch Boutiquen und Schuhgeschäfte trug die Oberärztin zwei schwere Einkaufstüten in den Händen.
„Frau Dr. Menke?“, hörte sie ihren Namen und blickte sich überrascht um. Ein gut aussehender Mann in heller Hose und kurzärmligen Designerhemd winkte. Er lächelte die Ärztin an.

Menke erkannte Armin Romberg. Sie ging auf ihn zu und er erhob sich.
„Da ist der gute Engel der Klinik." Romberg wies auf einen Stuhl, der mit seinem Aktenkoffer belegt war. „Darf ich Sie auf einen Kaffee einladen?"
„Sehr freundlich, Herr Romberg, aber ..."
„Bitte, Frau Doktor, Sie sind nicht im Dienst. Bei Ihrem Stress dürfen Sie sich in der Freizeit doch wenigstens eine Tasse Kaffee gönnen." Er verhielt sich galant, nahm ihr die Einkaufstaschen ab und hielt einen Stuhl bereit. Sie nahm darauf Platz. Romberg fragte: „Was darf ich Ihnen bestellen? Oder möchten Sie erst in die Karte schauen?"
Frau Menke wählte einen Espresso und erkundigte sich: „Wie haben Sie den Tod Ihres Vaters verkraftet?"
„Vater war in den letzten Jahren nicht sehr von mir begeistert. Vielleicht ist Ihnen das von Frau Weiß schon zugetragen worden. Die liebe Veronika hat sich sehr engagiert um Vater gekümmert."
„Frau Weiß ist die Dame, die das Juweliergeschäft Ihres Herrn Vater leitet, nicht wahr?"
„Ja, Veronika ist ein Schatz. Meine Mutter hatte früher das Geschäft geleitet. Frau Weiß war damals ihre rechte Hand."
Menke nahm ihren Espresso von der Bedienung entgegen und fragte Romberg: „Warum haben Sie nicht die Leitung des Juweliergeschäfts übernommen?"
Er lächelte charmant und zeigte auf seine Rolex: „Ich trage zwar gerne edle Dinge, aber ich wäre nie in Vaters Fußstapfen getreten. Ich denke, mir würde das Feingefühl eines Goldschmieds fehlen. Nein, mein Talent liegt eher im Finanzwesen. Ich gehöre zu denen, die mit dem Geld anderer Menschen spekulieren. Nach der aktuellen Meinung der Bevölkerung gehöre ich einer unseriösen Branche an, nicht wahr?" Er suchte ihren Blick.

Dr. Menke meinte verhalten: „Da kann ich nicht mitreden. Ich hatte nie die Zeit und das Interesse, mich um komplizierte Finanzgeschäfte zu kümmern. Ich habe keine schlechten und auch keine guten Erfahrungen gemacht, um mir eine objektive Meinung bilden zu können."
„Die Berichte über das unseriöse Verhalten vieler Banken sind berechtigt. Es gibt zahlreiche Finanzprodukte, die undurchsichtig und extrem risikoreich sind. Gott sei Dank konnte ich die aktiven Vermögenswerte meiner Kunden sicher durch die Stürme der letzten unruhigen Börsenjahre lotsen."
„Sie legen das Geld anderer Menschen an?"
„Eigentlich will ich Sie gar nicht mit meinen trockenen Finanzthemen langweilen, sondern mehr über Ihren abenteuerlichen Klinikalltag erfahren."
Die Ärztin hatte absolut keine Lust über die Klinik zu sprechen: „Halten Sie die Leute für unklug, die ihre Ersparnisse nur auf dem Sparbuch liegen lassen?"
„Wenn Sie ein normales Sparkonto verwenden, bekommen Sie für Ihr Guthaben zurzeit kaum Zinsen. Alleine durch die höhere Inflationsrate sinkt die Kaufkraft Ihres Guthabens. Gleichzeitig nimmt die Bank das Geld von Ihrem Sparguthaben und leiht es zu zehn Prozent Zinsen pro Jahr einem armen Teufel, der sein Konto überzogen hat. Sie sehen, Frau Doktor, mit Geld lässt sich legal und sicher Geld verdienen." Sie nickte nachdenklich und Romberg fuhr fort: „Wer Spielgeld hat, der kann zum Beispiel mit Rohstofffonds arbeiten. Diese haben im Jahr oft eine Preisschwankung von vierzig Prozent. Wer günstig einkauft und rechtzeitig verkauft, gewinnt durch Spekulation im günstigsten Fall vierzig Prozent. Bei diesem Spiel besteht selbstverständlich ein höheres Risiko!"

Menke pustete beeindruckt aus und murmelte: „Zehn Prozent, vierzig Prozent! Bei solchen Gewinnmöglichkeiten müssen fachkundige Banker die Sparer für Idioten halten.“
„Nein, ein seriöser Banker hält die Vorsicht der Sparer für berechtigt. Wer bescheiden bleibt, der macht kleine, verdiente Gewinne und verliert normalerweise gar nichts. Leider steigt mit den Gewinnchancen auch das Verlustrisiko. Wie viel Prozent Zinsen würden Sie als Anlegerin für notwendig und fair halten?“
„Ja ... wie viel? Ich denke, etwa drei bis vier Prozent?“
Romberg machte ein mitleidiges Gesicht: „Meine Kunden erwarten deutlich mehr.“
Die Ärztin nippte an ihrem Espresso. Sie wurde immer nachdenklicher. Sie blickte zu den geschwätzigen Kunden an den Nachbartischen. Dann beugte sie sich zu Romberg und flüsterte: „Ich habe einiges an Geld zurückgelegt, weil ich mir eines Tages eine Praxis kaufen möchte. Bis jetzt gab es noch nicht die richtige Gelegenheit. Meinen Sie, dass ich in der Zwischenzeit für dieses Geld auch bei einer kurzfristigen Anlage mehr Zinsen oder Gewinn bekommen könnte?“
Romberg reichte ihr eine Visitenkarte: „Wenn es Ihnen damit ernst ist, dann rufen Sie mich unverbindlich an. Sie haben meinem alten Herrn geholfen. Ich wäre Ihnen dankbar, wenn ich mich mit gutem Rat revanchieren dürfte.“
„Herr Romberg, es ist spät geworden. Ich will sehen, ob ich am Bahnhof ein Taxi bekomme.“
Er blickte auf seine Rolex: „Sie wohnen doch in der Südstadt auf der Anhöhe über der Merck. Ich muss in Ihrer Nachbarschaft noch zu einem Kunden. Ich würde mich freuen, wenn ich Sie nach Hause fahren darf.“

Seine Augen funkelten erwartungsvoll. Eine Viertelstunde später hielt Romberg der Ärztin die Beifahrertür seines Sportwagens auf.

Als Jule die Anmeldung der physiotherapeutischen Abteilung betrat, waren ihre Wangen immer noch gerötet. Die ältere Kollegin am Computer sah, dass die Praktikantin aufgelöst war. Sie erhob sich und nahm Jule tröstend in die Arme: „Was ist geschehen? Du hast jetzt noch feuchte Augen."
Die junge Frau spürte die neugierigen Blicke der Patienten im Wartezimmer und schloss die Tür. Dann berichtete sie über den Vorfall in der Intensivstation und ergänzte mit dünner Stimme: „Jetzt will mich die olle Menke rausschmeißen. Herr Becker weiß auch schon Bescheid."
„Was hat Thilo dazu gesagt?"
„Herr Becker will mir noch eine Chance geben. Ich soll hier in der Abteilung nach versteckten Alkoholflaschen suchen."
„Na, dann viel Glück. Ich würde zuerst mit den Papierkörben anfangen", empfahl die Kollegin und eilte zum klingelnden Telefon.
Jule begann voller Hoffnung mit der Suche. Nach einer Stunde hatte sie die gesamte Abteilung zweimal durchkämmt. In den Papierkörben, Putzeimern, Umkleideschränken und unter Sitzbänken war nichts zu finden. Es gab keine Ecke, in die sie nicht geschaut hatte. Dann fiel ihr das Nottreppenhaus ein. Voll neuer Hoffnung blickte sie unter die Treppe und durchsuchte auch die Putzwagen des Reinigungsdienstes. Aber nichts! Frustriert setzte sie sich auf die letzte Stufe der Treppe. Ihr Kopf sank auf die Unterarme. Becker hatte ihr eine faire Chance gegeben und sie hatte wieder versagt ... Plötzlich legte sich ein Arm um ihre Schultern. Sie blickte in Florians aufmunterndes Gesicht.
„Ich schätze, du bist noch nicht fündig geworden, nicht wahr?"

„Es gibt diese Schnapsflasche nicht! Ich habe alles abgesucht. Die Alkis können ihren Schnaps im restlichen Haus oder draußen versteckt haben. Da könnte ich lange suchen. Dann muss Becker mich eben rausschmeißen ... oder Menke ... oder wer auch immer!“
Florian zog sie am Arm hoch und machte ihr Mut: „Kein Aufgeben, kein Rückzug! Du hast noch nicht überall gesucht. Komm mit.“
Nur zögernd folgte sie ihm. Florian betrat die Herrentoilette und sagte: „Mit Sicherheit hast du nicht in die Spülkästen hinter den WCs geschaut.“
Sie schüttelte den Kopf. Er öffnete den Deckel eines Spülkastens und sagte: „Greif mal mit deinen schlanken Fingern hinein und taste den Grund ab.“
Sie verzog das Gesicht: „Iih, das sieht ekelig aus darin!“
„Wenn du besten Gewissens behaupten möchtest, dass du selbst die Alkoholquelle gefunden hast, dann bleibt dir nichts anderes übrig.“
Jule tastete angewidert das klebrige Senkrohr ab. Als sie gerade die Hand zurückziehen wollte, bewegte sich dort etwas. Mit spitzen Fingern erreichte sie eine Art Schraubverschluss und zog diesen langsam nach oben. Jules Augen begannen zu strahlen.
„Flori, sieh mal. Das ist doch ein Flachmann, nicht wahr? Da ist bestimmt Schnaps drin.“
„Du kannst mal probieren.“
„Ich? Bist du warnsinnig? Mein Gott, wer will denn mit seinem Mund aus dieser Flasche trinken, wenn die in diesem Dreckkasten gestanden hat?“
„Ganz einfach: jemand der sehr süchtig ist.“ Florian ging zur Flurtür. „Ich muss wieder zur Station hoch. Suche auch die übrigen Spülkästen durch. Damit meine ich auch die in der Damentoilette.“

Jule flüsterte: „Woher wusstest du, wo man suchen muss?"
„Wir machen einmal pro Jahr eine routinemäßige Razzia."
„Dann wusste Herr Becker also schon, wo man suchen muss?"
„Der kennt noch ganz andere Ecken."
Florian winkte und verschwand. Jule hob hinter dem nächsten WC den Spülkastendeckel ab und angelte darin herum. Erfolgreich zog sie zwei kleine Fläschchen Kräuterschnaps heraus und legte diese ins Handwaschbecken. Überraschend trat Becker ein und blickte Jule verwundert an. Er zeigte auf das Schild mit dem Buchstaben H an der Tür der Herrentoilette und fragte: „Kann es sein, dass du dich verlaufen hast?"
Sie hielt den Flachmann hoch und erklärte stolz: „Den habe ich im ersten Spülkasten gefunden. Im anderen waren kleine Flaschen. Jetzt suche ich in der Damentoilette weiter."
„Also steckt unter den blonden Locken ein kluges Köpfchen. Ich werde deinen Spürsinn bei Dr. Werner lobend erwähnen."
„Bin ich jetzt noch nicht entlassen?"
„Oh, ich kann im Moment kaum Personal entbehren. Meine Abteilung ist auch am Samstag bei dem Sommerfest von der Verwaltung für mehrere Aufgaben eingeplant worden. Kann ich auf dich zählen?"
Jule nickte erleichtert, verstaute ihre Beute in einem Abfallbeutel und suchte in der Damentoilette weiter nach versteckten Spirituosen.

Psychiater Dr. Werner hatte Lars Svensson zu einem persönlichen Gespräch gebeten. Der Patient saß ihm nun im Arztzimmer gegenüber und verzog wie üblich keine Miene. Dr. Werner fragte: „Wie sind Sie mit Ihren Therapien zufrieden? Entsprechen die Fortschritte Ihren Erwartungen?"
„Ich bin ohne Erwartungen in diese Klinik gekommen. Man hat mich aufgrund eines Beschlusses in die Klinik eingewiesen.

Also spielen die Ergebnisse nur für die Therapeuten eine Rolle."
Sein Tonfall wurde provokant: „Und, sind *Sie* zufrieden mit *Ihren* Ergebnissen, Dr. Werner?"
„Herr Svensson, Ihre Einweisung wurde veranlasst, da Sie immer wieder als Stalker aufgefallen sind und diese berechtigten Tatbestände weder einsehen noch einstellen wollen."
Svenssons Augen durchbohrten den Arzt: „Was werfen Sie mir heute vor?"
„Ich werfe Ihnen gar nichts vor. Ich möchte Ihnen eine Sorge vortragen, die von den Kita-Müttern an mich herangetragen wurde. Sie haben seit Längerem beobachtet, dass Sie, Herr Svensson, die Verkehrsteilnehmer maßregeln, die zu schnell an der Kita vorbeifahren. Sie machen Drohgebärden und stoßen Flüche aus, die den Kindern Angst machen."
„Was ist ungerecht daran, Verkehrsteilnehmer, die sich falsch verhalten, darauf aufmerksam zu machen?"
„Herr Svensson, Sie sind kein staatlich beauftragter Ordnungshüter."
„Und wieso sollte ich die Ordnung nicht hüten? Wer macht das an meiner Stelle?"
„Dafür gibt es die Polizei und das Ordnungsamt."
„Und was haben die Polizei und das Ordnungsamt gegen das verkehrswidrige Verhalten vor der Kita unternommen?"
„Herr Svensson, Ihre Ordnungsliebe in allen Ehren, aber aufgrund Ihrer Anmaßung, die Aufgaben der Polizei und des Ordnungsamtes zu ersetzten, haben Sie bisher häufig rechtliche Schwierigkeiten bekommen. Zum anderen dürfen alle Patienten aus versicherungsrechtlichen Gründen das Klinikgelände nicht verlassen. Herr Svensson, Sie sollten nun an sich selbst denken und diesen Aufenthalt zu einem zufriedenstellenden Abschluss bringen. Einverstanden?"

Der Patient erhob sich schweigend und verließ das Arztzimmer. Dr. Werner schnupperte. Sein Zimmer hatte einen strengen Knoblauchgeruch angenommen. Er schüttelte den Kopf und öffnete das Fenster.

Svensson inspizierte entsprechend der ärztlichen Anweisung nicht mehr die Straße zwischen Krankenhausgelände und Kita. Vielmehr konzentrierte er sich vor allem am Nachmittag auf die Hauptstraße. Falschparkern steckte er mahnende Zettel unter den Scheibenwischer. Radfahrern, die den Gehweg benutzten, stellte er sich in den Weg und zwang sie, auf der Fahrbahn weiterzuradeln. Passanten zuckten bei diesem Verhalten die Schultern oder tippten sich an die Stirn. Mutige empörten sich mit deutlichen Worten: „Idiot! Dort ist die Klinik! Du gehörst in die Gummizelle!"
Eine riesige Kehrmaschine rollte vorbei und bog langsam in die Straße zur Kita ein. Auf dem Führerhaus blinkte ein gelbes Licht. Düsen sprühten Wasser auf die Fahrbahn und mächtige Besen rotierten. Wie hypnotisiert blickte Svensson diesem hochinteressanten Vehikel nach und setzte sich automatisch in Bewegung. Auch zwei neugierige Kindergartenkinder schlossen sich der langsam fahrenden Maschine an. Als einer der Jungen, ohne auf den Verkehr zu achten, an dem kriechenden Vehikel vorbeirennen wollte, schoss ein roter Porsche heran. Svensson riss das Kind im letzten Moment zurück. Der Wagen überholte die Kehrmaschine mit hohem Tempo und raste weiter durch die verkehrsberuhigte Zone. Kurze Zeit später bemerkte der Fahrer, dass er sich in einer Sackgasse befand. Er durchrundete mit quietschenden Reifen den Wendehammer und jagte wieder auf die Hauptstraße zu. Der Maschinist im Führerhaus der Kehrmaschine zeigte dem Raser einen Vogel. In diesem Moment stellte sich ein Mann im schwarzen Jogginganzug mitten auf die Straße

und breitete seine Arme aus. Der Sportwagen machte eine quietschende Vollbremsung. Dunkle Profilspuren zeichneten sich auf dem hellen Asphalt ab und es roch nach Gummi.
Der Wagen berührte mit der Stoßstange so kräftig Svenssons Schienbeine, dass der selbsternannte Ordnungshüter den Halt verlor und sich auf der Motorhaube abstützen musste. Mit dumpfem Ton gab das Blech nach und beulte ein. Der Porsche-Fahrer steckte seinen Kopf aus dem Fenster und schrie: „Hast du nicht alle Latten am Zaun?“
Der Mann vor der Stoßstange richtete sich mechanisch wie ein Roboter auf. Seine Augen durchbohrten den Fahrer. Die Luft schien elektrisch geladen zu sein. Die beiden neugierigen Kindergartenjungen wichen instinktiv zurück und warteten gespannt auf das, was jetzt passieren würde. Ihre Muttis hatten im Kindergarten schon seit Tagen vor dem ‚schwarzen Mann‘ gewarnt. Der Fahrer stieg wütend aus, stellte sich neben den Fremden und betrachtete die Beule in der Motorhaube. Er fragte gereizt: „Weißt du Vollidiot, was das kostet?“
Da der seltsame Fußgänger keine Antwort gab, griff der Fahrer ihm grob an den Kragen der Joggingjacke. Svensson reagierte blitzschnell. Sein Unterarm drückte dem Fahrer von hinten solange die Kehle zu, bis er die Besinnung verlor. Einer der kleinen Jungen stolperte vor Schreck rückwärts über die Gehwegkante und fiel auf den Hosenboden. Sein Kamerad lachte über den Sturz und half dem Freund wieder auf die Beine. Als sich die Jungen zur Fahrbahn herumdrehten, hing der Fahrer des Sportwagens bei offener Tür zusammengesackt in seinem Sitz und kam nur langsam zu sich. Der ‚schwarze Mann‘ war jedoch wie vom Erdboden verschluckt. Ein dumpfer, blecherner Knall holte den Porsche-Fahrer in die Realität zurück. Schwankend stieg er aus dem Wagen und wollte sich erneut den Schaden ansehen. In dem Blech der Motorhaube war die Beule aus eige-

ner Spannung wieder herausgesprungen und nicht mehr zu sehen. Lautes Hupen ertönte. Hinter dem Sportwagen blinkte das gelbe Licht der städtischen Kehrmaschine. Der Raser setzte sich hinter sein Lenkrad und schloss die Tür. Der Motor heulte auf. Die kleinen Jungen streckten dem Raser die Zunge heraus. Dann flüchteten sie in den Eingang der Kita.

Becker wusste, dass in seiner Praktikantin Jule Lehmann das Talent und das Herz steckten, um eines Tages eine tüchtige Physiotherapeutin zu werden. So ein Fehler wie ihre Selbstüberschätzung bei der Mobilisierung der Patientin Schulte-Gerstmann in der Intensivstation würde ihr eine ewige Mahnung sein. Die harte Reaktion der Oberärztin war vielleicht etwas überzogen gewesen, doch Dr. Menke hatte aus ihrer verantwortungsvollen Position heraus sehr deutlich werden müssen. Wenn Menke sah, dass die Praktikantin nun mit Herz und Verstand ihre Aufgaben erledigte, würde sich auch das Donnerwetter wieder zu einem heiteren Klima entwickeln. So gab Becker Jule den Auftrag, in der internistischen Abteilung mit einer alten Dame spazieren zu gehen.

Als sie die Station betrat, erblickte sie hinter der halb geschlossenen Tür des leeren Besucherraums den Fahrdienstler Bernd Borowski. Er saß mit einem grauen Kittel bekleidet in einem Rollstuhl und las die Sportzeitung. Sein Funkgerät rauschte dieses Mal nicht. Anscheinend war es ausgeschaltet. Jule fragte erstaunt: „Hi, Bobo. Hast du nichts zu tun?“

Er antwortete überrascht: „Man muss sich so gut wie möglich aus dem Blickfeld der Autorität bringen. Übrigens gut, dass ich dich jetzt treffe. Würdest du mir deine Telefonnummer geben?“

Sein Lächeln wurde so breit, dass die schiefen Zähne hervortraten.

„Warum sollte ich dir meine Telefonnummer geben?“

„Weil ich meine verloren habe."
„Armer Bobo. Auf diesen Macho-Spruch gibt es seit Jahren schon Rente!"
Der Fahrdienstler schaute auf seine Uhr: „Na ja, ich denke, ich tauche nun besser im Schwesternzimmer auf, bevor es einen Anschiss gibt."
„Genau in diese Richtung muss ich auch. Bleib schön sitzen. Die Jule schiebt dich dort hin, damit du dich nicht überlastest."
Bobo grinste und hob demonstrativ die Zeitung vor seine Nase. Während die Praktikantin ihn mit dem Rollstuhl aus dem Aufenthaltsraum hinaus und den Stationsflur hinunter schob, las er laut aus der Zeitung vor. Dann bog der Rollstuhl nach rechts ab und blieb abrupt stehen. Fröhlich las Bobo laut weiter und fragte: „Und welcher Fußballverein steht wieder ganz oben auf der Tabelle? Na?"
Da er keine Antwort bekam, ließ er die Zeitung sinken und schaute sich um. Schockiert musste er feststellen, dass sein Rollstuhl nicht zum Schwesternzimmer, sondern ins offene Arztzimmer abgebogen war. Die pfiffige Praktikantin hatte sich in Luft aufgelöst. Borowski saß mit grauem Kittel, dem Funkgerät zwischen den Knien geklemmt und die geliebte Sportzeitung in den Händen vor einer Ansammlung verschiedener Führungskräfte der Klinik. Oberärztin Menke, der Chefarzt, der Stationsarzt, der Chef der Reha-Abteilung Thilo Becker und eine Frau mit roten Haaren starrten ihn fragend an. Die Wangen des Fahrdienstlers begannen zu glühen. Energisch erhob sich die Rothaarige, schritt mit ihren Stöckelschuhen auf den Rollstuhl zu und blieb vor dem Fahrdienstler stehen. Sie blickte auf ihn hinab, stemmte die Hände in die Hüften und sagte im Kommandoton: „Mein Name ist Krause. Ich bin die neue Personalleiterin. Würden Sie uns gütigst Ihren Namen nennen und erklären, welche Aufgabe Sie gerade erfüllen?"

„Ich heiße Bo-bo-bo-bo-borowski."
In diesem Moment passierte Jule mit einer gebrechlichen Dame am Arm die offen stehende Tür des Arztzimmers und machte ein unschuldiges Gesicht. Der Fahrdienstler blickte sich zu der Praktikantin um. Jule forderte ihre Patientin freundlich auf, weiterzugehen. Sie liefen bis zur Tür der Stationsküche, wo sich die alte Dame erschöpft auf einen Stuhl sinken ließ.
Währenddessen setzte die Personalleiterin im Arztzimmer ihr Verhör fort: „Sehr schön, Herr Borowski, dass wir Ihren Namen erfahren durften. Welche Aufgabe haben Sie in unserem Haus?"
„Ich gehöre zum Patientenfahrdienst."
„Den Fahrdienst hatte ich etwas anders in Erinnerung, Herr Borowski! Falls Sie sich trotz Ihrer Erschöpfung aus Ihrem sogenannten Fahrstuhl erheben können oder sogar eine nützliche Aufgabe auf Sie wartet, wäre ich Ihnen dankbar, wenn Sie nun unsere Besprechung nicht weiter stören würden. Alles Weitere kläre ich mit Ihrem Vorgesetzten."
Borowski sprang auf und zog den Rollstuhl mit sich zur Tür. In Windeseile lief er den Flur entlang. Jule stand vor der Tür der Stationsküche neben einer alten Dame und einem alten Herrn. Bobo wollte die Praktikantin zur Rede stellen, doch sie wies auf die alten Herrschaften und sagte abweisend: „Entschuldige, aber ich bin hier in einem wichtigen Gespräch."
Mit Frust und Wut im Bauch schob der Fahrdienstler seinen Rollstuhl zum Ausgang der Station. Jule grinste frech, zog ihre Patientin behutsam vom Stuhl hoch und machte sich mit ihr auf den Rückweg zum Krankenzimmer.

Das Gebäude des ehemaligen Herzzentrums zeugte von der Architektur der 1920er Jahre. Eine Frau blieb vor dem Haupteingang stehen und schaute sich um. Ohne ihre strenge Brille würde sie heute niemand sofort erkennen. Auch die gefärbten Haarsträhnen waren ungewohnt. Sie trug Weste, Bluse. Jeans-Rock und Pumps. Ihr Blick wanderte zu einem alten Baum. Die Buche war in den letzten zwanzig Jahren noch größer geworden und warf weite Schatten. Bilder der Erinnerung tauchten auf ... Damals hatten Studentinnen und Studenten auf der Bank unter der Buche gesessen und ausgelassen herumgealbert. Selbstgedrehte Zigaretten hatten die Runde gemacht. Die verrücktesten Zukunftspläne waren geschmiedet worden ...

Aus dem Haupteingang des alten Herzzentrums schallten die Bässe einer Musikanlage und holten die Frau aus ihren Erinnerungen in die Gegenwart zurück. Über dem Haupteingang hing ein Transparent mit der Aufschrift *Zur alten Herzkammer*. Das Sommerfest hatte bereits um 18:00 Uhr begonnen. Eine Gruppe Pflegeschülerinnen und Pflegeschüler eilte herbei. Ein junger Mann schlang seinen Arm lässig um die Schultern der nachdenklichen Frau im Jeans-Rock und fragte: „Traust du dich nicht rein?“

Sie drehte sich herum und blickte den Pflegeschüler erstaunt an: „Wie bitte?“

Der junge Mann bekam rote Wangen und stammelte: „Oh, Oberärztin Menke ... Sorry, ich hatte Sie für eine Schülerin gehalten.“

Die übrige Gruppe kicherte leise und war gespannt, wie ihre strenge Dozentin darauf reagieren würde.

„Ihr Name ist ...“, überlegte Dr. Menke einen Moment lang. „Ihr Name ist Kevin Freitag. Sie sind im dritten Ausbildungsjahr, richtig?“ Der junge Mann nickte stumm. Dr. Menke lächelte ihn an: „Ich fasse Ihre stürmische Begrüßung als ein Kompliment auf. Aber zum Austoben wenden Sie sich heute bitte an Ihre Mitschülerinnen.“

Die Oberärztin betrat den Haupteingang des alten Kliniktraktes. Als sie den Flur der Fahrstühle passierte, stand Svensson in seinem Jogginganzug vor einem Aufzug. Dr. Menke tat so, als hätte sie ihn gar nicht gesehen und ging in den geschmückten ehemaligen Speisesaal. Hier war es laut. An den dicht besetzten Tischen wurde bereits diskutiert, gelacht und getrunken.

„Mensch Menke, ich habe Sie gar nicht erkannt. Na, dann wollen wir beide uns mal unter die Brüllaffen begeben“, rief Chefarzt Krüger.

Sie passierten eine Theke, an der zwei Mitarbeiter der Physiotherapie die Gäste bedienten. Als Dr. Menke die Praktikantin erblickte, blieb sie stehen und fragte: „Guten Abend, Frau Lehmann, ist das Ihre neue Praktikantenstelle?“

Noch bevor Jule antworten konnte, schob Prof. Krüger seine Kollegin weiter bis zum Tisch der Honoratioren. Ohne Arztkittel und ohne Brille hatte Jule die Internistin kaum erkannt. Sie stieß Florian an und flüsterte: „Da ist Menke. Sie ist bestimmt immer noch sauer auf mich.“

Florian schaute sich suchend um und erblickte die Oberärztin bei der Begrüßung des Verwaltungsleiters. Er pfiff leise und sagte: „Die kann ja sogar gut aussehen!“

Eine neue Männergruppe belagerte nun die Theke.

„Wenn das nicht unsere kleine Emanze aus der Physio ist?“, rief eine sonore Stimme. Jule schaute auf eine Reihe schief stehender Zähne und erkannte Borowski. Der fuhr fort: „Du hattest mir für heute einen Tanz versprochen. Wann machst du Pause?“

Sein kantiger Unterkiefer bearbeitete wieder ein Kaugummi. Nun starrten auch seine Kollegen die hübsche Praktikantin an: „Mann, Bobo, woher kennst du die denn?“

Borowski suchte nach Worten. Jule kam ihm zuvor: „Bobo, hast du deinen Jungs erzählt, wie galant du im Arztzimmer geparkt hast? Die neue Personalleiterin ist doch voll auf dich abgefahren, nicht wahr?“ Sie zeigte zum Tisch, an den sich die Klinikleitung gesetzt hatte. „Du großer Frauenheld forderst zuerst mal diese nette Frau Krause zum Tanzen auf. Danach tanze auch ich mit dir, okay?“

Borowski war das Lachen vergangen. Seine Kollegen klopften ihm auf die Schulter und forderten ihn auf: „Du hast gehört, was die Kleine gesagt hat. Wirf dich tapfer an die rote Zora von der Personalleitung ran und danach gehört der Blondschopf dir!“

Jule fragte: „Was möchten die Herren trinken?“

Die Männer bestellten Bier und Schnaps. Jule schenkte Spirituosen aus und Florian zapfte die Biergläser voll.

Borowski hatte sich längst gefasst, hob sein Schnapsglas und schaute es kritisch an: „Unser Blondchen hat wohl Sorge, dass der Eichstrich abfärbt. Gibt es hier keine vollen Gläser?“

Jule schenkte nach. Dieses Mal lief das Glas über. Die Fahrdienstler lachten: „Bobo, du machst das Mädchen ganz nervös!“

Jemand drängte sich von hinten durch die Gruppe bis zur Theke vor. Die Männer murrten und schauten den seltsamen Mann im Jogginganzug verärgert an. Borowski rief: „Das ist der Idiot aus dem Aufzug, von dem ich euch erzählt habe. Der hatte sich einfach in meinen Rollstuhl gesetzt. Dann bekam ich über Funk die Anweisung, diesen Typen zur Psychiatrie zu fahren. Plötzlich ist er in der Etage der Säuglingsstation aus dem Stuhl gesprungen und einem Kerl mit einer Sporttasche gefolgt.“

Jule lächelte Svensson freundlich an: „Lars, soweit ich weiß, darf heute nur das Personal mitfeiern. Wenn ich dir eine Limo gebe, gehst du dann wieder?“

Svensson nickte wortlos und wartete. Jule schenkte ein. Abermals lief das Glas über. Florian flüsterte in ihr Ohr: „Was ist los? Du hast heute mindestens fünfmal daneben gekippt. Soll ich Menke fragen, ob sie dir ihre Brille leiht, die sie heute nicht trägt?“

Jule wischte das Glas von außen ab und reichte es Svensson. Er nahm es an und verschwand in der Menge.

Ein Mikrofongeräusch kratzte in den Lautsprechern, dann erklang die Stimme des Geschäftsführers der Uni-Klinik in feierlichem Ton: „Sehr geehrte Gäste, liebe Mitarbeiterinnen und Mitarbeiter. Ich darf Sie heute Abend in den ehemaligen Herzkammern unserer Klinik begrüßen. Als Ehrengäste begrüße ich Oberbürgermeister Erwin Kluge, den Herrn Bischof Lerche und ..." Es folgte die lange Liste der Ehrengäste. „Bevor dieses alte Gebäude nun in Kürze einem Neubau weichen muss, wollen wir heute noch einmal die alten Herzkammern mit einer zünftigen Feier beleben. Fast fünfzehn Jahre haben wir um die Bewilligung der Gelder für das neue Herzzentrum gekämpft und dieses im Frühjahr endlich in Betrieb nehmen können. Dieses Projekt hat leider unseren finanziellen Rahmen gesprengt ..."
Die restliche Rede versank in einem immer lauter werdenden Gemurmel gelangweilter Zuhörer. Nachdem das Büfett geplündert worden war, drehten sich die Zeiger der Uhr spürbar schneller. Viele Gäste hatten dank der geistigen Getränke bereits die zweite Heiterkeitsstufe erreicht und hinter dem Tresen klapperten nur noch leere Flaschen. Florian rief seiner Kollegin zu: „Ich gehe in den Keller und hole Nachschub. Lass die Meute nicht verdursten."
Jule bekam rote Wangen und sagte verschämt: „Ich muss dir etwas gestehen. Ich trage schon seit Jahren Kontaktlinsen. Vorhin habe ich eine im Waschraum verloren. Jetzt ist mein räumliches Sehen gestört. Deshalb verschütte ich schon mal etwas. Lass mich die Getränke holen. Dabei muss ich nicht so genau hinsehen."
„Hast du keine Brille?"
„Bist du warnsinnig? Die hat so dicke Gläser, dass man die nur zu Hause tragen kann."

„Ach, die stolze Miss Perfect hat auch kleine Fehler? Na gut. Dann wünsche ich dir viel Spaß im Keller. Insider nennen die alten Tunnelröhren ‚die Unterwelt'."
„Und warum?"
„Weil alle Klinikhäuser über diese Tunnelanlage verbunden sind. Es ist eine Welt für sich."
Zwei Minuten später zog Jule einen klappernden Getränkewagen hinter sich her. Als sie am Aufzug wartete, verließen einige ältere Gäste bereits das Fest. Die Türen des Fahrstuhls öffneten sich quietschend und Jule schob ihre Fracht hinein. Unter Ächzen setzte sich die Kabine in Bewegung. Zwei Stockwerke tiefer hielt sie ruckelnd an und die Türen schoben sich zurück. Es roch nach altem Gemäuer. Das Deckenlicht war spärlich. Einige Leuchtstoffröhren flackerten, andere glimmten sterbend vor sich hin. Rostige Versorgungsrohre folgten dem Tunnelgang in beide Richtungen und schienen in einem dunklen Nichts zu enden. Uralte Nachtschränke und Büromöbel lehnten müde an blassen Wänden. Von fern hörte man rhythmisches Plätschern. Obwohl Jule kombinierte, dass dieses Geräusch von einer undichten Wasserleitung stammen musste, so hörte sich der Aufprall der Tropfen wie schlurfende Schritte an. Sie bekam eine Gänsehaut und murmelte: „Das muss die Unterwelt sein." Um sich selbst Mut zu machen, rief sie mit fester Stimme: „Hallo, ihr Kellergeister, bleibt schön, wo ihr seid! Die Jule holt nur Getränke und dann ist sie schon wieder weg!" Eilig schob sie den Wagen zur nächsten Stahltür, hinter der laut Florians Beschreibung die Vorräte für die Feier eingelagert waren. Durch das Echo ihrer eigenen Schritte fühlte sie sich verfolgt und blickte mehrmals hinter sich. Mit pochendem Herzen drehte sie den Schlüssel und stieß die Tür zurück. Ihre Hand tastete innen nach dem Lichtschalter und endlich flackerten die alten Röhren auf. Mit flinken Griffen stapelte sie die leeren Getränkekästen und warf das Altglas in

einen Behälter. Es machte rums. Die Wände der Unterwelt erbebten. Jule hielt die Luft an. Mit wachsamen Augen starrte sie zur offenen Tür in den Kellergang. „Das war sicherlich der scheiß Aufzug“, murmelte sie angespannt vor sich hin. Da Selbstgespräche die Angst mindern, redete sie beim Beladen des Getränkewagens weiter: „Jule, beeile dich! Wir brauchen noch Sektkartons, Rotweinflaschen, Säfte, Limo, Cola und Wasser. Fertig!“
Rums machte die Stahltür. Das Licht im Raum erlosch. Unter der Tür blieb jedoch ein heller Streifen vom Flurlicht. Dieser Streifen wurde von zwei Schatten unterbrochen. Diese beiden setzten sich in Bewegung. Blitzschnell griff Jule zu einer Wasserflasche und schleuderte sie mit aller Kraft Richtung Tür. Das Blech schepperte. Scherben rieselten klirrend zu Boden. Jule roch direkt vor sich eine Alkoholfahne und begann zu schreien. Kräftige Hände ergriffen ihren Kopf. Mund und Nase wurden ihr so lange zugehalten, bis sie sich nicht mehr wehren konnte und das Bewusstsein verlor.

Becker saß mit einigen Mitarbeitern des technischen Dienstes und der Küche zusammen. Mehrmals hatte er Dr. Menkes Mimik beobachtet. Die Ärztin war immer noch am Tisch der Honoratioren und wirkte gelangweilt. Becker folgte einem inneren Impuls. Er stand auf, durchquerte die gefüllte Tanzfläche und blieb vor der Oberärztin stehen. Er grüßte lächelnd: „Guten Abend. Ich möchte das Thema Bewegung noch einmal aufgreifen und Sie um einen Tanz bitten.“
Prof. Krüger hob sein Glas und rief dazwischen: „Becker, setzen Sie sich zu uns. Unser lieber Herr Verwaltungsleiter erfreut uns gerade mit neuen Ideen zur Personaleinsparung.“
„Vielen Dank für die reizvolle Einladung. Aber ich ziehe das Tanzen vor.“

Dr. Menke trank ihr Sektglas leer und folgte Becker in die tanzende Menge. Die Oberärztin taute mehr und mehr auf. Becker war begeistert, wie leicht sie sich beim Fox führen ließ. Nach zwanzig Minuten sagte er: „Kommen Sie mit an die Sektbar. Heute ist alles kostenfrei. Ich gebe einen aus!"
„Nein, mir ist warm. Ich möchte lieber ein Bier!"
Vor der Zapfanlage hatte sich eine riesige Traube gebildet.
Becker drängte sich bis zu Florian vor und rief: „Zwei große Bier. Wo ist Jule?"
„Die holt neue Getränke aus dem Keller. Eigentlich müsste sie längst hier sein. Vielleicht hat sie die Neugier gepackt und in der Unterwelt irgendetwas Interessantes gefunden. Du kennst sie ja."
Becker kämpfte sich mit zwei vollen Gläsern durch die Menge und rief gegen die laute Musik zu Menke: „Kommen Sie! Das trinken wir an der frischen Luft!"

Jule kam zu Bewusstsein. Was war geschehen? Wo befand sie sich? Sie versuchte, die Augen zu öffnen. Es gelang nur einen Spaltbreit. Irgendetwas war um ihren Kopf gewickelt. Die Zunge ließ sich kaum bewegen. Ein Stoffknebel steckte in ihrem Mund. Reflexartig wollte ihre Hand danach greifen, doch die Hände waren links und rechts über ihrem Kopf gefesselt. Erst jetzt realisierte Jule, dass sie auf dem Rücken lag. Aber wo? Der Untergrund fühlte sich an wie eine Matratze. Sie wollte die Beine anziehen. Das ging nicht. Etwas Schweres lag darauf. Nun roch sie auch noch eine ekelhafte Alkoholfahne über sich ...
„Hallo Süße, schön, der Strom ist ja wieder da!"
Woher kannte sie diese Männerstimme?
Der Fremde sprach weiter: „Ich möchte, dass du jetzt schön mitarbeitest. Wir beide werden viel Spaß miteinander haben."

Jule versuchte, den Körper des Mannes mit abwehrenden Hüftbewegungen von sich zu stoßen. Keine Chance!
„Genau so machst du das richtig. Ich finde es ganz toll, wenn du zappelst. Doch zuerst müssen wir das stolze Mädchen ganz ausziehen." Mit beiden Händen riss er ihre Bluse auf. „Sieh mal an. Ein süßer BH, der sich vorne öffnen lässt. Das soll doch sicherlich eine Einladung sein."
In ihrer Verzweiflung erstarrte Jule zu Eis. Sie hörte in der Ferne rumpelnde Geräusche. Rohrleitungen knackten. Wasser plätscherte. Hatte da nicht sogar jemand gerufen? Der Fremde öffnete den BH und strich über ihre Brüste. Dann machte er sich an ihrer Jeans zu schaffen. Jule richtete ein Stoßgebet zum Himmel. Leider regierte hier nicht Gott, sondern Satan. Was konnte sie tun? Wenn sie jetzt lange genug die Luft anhalten würde, dann müsste sie doch in eine erlösende Ohnmacht fallen. Dann würde sie die Katastrophe nicht bewusst miterleben. Sie atmete noch einmal tief ein. Tränen der Hilflosigkeit und Verzweiflung rannen aus der Augenbinde und über ihre Wangen. Plötzlich quietschte in der Nähe eine Tür. Ein Luftzug. Ein Schrei. Schritte. Jemand jagte heran.
„Ich bringe dich um!", rief eine andere Stimme. Der Mann über Jule wurde zur Seite gerissen. Endlich waren ihre Beine frei. Sie begann, an ihren Handfesseln zu zerren. Wieder hörte sie die zweite Stimme: „Ich bringe dich Dreckschwein um!"
Gott sei Dank! Das war Florians Stimme. Jule blieb still liegen, hielt die Luft an und lauschte. Schläge klatschten, Gegenstände stürzten um. Ja, sie hörte einen Kampf toben. Hoffnung keimte in ihr auf. Die Männer keuchten. Wieder schepperten Gegenstände zu Boden. Dann stöhnte jemand vor Schmerz. Der dumpfe Aufprall eines menschlichen Körpers war zu hören. Ja, ja ... Florian war durchtrainiert. Er würde den Anderen besiegen und

sie jeden Moment aus ihrer verdammten Lage befreien. Nervtötende Stille trat ein. Sekunden wuchsen zu gefühlten Minuten.
„Florian?“, versuchte Jule zu fragen, doch der Knebel brachte nur ein brummendes Geräusch zustande.
Etwas bewegte sich. Jemand richtete sich auf.
„Meine Süße, wo waren wir stehen geblieben?“, fragte die erschöpfte Stimme des Fremden. Eine raue Hand glitt über ihre entblößte Brust. Jule versuchte, um sich zu treten. Der Mann warf sich jedoch mit seinem gesamten Gewicht auf sie ...

Draußen hielt die Nacht Einzug. Die Sommerluft war angenehm mild. Die ferne Musik klang hier angenehmer. Becker und Menke saßen auf der Bank unter der alten Buche und stießen mit ihren Gläsern an. Er fragte: „Was macht Bruno?“
„Er bringt Mutters Wohnung durcheinander.“
„Wie geht es Ihrer Mutter?“
„Ich denke, sie ist zufrieden. Sie findet bei meinem Masseur ja nun ein offenes Ohr, wenn sie sich über die ungehorsame Tochter Mareike beklagen möchte, nicht wahr?“
„Oh, ich habe von Ihrer Mutter kein einziges negatives Wort über Sie gehört.“
„Ich weiß.“ Menke stieß mit ihrem Glas an das Seine. „Mutter ist eine Nervensäge. Sie reflektiert ihre gesamte Langeweile auf mich. Aber ich bin das auch selbst schuld. Man muss schon ganz schön verrückt sein, wenn man mit Mitte vierzig noch bei Muttern wohnt.“
„Haben Sie wirklich schon mal etwas Verrücktes gemacht?“
Menke schaute nachdenklich über die vielen beleuchteten Klinikfenster und zuckte dann mit den Schultern.
„Mir fällt spontan nichts ein.“
„Hätten Sie Lust, mal etwas Verrücktes zu tun?“
Sie blickte ihn erwartungsvoll an: „Haben Sie eine Idee?“

„Ja, ich hole Sie am nächsten freien Tag mit meinem alten BMW-Bike ab und dann fahren wir zu einem Treffpunkt für Verrückte.“
„Herr Becker, wie viele Biere hatten Sie heute schon?“
„Auf jeden Fall zu viele, um jetzt noch Motorrad zu fahren. Sie müssen noch ein bisschen warten.“
„Ich sagte bereits, Sie haben einen seltsamen Humor.“

Jule hatte Kraft geschöpft und begann mit den Knien zu stoßen. Der Mann schlug ihr ins Gesicht und warf sich wieder mit seinem ganzen Gewicht auf sie. Jule verspürte einen fernen Luftzug. War Florian endlich aufgestanden? Konnte er ihr erneut zu Hilfe kommen? Zu der ekelhaften Alkoholfahne des Angreifers mischte sich ein anderer Geruch, der Jule bekannt vorkam. Mit einem Ruck wurde der Peiniger von ihr heruntergerissen. Der Unhold schnauzte nun seinen neuen Angreifer an: „Hau ab, du Vollidiot! Misch dich hier nicht ein! Ich werde dich ...“
Seine Worte erstickten in einem gequälten Aufschrei. Ein Körper klatschte auf den Boden. Jule lauschte wieder intensiv. Schritte entfernten sich. Kamen da vom Boden etwa Schleifgeräusche? Das Schleifen entfernte sich mehr und mehr. Eine schwere Tür quietschte ... fiel zu ... Stille ... mörderische Stille ... Was passierte jetzt? War noch jemand in diesem Raum? Jule wollte sich auf dem Bett herumdrehen. Doch ihre Hände waren über dem Kopf am linken und am rechten Pfosten angebunden. Sie riss und zerrte an den Fesseln. Plötzlich stöhnte jemand, als würde er unter Schmerzen zu Bewusstsein kommen. Jule hielt die Luft an und versuchte, die aufkeimende Panik zu unterdrücken. Würde der Horrortrip nun erneut losgehen? Ihr pochendes Herz sprang fast aus der Brust.
„Jule, mein Gott“, begann eine gequälte Stimme zu stammeln, „ich komme!“ Florian näherte sich ihr mit schleppenden Schrit-

ten. Ihre Hände wurden vom Bettgestell befreit. Sie streifte die Binde von den Augen und spuckte den Knebel aus. Reflexartig nahm sie Florian in die Arme. Er drückte sie fest an sich und murmelte: „Keine Angst mehr. Der Kerl ist weg. Doch wir müssen die Polizei verständigen."
„Flori, hast du den Kerl erkannt?"
„Nein, der Typ sah aus wie ein Gespenst. Er hatte sich einen dieser kleinen Kopfkissenbezüge über den Kopf gezogen und vor den Augen Löcher in den Stoff gerissen. Ich denke, dass er auf dem Fest war. Er hatte eine Alkoholfahne."
Sie legte ihre Stirn an seine Schulter: „Ja, eine ekelhafte Fahne. Seine Stimme klang auch gedämpft. Das kam sicherlich durch den Stoff vor seinem Mund." Sie blickte Florian an. „Deine Lippe ist aufgeplatzt. Und die Braue sieht auch wieder blutig aus."
Florian nahm die Binde, mit der die junge Frau gefesselt worden war, und tupfte sein Blut ab. Erst jetzt sah er, dass Jules Bluse zerrissen und der BH geöffnet war. Er zog sich sein T-Shirt über den Kopf und reichte es ihr.
„Ziehe das über. Es ist leider nicht mehr ganz frisch." Er tastete in seiner Tasche nach dem Smartphone. „Ich rufe Thilo an. Der soll uns helfen."
Doch in der Unterwelt gab es keinen Empfang. Florian rüttelte kräftig an dem Fußteil des alten Bettes und zog die angerostete Querstange heraus. Jule fragte: „Was hast du vor?"
„Vergiss nicht, dass wir noch bis zum Aufzug gehen müssen. Sollte sich uns der Typ in den Weg stellen, dann schlage ich ihm dieses Ding über seinen verdammten Schädel." Misstrauisch öffnete er die Tür und blickte im Flur in beide Richtungen. „Jule, komm. Der Weg ist frei!"

Becker und Dr. Menke saßen immer noch plaudernd unter der alten Buche und genossen die abendliche Sommerluft. Das letzte Rauchergrüppchen war gerade wieder ins Haus gegangen, da erblickte der Physiotherapeut seinen Mitarbeiter Florian im Haupteingang. Der durchtrainierte junge Bursche kam mit freiem Oberkörper auf ihn zugeeilt. Jule folgte und trug Florians Shirt. Dr. Menke verzog keine Miene. Becker fragte mit strengem Ton: „Findest du deinen luftigen Aufzug passend zu dieser Feier?"
„Findest du es passend, wenn zu dieser tollen Feier deine jüngste Mitarbeiterin im Keller brutal vergewaltigt wird?"
Mit knappen Sätzen berichtete Florian, was geschehen war.
Dr. Menke ging auf Jule zu und schloss sie in ihre Arme. Voller Mitgefühl sagte sie: „Das tut mir unendlich leid. Sind Sie verletzt? Kann ich spontan etwas für Sie tun?"
Jule schüttelte den Kopf. Doch die Tränen schossen ihr in die Augen. „Florian ist noch rechtzeitig gekommen. Der Typ hatte mich gefesselt und nur meine Bluse zerrissen."
„Habt ihr den Kerl erkannt?", fragte Becker. „Wo ist dieser Verbrecher jetzt?" Die jungen Leute zuckten mit den Schultern. Becker sagte: „Jule bleibt in der Obhut von Dr. Menke. Florian, du gehst in den Festsaal und holst mir unsere vier männlichen Kollegen aus der Physio, auf dass wir schon mal in der Unterwelt nach dem Kerl schauen. Ich rufe jetzt die Polizei an." Er hob mahnend die Hand. „Aber bitte informiere die Jungs diskret, sonst haben wir gleich einige hundert Leute am Hals, die nur unnötige Fragen stellen."
Wenige Minuten später kehrte Florian mit vier kräftigen Masseuren zurück und Becker fuhr mit den Männern in die ‚Unterwelt' hinab. Dr. Menke geleitete Jule währenddessen in ein freies Arztzimmer des Nachbargebäudes, damit die junge Frau bis

zum Eintreffen der Polizei von unangenehmen Blicken und Fragen abgeschirmt wurde.
Schon bald klopfte es an der Tür, ein Kriminalbeamter stellte sich vor. „Ich bin Hauptkommissar Mai. Guten Abend, die Damen. Finde ich hier Frau Jule Lehmann?“
„Ich bin Dr. Menke“, sagte die Oberärztin. Sie zeigte zu Jule. „Diese junge Dame ist Frau Lehmann. Ich mache Sie darauf aufmerksam, dass die Patientin noch unter Schock steht.“
Mai sagte: „Liebe Frau Dr. Menke, mir ist durchaus bewusst, wie hart das nun alles für Ihre Patientin sein muss. Ich bitte Sie daher, bei allen Polizeiaktionen vorläufig aktiv an der Seite von Frau Lehmann zu bleiben und eventuell auch ärztliche Hilfe zu bieten. Leider können wir es nicht vermeiden, dass diese auch auf männliche Kollegen treffen wird. Wir müssen nun einfach schnell und effektiv auch vor Ort handeln! Mir wurde am Telefon mitgeteilt, dass der Täter nicht erkannt wurde und auch kein konkreter Verdacht gegen eine bestimmte Person besteht. Frau Lehmann, ist Ihnen in der Zwischenzeit doch noch etwas Wichtiges eingefallen?“
Jule schüttelte den Kopf und der Beamte fuhr fort: „Gut, dann gehen wir nun zusammen zum Tatort. Vielleicht kommt Ihnen dort noch etwas zum Täter in den Sinn, was der Ermittlung hilft.“
„Auf keinen Fall gehe ich noch einmal in diesen gruseligen Keller!“, empörte sich Jule und stellte sich nervös hinter Dr. Menke. Die Ärztin wiederholte: „Wie Sie sehen, steht die Patientin unter Schock. Verschieben Sie die Befragung auf einen anderen Tag.“
Jule ergänzte: „Außerdem ist dieser Mann bestimmt noch dort unten. Ich will nicht in den Keller.“
„Frau Lehmann, Sie müssen keine Angst haben. Ich bin selbstverständlich nicht alleine gekommen. Mehrere Polizeibeamte

sind bereits am Tatort. Dort kann Sie niemand mehr angreifen und Frau Dr. Menke wird uns ebenfalls begleiten."
„Nur wenn das nicht lange dauert, dann komme ich mit."

Dass sich etwas Außergewöhnliches ereignet hatte, war den feiernden Gästen und Mitarbeitern in der ‚Herzkammer' nicht verborgen geblieben. Ein uniformierter Polizeibeamter stand am Haupteingang des alten Gebäudes, ein weiterer im Flur der Aufzüge. Die Oberärztin, der Hauptkommissar und die Praktikantin betraten einen Aufzug. Rumpelnd setzte sich die Kabine in Bewegung und fuhr abwärts. Jule bekam eine Gänsehaut. Zwei Stockwerke tiefer öffneten sich die Türen. Es roch wieder nach altem Gemäuer. Mai blickte sich um. Das Deckenlicht war spärlich. Einige Leuchtstoffröhren flackerten gespenstisch. Rostige Versorgungsrohre folgten dem Tunnelgang in beide Richtungen. Dr. Menke schaute auf uralte Nachtschränke und Büromöbel, die Erinnerungen weckten. Von fern hörten sie Wasser plätschern. Eine Polizistin kam ihnen entgegen, stellte sich kurz vor und sagte zu Mai: „Wir haben den Täter bisher nicht gefunden. Die KTU hat aber bereits einige Spuren sichern können, da uns die Mitarbeiter der Physiotherapie mit ihren Ortskenntnissen unterstützen."
Becker und Florian traten aus einer weit entfernten Tür. Als der junge Physiotherapeut Jule sah, lief er auf sie zu und nahm sie in die Arme. Keuchend sagte er: „Wir haben schon viele Räume durchsucht, dieses Schwein aber bis jetzt nicht gefunden. Die ‚Unterwelt' ist ziemlich groß. Mehrere Räume sind auch abgeschlossen. Der technische Dienst sucht die alten Schlüssel und besorgt Werkzeug."
„Sie sind anscheinend Herr Florian Böhm", kombinierte der Hauptkommissar. „Mein Name ist Mai. Ich leite die Ermittlung.

Ich hoffe, dass Sie uns als Zeuge weiterbringen. Beginnen wir mit dem Raum, in dem Frau Lehmann überfallen wurde."

Jule schilderte ihre Erinnerungen vom Überfall im Getränkekeller. Danach betraten sie das alte Bettenlager. Dr. Menke beobachtete mit pochendem Herzen, wie Hauptkommissar Mai den Tatort untersuchte. Mehrere Gitterbetten standen dicht nebeneinander. Auf einigen lagen noch dreiteilige Matratzen und Gummilaken für inkontinente Patienten. Das alte Material verbreitete einen muffigen Geruch. Eine Mitarbeiterin der KTU nahm Fingerabdrücke von dem Bettgestell, auf dem Jule gefesselt worden war. Dann kratzte sie Proben mehrerer frischer Blutspuren vom Boden, die vom Kampf zwischen Florian Böhm und dem Täter stammen mussten. Der Hauptkommissar richtete sich an den jungen Mann: „Wieso und wann sind Sie an diesen Ort gekommen?"

„Ich habe Jule in den Getränkekeller geschickt, um Nachschub zu holen. Nach längerer Zeit hatte ich sie vermisst und mich auf den Weg gemacht, um nach ihr zu sehen. Telefon gibt es hier unten nicht. Mobilfunk funktioniert wegen der dicken Mauern und Rohre auch kaum."

„Als Sie hier aus dem Lift gestiegen sind, wo haben Sie zuerst gesucht?"

„Im Getränkekeller ... Dann habe ich mehrmals gerufen und keine Antwort erhalten. Da ihr Getränkewagen jedoch noch im Keller stand, habe ich vermutet, dass sie ein bisschen in der ‚Unterwelt' stöbern würde."

Mai hob fragend die Brauen. Thilo Becker stand im Türrahmen und sagte: „So nennen wir die Tunnelanlage, die alle Häuser der Klinik unterirdisch verbindet."

Florian fuhr fort: „Ich habe zuerst in der falschen Richtung gesucht. Als ich zum Getränkekeller zurückgekehrt war, fiel mir auf, dass fünfzig Meter weiter jemand vor dem alten Bettenlager die Nachtschränke zur Seite gesetzt hatte. Die Eingangstür des Lagers war nun frei. Ich öffnete die Tür und sah, dass sich jemand über Jule hermachte. Er trug einen Kopfkissenbezug über seinen Kopf. Nur seine Augen waren durch zerrissene Schlitze zu sehen. Sofort habe ich den Typ von ihr heruntergerissen. Wir prügelten aufeinander ein. Ich wurde am Kinn getroffen und bin gestürzt. Ich habe kurz das Bewusstsein verloren."

Mai fragte: „Was geschah, nachdem der Angreifer Sie sozusagen k. o. geschlagen hatte?"

Jule erklärte: „Der Mistkerl ist zu meinem Bett zurückgekehrt und wollte sich erneut über mich hermachen."

Sie schloss bei dieser Erinnerung zitternd die Augen und sog an ihrer Unterlippe.

„Und das ist dann verhindert worden?"

„Ja, genau. Plötzlich wurde er wieder von mir weggerissen."

„Herr Böhm ist also aus seiner Bewusstlosigkeit erwacht und hat den Angreifer abgewehrt?"

„Ja, so muss es gewesen sein. Oder? Auf jeden Fall war er endlich weg von mir. Ich weiß nicht ... Das ging doch alles so schnell und durcheinander. Meine Augen waren verbunden. Verstehen Sie das nicht?"

Mai fragte Florian Böhm: „Sie sind also nach dem k. o. aus Ihrer Bewusstlosigkeit erwacht und haben den Täter ein zweites Mal angegriffen und von Frau Lehmann heruntergezogen?"

„Nein, als ich zu mir kam, da war der schon weg."

„Frau Lehmann hat soeben erklärt, dass sie ein zweites Mal attackiert wurde. Wieder hat jemand den Angriff abgewehrt. Sie, Herr Böhm, lagen nach Ihrer Aussage zu dieser Zeit noch bewusstlos am Boden. Sie konnten Frau Lehmann beim zweiten Angriff nicht zur Hilfe gekommen sein. Das würde heißen, dass eine weitere Person an dem Geschehen teilgenommen hat. Richtig?"

„Vielleicht ist er, während ich am Boden lag, noch einmal an Jules Bett und dann geflüchtet. Scheiße, ich weiß es doch nicht!“
Mai fragte: „Frau Lehmann, sind Sie nun einmal oder zweimal angegriffen worden? Das muss schon ganz klar sein. Wäre eine dritte Person zu Hilfe gekommen, würde uns das erheblich weiterbringen. Dann hätten wir einen wichtigen Zeugen.“
Jule schaute zu dem uralten Bett, auf dem sie gefesselt worden war, und wieder schossen ihr Tränen in die Augen. Dr. Menke nahm sie in den Arm und blickte Mai entschlossen an: „Herr Kommissar, setzen Sie Ihre Befragungen bitte an einem anderen Tag fort. Ich nehme Frau Lehmann nun mit.“
Becker hatte die gesamte Zeit zugehört und ergänzte: „Ich denke, auch für Florian reicht es heute.“
Mai setzte ein verständnisvolles Lächeln auf: „Alles Weitere besprechen wir in den kommenden Tagen im Präsidium. Sollte Ihnen zuvor noch etwas Sachdienliches einfallen, dann rufen Sie mich an.“
Er reichte jedem eine Visitenkarte. Dr. Menke, Becker und die jungen Leute verließen die ‚Unterwelt‘. Vor der alten ‚Herzkammer‘ trennten sich ihre Wege.

Dr. Menke und Becker trafen sich mit der Klinikleitung in einem Konferenzraum und informierten die Herrschaften über die Geschehnisse.
„Wie geht es der Praktikantin Lehmann?“, wollte die Personalleiterin wissen.
„Körperlich ist sie unversehrt geblieben“, sagte Dr. Menke, „aber psychisch ist sie traumatisiert. Ich werde sie weiter medizinisch beobachten und eventuell einen Kollegen der Psychiatrie hinzuziehen.“
„Wo ist Frau Lehmann jetzt?“

„Ihr Kollege Böhm hat sie zum Wohnheim begleitet.“
Der Geschäftsführer fragte: „Haben Gäste oder Mitarbeiter auch schon Näheres über diese Sache erfahren? Hat die Presse Wind davon bekommen?“
Becker antwortete: „Dass die Polizei im Haus ist, ließ sich vor den Gästen nicht verbergen. Doch niemand dürfte bis jetzt von der wirklichen Tat erfahren haben. Streit und Handgreiflichkeiten gab es in Verbindung mit Alkohol zu manchen Festen. Journalisten habe ich am Tatort nicht gesehen. Von uns hat die Presse nichts erfahren. Ob die Polizei den Fall öffentlich macht, weiß ich nicht.“
Der Geschäftsführer wedelte mit der Hand: „Solch eine Presse braucht unser Haus nicht. Wir werden mit der Polizei reden müssen.“
Dr. Menke erhob sich und erwiderte: „Das ist ja auch das Wichtigste. Das Opfer spielt nur eine kleine Rolle. Wenn Sie keine Fragen mehr an mich haben, dann würde ich mich nun gerne zurückziehen. Guten Abend, die Herrschaften!“
Die Oberärztin wartete keine Antwort ab, blieb aber im Türrahmen stehen und blickte Becker an. Der erhob sich ebenfalls und klopfte stumm auf den Tisch. Schweigende Blicke folgten beiden, bis sich die Tür zum Konferenzraum von außen schloss. Becker fragte im Flur: „Würden Sie mit mir auf diesen Schreck in meinem Büro noch ein Glas Sekt trinken?“
„Ach, Sie haben Alkohol in Ihrer Abteilung?“
„Ja, es kommt schon mal vor, dass wir zum Anlass eines Geburtstags nach Dienstschluss mit einem Glas anstoßen.“
„Das ist gegen die Vorschrift, Herr Becker“, meinte Dr. Menke und lächelte dabei.
„Das ist auch gegen den Durst und schlechte Laune, Frau Doktor.“

Die Stille in der riesigen Abteilung der Physiotherapie wirkte unheimlich. Becker stellte in seinem Büro zwei Gläser auf den Tisch, entkorkte eine Flasche und schenkte ein. Er hielt Dr. Menke sein Glas entgegen und sie stieß an.
Dann sagte die Ärztin: „Das Mädchen muss entsetzliche Angst gehabt haben. Mein Gott, ich kann es immer noch nicht fassen."
Nachdem die beiden über das Geschehen in der Unterwelt gesprochen hatten, füllte Becker die leeren Gläser wieder auf.
Dr. Menke lehnte ab: „Das geht nicht. Ich muss meinen Wagen mitnehmen. Wie soll ich sonst Montag zur Arbeit kommen?"
„Doc, den Wagen nehmen Sie ganz sicher nicht mit. Sie brauchen Ihren Führerschein noch. Ich möchte mich nicht aufspielen, aber mit Sekt und zwei Glas Bier sind Sie längst über die 0,5-Promille-Grenze hinaus. Der Polizei ist unser Sommerfest bekannt, sie wartet sicherlich bereits vor dem Parkhaus. Ich spendiere uns ein Taxi und biete an, Sie am Montagmorgen abzuholen." Er blickte ihr tief in die Augen und ergänzte: „Außerdem brauche ich im Moment mal einen Menschen zum Reden."
Sie hob ihr Glas und sagte: „Ich verlasse mich darauf, dass Sie am Montagmorgen pünktlich sind."
„Doc, wenn ich mich recht erinnere, dann sind wir beide seit mehr als fünfzehn Jahren hier im Haus. Ich bin der Ältere. Sollen wir nicht zum Du übergehen?"
Er hielt ihr das Glas zum Anstoßen hin.
„Ich heiße Mareike."
„Ich bin der Thilo."
„Was unternimmt eine Oberärztin, wenn sie dienstfrei hat und nicht mit dem Hund spazieren geht?"
„Dann trinkt sie mitten in der Nacht Sekt mit ihrem Masseur und hofft, dass sich das nicht in der gesamten Klinik herumspricht."
Becker lachte und drängte: „Nun mal im Ernst."

„Also gut ... Eine gewissenhafte Oberärztin nimmt sich die medizinischen Gutachten mit nach Hause, die sie während der offiziellen Dienstzeit nicht fertigstellen kann, weil ständig Notfälle diese Aufgaben durchkreuzen."
„Und was macht die fleißige Oberärztin am Wochenende?"
„Da bereitet sie als Dozentin den Unterricht der nächsten Woche vor."

Florian begleitete Jule zu ihrem Wohnheim, das sich auf dem Klinikgelände befand. Er ging mit bis zum Aufzug und wartete, bis sich die Türen knarrend zurückschoben.
„Kommst du jetzt alleine klar?"
Sie blickte in die leere Kabine und fragte zögernd: „Dieser Aufzug endet doch auch in der Unterwelt, nicht wahr?"
„Klar, alle Häuser der Klinik sind damit verbunden. Wieso?"
„Weil dann jeder hier ins Haus kommen kann."
„Nein, nur wer zu deinem Haus einen Schlüssel hat, kann im Keller die Aufzugtür öffnen."
„Und wer vom technischen Dienst oder von den Reinigungsfirmen hat keinen Schlüssel? Wie viele Nachschlüssel gibt es? Vielleicht wartet der Typ schon im Keller und steht heute Nacht vor meiner Zimmertür."
Die Härchen an ihren Unterarmen stellten sich abwehrend auf. Florian schaute auf seine Uhr und fragte schelmisch: „Okay, soll ich mit nach oben fahren und die Prinzessin in ihren Elfenbeinturm geleiten?"
Sie zog ihn in den Fahrstuhl. Ein Knopfdruck, die Türen schlossen sich knarrend und die Kabine setzte sich ruckelnd in Bewegung. Wenige Minuten später standen beide in Jules Zimmer. Florian blickte sich um. Der Raum war spartanisch eingerichtet. Das Bett, der Schreibtisch und ein Kleiderschrank erinnerten an die 1990er Jahre. Die Bettwäsche war zerwühlt und der Schreib-

tischstuhl wurde von unzähligen Kleidungstücken belagert. Auf dem Kühlschrank türmten sich Dosen und leere Flaschen.
Sie blickte sich um und sagte entschuldigend: „Ich hatte nicht mit Besuch gerechnet. Es sieht furchtbar unordentlich aus.“
Florian räusperte sich verlegen: „Also ... ich werde dann mal gehen.“
Jule schloss von innen die Zimmertür zweimal ab und wies auf einen Sitzsack: „Mache es dir bequem. Es gibt noch eine halbe Flasche Rotwein. Nimm dir ein Glas von der Spüle. Irgendeins müsste noch sauber sein.“ Florian entkorkte die Flasche. Gluckernd floss der Rebensaft in zwei Gläser. „Flori, ich habe mich bis jetzt noch nicht mal bei dir bedankt. Trotzdem habe ich die nächste Bitte. Bleibe heute Nacht hier im Zimmer. Ich kann nicht alleine sein. Ich habe Angst.“ Sie lächelte ihn mit flehenden Augen an und ergänzte: „Es gibt sogar eine Iso-Matte zum Schlafen.“
Florian wunderte sich, dass sie nach ihrem grausamen Erlebnis ein männliches Wesen in ihrer Nähe ertragen wollte. Da er nicht reagierte, nahm sie sein Gesicht in ihre Hände. Ihre liebevollen Augen schienen bis in seine Seele zu schauen. Ihr Finger strich über seine blutverkrustete Lippe und das Pflaster über der aufgeplatzten Augenbraue. „Tut das noch sehr weh?“ Er schüttelte den Kopf und sie bat: „Bitte bleibe!“
„Wenn ich bleibe, dann ist daran eine Bedingung geknüpft. Ich bekomme zu der harten Iso-Matte ein Kopfkissen! Und sollte ich morgen früh mit Kreuzschmerzen aufwachen, dann kannst du gleich deine ersten Massagegriffe bei mir üben.“
Jule nickte erleichtert. Sie stießen mit den Gläsern an.
Nachdenklich fragte Florian: „Du bist dir ganz sicher, dass du ein zweites Mal angegriffen wurdest?“
„Ja, verdammt! Ich bin doch nicht bescheuert!“

„Ich halte dich nicht für bescheuert. Aber wenn ein Zweiter zu Hilfe gekommen ist, warum ist der dann verschwunden?“
„Flori, ich weiß es nicht!“
„Was wäre mit der Möglichkeit, dass sich von Anfang an zwei Typen über dich hermachen wollten? Einer hatte sich auf dich geworfen und der andere stand draußen Schmiere?“
„Dann hättest du den vor der Tür doch gesehen, als du mich gesucht und gefunden hast.“
„Vielleicht war der gerade mal kurz weg.“
„Das macht keinen Sinn. Warum hätte der dann nach seiner Rückkehr seinen Komplizen angegriffen und nach draußen geschleppt?“
Florian zuckte mit den Schultern und murmelte: „Vielleicht hat er kalte Füße bekommen. Es soll noch ein paar Leute mit Gewissen geben.“
Leider war die Weinflasche viel zu schnell leer. Jule rollte sich auf ihrem Bett zusammen und reichte Florian ein Kopfkissen. Er streckte sich in dem schmalen Zimmer neben dem Bett auf der Iso-Matte aus. Sie ließ ihre Hand auf seinen Kopf sinken und flüsterte: „Gute Nacht, mein Ritter.“
„Gute Nacht, Prinzessin.“
Jule wälzte sich aufgrund der furchtbaren Erlebnisse noch lange unter ihrer Bettdecke hin und her. Erst in den Morgenstunden schlief sie erschöpft ein. Irgendwann schrie sie verstört um Hilfe, doch Florians fester Händedruck und Nähe ließen sie in eine neue Traumwelt versinken.

Der junge Mann wurde am Sonntagmorgen auf der Iso-Matte von einem Muskelkrampf im Rücken unsanft geweckt. Es hatte für ihn keinen Sinn, noch länger liegen zu bleiben. Er schrieb eine Nachricht: *Guten Morgen, Prinzessin. Ich habe Kreuzschmerzen und möchte dich nicht stören. Bis Montag.*

Leise stahl er sich aus Jules Zimmer. Der junge Therapeut besaß einen Schlüssel zu den Behandlungsräumen des Reha-Zentrums. So legte er sich bald darauf in der menschenleeren Abteilung unter einen Heißluftstrahler. In dieser Stille erfassten ihn verwirrende Gefühle und Gedanken. Sie alle kreisten immer wieder nur um eine bestimmte Person. Tagsüber versuchte er, sich im Fitnessraum und auf seinem Mountainbike abzulenken. Schweißgebadet stieg er auf einem einsamen Waldweg vom Rad und sank ins Gras. Sein Smartphone zeigte unzählige Nachrichten von Jule an. Er las keine davon und schaltete das Handy wieder aus.

Das Erwachen ist ein geistiger Schwebezustand zwischen der Traumwelt und der Wirklichkeit ... *Wo bin ich?* Diese einfache Frage stellte das Bewusstsein an die Augen. Diese wollten sehen, doch etwas war vor die Lider gebunden. So blieb es finster. Die Haut brannte. Schwere Wassertropfen fielen aufs Gesicht. Platsch-platsch, platsch, platsch ... Wenn sich das Gesicht nach rechts drehte, trafen die Tropfen die linke Wange. Platsch, platsch, platsch, platsch ... Wenn sich das Gesicht nach links drehte, trafen die Tropfen die rechte Wange. Platsch, platsch, platsch, platsch ... Das Bewusstsein kombinierte, dass der Körper auf dem Rücken lag. Aber wo? Der Untergrund fühlte sich wie eine Matratze an. Die Hände sollten nun das Gesicht vor dem Wasser schützen, doch beide waren über dem Kopf gefesselt. Die Füße sollten endlich zur Flucht verhelfen, aber auch sie waren angebunden.
Das Gesicht des gefesselten Menschen richtete sich nach oben. Die Wassertropfen platschten nun auf rissige Lippen. In dieser Haltung tropfte das Wasser auch in den durstig geöffneten Mund. Die Zunge nahm das feuchte Element gierig an. Es schmeckte abgestanden. Die Kehle schluckte reflexartig. End-

lich drängte das Bewusstsein zum Handeln. Aus voller Kehle dröhnten Schreie: „Hilfe! Hilfe! Hallo, hört mich jemand? Hilfe! Hallo! Ich bin hier ..."
Die Ohren lauschten voller Hoffnung in die Ferne ... In welche Ferne? Nichts Hilfreiches war zu hören. Nur das nervtötende Platsch-Platsch-Platsch ... Die Blase meldete zusätzlich extremen Druck. Wohin mit ihrem Inhalt? Endlich fiel der gefesselte Mensch wieder in eine gnädige Bewusstlosigkeit. Leider nicht lange.
Erneutes Erwachen ... Das Bewusstsein fragte: *Wo bin ich? Wie viel Zeit ist vergangen?*
Immer noch Finsternis, Kälte und Geruch von altem Mauerwerk. Platsch, platsch, platsch, platsch murmelten die Wassertropfen, die von der Decke fielen. Schmerzhafter als zuvor drängte die Blase. O Gott, die Blase ... Zwischen den Beinen wurde es warm. Erleichterung – Ekel – Wut – Frust – Ohnmacht – Angst – Panik ... Kein schlimmes Gefühl war diesem gefesselten Menschen mehr fremd. Erneut begann er zu schreien: „Hilfe! Hilfe! Hallo, hört mich jemand? Hilfe! Hallo! Ich bin hier ..."
Die Ohren lauschten voller Hoffnung in die Ferne ...

Frau Dr. Cornelia Menke stand am Montagmorgen aufgrund ihrer senilen Bettflucht bereits um 6:00 Uhr auf, schaltete das Radio in ihrer Küche für die Nachrichten ein, setzte Kaffee auf und ließ den Hund in den Garten hinaus. Tochter Mareike war am Sonntag erst in den frühen Morgenstunden mit einem Taxi heimgekehrt. So lange war sie schon ewig nicht mehr bei einer Feier geblieben. Tagsüber hatte sie angeblich an ihrem Schreibtisch zu tun gehabt. Alles in allem hatte der Hund gestern nur zwei Stunden Auslauf und Beschäftigung. Mutter Menke murmelte vor sich hin: „Na ja, vielleicht hat sie auf dem Sommerfest endlich einen Mediziner kennengelernt, an dem sie auch privat

Interesse hat." Brunos Bellen schallte durch den Garten und riss Cornelia Menke aus den Gedanken. Sie nahm ihre Tasse mit duftendem Kaffee und ging zum Küchenfenster. In der Wohnung über ihr hörte sie Mareikes hektische Schritte. Sehr wahrscheinlich war das Kind wieder viel zu spät aufgestanden. Am besten sprach man Mareike dann gar nicht erst an. Der Himmel zeigte schönes Wetter. Vögel jagten in den alten Bäumen, die das große Grundstück der Menkes begrenzten. „So ein Biest!", fluchte Cornelia Menke. Sie sah, wie die riesige Dogge die Abkürzung durch das gepflegte Blumenbeet nahm, um bellend auf einen Motorradfahrer zuzulaufen. Die donnernde Maschine stoppte vor dem schmiedeeisernen Tor. Frau Menke beobachtete, wie der Mann seinen Helm abnahm und seine Hand über das Tor der Dogge entgegenhielt. „Ist der größenwahnsinnig?", stieß Cornelia Menke in ihrer Küche hervor.

„Mutter, über wen regst du dich denn schon am frühen Morgen auf?", fragte Mareike, die dienstfertig in der Küchentür stand.

Cornelia Menke nickte mit dem Kinn zum Fenster: „Da hält ein verrückter Motorradfahrer seine Hand genau vor Brunos Nase."

Mareike stellte sich neben ihre Frau Mama und rief entsetzt: „Das ist doch nicht zu glauben! Mit seiner Gummikuh holt er mich ab! Ähm, Mutter, das ist Thilo Becker von der Reha-Abteilung."

„Kind, ich kenne Herrn Becker. Er hat mich massiert. Aber was tut dieser Mensch dort? Was will er hier?"

„Er will mich zum Dienst abholen."

Mutter Menke schüttelte den Kopf: „Aber doch nicht mit diesem schrecklich knatternden Ding!"

„Tschüss, Mutter, ich muss los!"

Mareike eilte durch die Haustür und hatte größte Not, Bruno zu hindern, bei seiner stürmischen Begrüßung ihre Kleidung zu beschmutzen. Sie hob ein Hundespielzeug aus dem Blumenbeet auf und warf es weit in den Garten. Die Dogge spurtete los, um den Gegenstand zu apportieren. Währenddessen verließ die Ärztin das Grundstück. Enttäuscht blieb die Dogge hinter dem geschlossenen Tor der Einfahrt zurück und knurrte.

Mareike Menke blickte Thilo Becker an und sagte mit verärgertem Ton: „Von einer Motorradtour war keine Rede. Wie soll ich jetzt pünktlich zum Dienst kommen? Ich steige auf kein Motorrad. Schon gar nicht mit diesen Schuhen."

Becker lachte und zeigte auf den Beiwagen: „Setze dich doch erst einmal hinein. Das Ding ist bequemer, als es aussieht. Außerdem tickt die Uhr und wir wollen doch nicht zu spät kommen."

Dr. Menke betrachtete misstrauisch das seltsame Vehikel.

Ihre Mutter protestierte in der Haustür: „Mareike, da steigst du auf keinen Fall ein! Was sollen unsere Nachbarn denken?"

Das gab den Ausschlag! Die Tochter murmelte: „Jetzt erst recht!", und kletterte in den Beiwagen. Becker reichte ihr einen Helm. Mareike schaute vorwurfsvoll auf: „Auch das noch! Ich muss verrückt sein, mich auf so etwas einzulassen."

Die alte BMW knatterte durch die Siedlung. Menkes pensionierte Nachbarn, die soeben ihre Zeitung aus dem Briefkasten nahmen, blickten sich erstaunt um. Auf der Hauptstraße grüßten Motorradfahrer und -fahrerinnen. Mareike wunderte sich. Kannten die sich alle oder war das eine Selbstverständlichkeit in dieser Szene? Becker fuhr gemütlich wie ein typischer Cruiser und fragte seine Sozia bei jeder roten Ampel, ob alles in Ordnung sei. Mit jedem weiteren Kilometer fühlte sich Frau Dr. Menke entspannter. Mehr noch. Sie begann, die Fahrt durch die morgendliche Sommerluft zu genießen.

Eine Viertelstunde später bog das Gespann in das Parkhaus der Uni-Klinik ein. Das Motorgeräusch hallte durch das gesamte Gebäude und zog die Blicke der Besucher auf sich. Becker parkte ein, der Motor verstummte. Die Ärztin stemmte sich aus dem Beiwagen und zog den Helm vom Kopf. Becker meinte: „Mit dem Helm hat dich garantiert niemand erkannt. Und du hast endlich mal etwas Verrücktes gemacht. Verzeihst du mir den Überfall?“

Sie reichte ihm mit ernstem Gesicht den Helm: „Ich werde darüber nachdenken. Und nun wünsche ich dir einen angenehmen Dienst.“

„Was macht Frau Doktor nach dem Dienst?“

„Da hat Frau Doktor einen geschäftlichen Termin.“

„Dann wünsche ich einen ruhigen Dienst und erfolgreiche Geschäfte, Doc!“

Sie blickte noch einmal kopfschüttelnd zu dem alten Motorrad – und musste lächeln.

Becker begann seinen Dienst in der physiotherapeutischen Abteilung um 7:00 Uhr. Er schaute in der Patientenannahme über die Schulter seiner Kollegin auf den Computermonitor und besprach mit ihr den Dienstplan. Zwei weitere Kolleginnen und die Praktikantin Lehmann stürmten zehn Minuten zu spät durch die Tür und eilten ihren Umkleideräumen entgegen. Im Wartezimmer waren bereits alle Stühle besetzt. Das Telefon klingelte und klingelte. Becker blickte auf seine Uhr und fluchte: „Jeden Morgen das gleiche Theater mit dem Zuspätkommen! Jedes Mal liegt es angeblich an den mangelnden Parkplätzen und hundert anderen Ausreden!“

Florian steckte bereits seit einer Viertelstunde in seiner weißen Dienstkleidung und klopfte seinem Chef auf die Schulter: „So, ich bin weg. Bis zum Mittag müsste ich die Krankengymnastik der Intensiv- und der Stationen zwei bis vier geschafft haben.“

Er drückte die Tür zum Flur auf.

Becker rief erstaunt: „Nimmst du Jule nicht mit?“

„Nein, ich komme alleine klar!“ Und schon war er fort.
Jule betrat mit einem Kittel bekleidet die Anmeldung und fragte: „Ist Florian schon da?“
Becker wollte zuerst darauf aufmerksam machen, dass er Wert auf Pünktlichkeit legte. Doch im gleichen Moment fiel ihn Jules grausames Erlebnis ein. Er legte ihr väterlich eine Hand auf die Schulter und fragte: „Wie geht es dir? Kannst du überhaupt schon wieder arbeiten?“
„Bis auf Schlafstörungen und üblen Träumen geht es mir gut. Ich hatte mehrmals versucht, Flori zu erreichen. Er geht aber nicht ans Telefon. Haben Sie ihn gesehen?“
„Ja, er ist schon zu den Stationen unterwegs. Er wollte alleine gehen. Ich weiß nicht, was er heute Morgen hat. Egal, übernimm du die Beaufsichtigung der Patienten im Kneipp-Raum.“
Auch in der Mittagspause blieb Florian der Abteilung fern. Er informierte den Abteilungsleiter telefonisch über seine weiteren Aktivitäten und nahm verschiedene Anweisungen entgegen.
Am späten Nachmittag fragte Jule ihren Chef: „Herr Becker, ich möchte gerne lernen, wie eine klassische Massage gemacht wird. Könnte ich das mal ausprobieren?“
„Solange du im Vorpraktikum bis, darfst du noch nicht mit manuellen Techniken am Patienten arbeiten. Die fachlichen Griffe für die verschiedenen Massagen erlernst du im Herbst in der Physiotherapeutenschule. Die drei Monate musst du dich noch gedulden.“
„Ich muss nicht unbedingt am Patienten arbeiten. Vielleicht kann ich mal einem Kollegen eine Massage machen, um dabei Erfahrung zu bekommen.“
„Julchen, unser Terminkalender ist voll. Wen sollte ich dafür freistellen?“
„Und wenn jemand nach Feierabend bereit wäre, sich für mich zu opfern?“

Becker hob erstaunt die Brauen: „An wen denkst du als Opfer?“
„Florian hat einen Schlüssel zur Abteilung. Er könnte nach der Massage alles abschließen.“
„Jule, wir reden später darüber. Die Patienten warten. Kümmere du dich nun um die Wassertreter.“

Der Tag verging im Flug. Während das Personal der Reha-Abteilung sich in seinen Umkleideräumen für den Feierabend umzog, löschte Florian im Bewegungsbad das Licht.
Plötzlich stand Jule vor ihm und fragte: „Warum weichst du mir seit gestern aus? Habe ich irgendetwas Falsches gesagt?“
„Jule, du hast in der Herzkammer Schlimmes erlebt. Ich denke, dass du von Männern die Nase voll hast.“
„Was hat das mit dir zu tun? Du hast mich doch nicht angegriffen. Ganz im Gegenteil.“
Seine Wangen wurden rot und er sagte verschämt: „Ich kann es dir nicht erklären. Es hat sich nun mal etwas geändert. Jetzt lass uns endlich Feierabend machen.“
Sie versperrte ihm den Weg: „Flori, du hast mir auf deinen Notizzettel geschrieben, dass du auf der Iso-Matte Rückenschmerzen bekommen hast und deshalb Sonntagmorgen so früh abgehauen bist. Ich möchte mich revanchieren. Becker sagte, dass ich das Massieren ausprobieren dürfte, sofern sich ein Kollege dafür opfert. Es wäre uns zum Beispiel jetzt erlaubt, die Abteilung zu nutzen. Bleibst du und opferst dich?“ Da er nicht antwortete, fragte sie. „Oder schämst du dich vielleicht?“
„So ein Quatsch!“
Nachdem sich die Kollegen verabschiedet hatten und die Abteilung verschlossen war, legte sich Florian mit freiem Oberkörper bäuchlings auf eine Massagebank. Jule schmunzelte beim Anblick seiner durchtrainierten Muskeln. Sie verteilte duftendes Öl auf dem Rücken und probierte Ausstreichungen und Griffe, wie

sie das bei den examinierten Therapeuten schon mehrfach hatte beobachten können. Während der Massage schwiegen beide und schienen in Gedanken versunken zu sein. Nach zehn Minuten setzte sich der junge Mann auf und sie massierte seinen Nacken. Bei der Bearbeitung der Halswirbel und des Schultergürtels begann er, ihre Griffe zu kritisieren und gab komplizierte Erklärungen von sich. Plötzlich ließ sie seinen Nacken los, zog ihren Kittel aus und setzte sich nur mit Hose und BH bekleidet neben ihn auf die Massagebank. „Das ist mir zu kompliziert. Zeige mir das mal an meinem eigenen Nacken."
Florian stand auf und stellte sich hinter Jule, die sich die langen Haare hochsteckte. Sie hatte eine tadellose Figur und Haut wie Samt. Seine Hände strichen über die Nackenmuskeln und zwischen den Schulterblättern bis zum Büstenhalter hinab. Dann erklärte er ihr, mit welchen Grifftechniken man eine Halswirbelblockade lösen kann. Als seine Finger über ihre Schlüsselbeine glitten, ließ sie sich rückwärts gegen seinen Oberkörper fallen.
Überrascht fragte Florian: „Ist dir schwindelig geworden?"
„Ich glaube ja. Hältst du mich einen Moment fest?"
Während er sich vorbeugte, berührten sich ihre Wangen. Sie drehte ihm ihr Gesicht zu. Beide blickten sich tief in die Augen. Zögernd bewegten sich ihre Lippen aufeinander zu und verschmolzen zu einem Kuss ...

Gegen 18:00 Uhr bellte der Hund im Haus Menke und meldete damit einen Besucher an. Die alte Dame schaute aus dem Fenster der ersten Etage und erblickte hinter dem schmiedeeisernen Tor der Hauszufahrt den roten Porsche von Armin Romberg. Der attraktive Mann trug einen edlen Anzug und hielt einen Blumenstrauß in der Hand. Gleichzeitig klingelte die Haustürschelle und schon waren Mareikes Stöckelschuhe auf der

Holztreppe zu hören. Als Mutter Menke den Hausflur betrat, löste Romberg das Papier von den Blumen und die Tochter des Hauses nahm den Strauß entgegen. Sie trug heute Kontaktlinsen und wirkte in ihrem Kleid erfrischend jugendlich. Romberg begrüßte die alte Dame höflich: „Guten Abend, Frau Doktor. Ich hoffe, es ist Ihnen recht, dass ich Ihre Tochter ausführe?"
„Ich freue mich, dass sich Mareike in die Oper ausführen lässt. Meistens hat sie nur die Aufgaben der Klinik im Kopf."
Die Tochter zog ein genervtes Gesicht: „Mutter, es ist gut!"
Bruno knurrte eifersüchtig und ungeduldig hinter der geschlossenen Tür im Esszimmer. Cornelia Menke schaute zur alten Standuhr: „Oh, es wird Zeit für euch. Mareike, wenn es dir recht ist, dann stelle ich deine Blumen ins Wasser."
Die Tochter bedankte sich. Romberg geleitete die Ärztin zu seinem Wagen. Galant hielt er ihr die Beifahrertür auf. Der Sportwagen gefiel Mareike gut. Kraftvoll meldete sich der Motor und der Porsche fuhr los. Romberg legte eine Klassik-CD ein. Er erzählte der Ärztin einiges über die bevorstehende Opernpremiere, über die Darsteller, den Komponisten und lobte den Dirigenten in höchsten Tönen. Als sie das Opernhaus erreichten, war das Parkhaus stark frequentiert. Der Motor des Sportwagens dröhnte hallend. Romberg parkte geschickt ein. Wieder hielt er Dr. Menke die Beifahrertür auf. Nach einer kurzen Fahrt mit dem Lift erreichten sie die Vorhalle. Festlich gekleidete Menschen nippten an Sektgläsern, schwatzten und betrachteten neugierig jeden neuen Besucher. Schwere Parfümdüfte hingen in der Luft. Auf Dr. Menke wirkte diese Welt fremd und künstlich. Ihre Eltern und sie selbst waren sehr belesen, doch mit klassischer Musik und speziell der Oper hatten sie sich kaum befasst. Hier profilierten sich jetzt selbst ernannte Experten mit ihrem Wissen über die zu erwartende Perfektion der Darsteller und des Dirigenten. Im Hintergrund erklang die Kakophonie der Musi-

ker, die ihre Instrumente stimmten. Romberg begrüßte mal hier, mal dort irgendwelche Bekannte und stellte ihnen seine Begleitung stolz als Oberärztin vor. Dr. Menke fühlte sich in dieser Atmosphäre immer unwohler. Endlich forderte ein Läuten die Gäste auf, ihre Plätze einzunehmen. Die lange Laudatio des Intendanten wirkte auf die Ärztin nach ihrem zehnstündigen Dienst ermüdend. Nur mit äußerster Konzentration konnte sie das Gähnen unterdrücken. Wagners Musik setzte gewaltig ein. Die grandiosen Stimmen und der Klangteppich trugen Mareike Menke fort. Endlich konnte sie sich in dieser Harmonie der optischen und akustischen Sinnesfülle fallen und treiben lassen. Sie verlor jedes Zeitgefühl ...

Nach der langen Vorstellung gab es stehende Ovation, Freudenpfiffe und Jubelrufe. Romberg fragte: „Möchten Sie, dass ich Ihnen den Intendanten und einige Honoratioren vorstelle? Oder wäre es Ihnen lieber, wenn ich Sie nun noch in ein kleines, gemütliches Weinlokal einlade?"

Dr. Menke blickte über die euphorische Zuschauermenge. Ihr Kopf dröhnte noch von der gewaltigen Musik. Nein, sie hatte keine Lust, mit fremden Personen belanglose Gespräche zu führen oder halbherzige Höflichkeiten auszutauschen. Also sagte sie: „Ein Glas Wein zum Abschluss ist eine hervorragende Idee, Herr Romberg. Auch ein bisschen frische Luft tut mir jetzt gut."

Sie nahmen den Fahrstuhl zur Tiefgarage. Als Romberg seinen Porsche erblickte, fluchte er: Verdammt! Was ist das denn?!" Er umrundete das Fahrzeug. „Ich glaube es nicht! Alle Reifen sind zerstochen!"

Nun sah auch Dr. Menke, dass die Reifen platt waren. Ein Zettel hing an der Windschutzscheibe. Romberg zog das Papier vom Scheibenwischer ab und las: *Wenn du nicht innerhalb von sieben Tagen bezahlt hast, bist du so platt wie deine Reifen!*

Dr. Menke fragte: „Was steht dort geschrieben?"

Romberg atmete tief durch, stopfte den Zettel in die Jackentasche und sagte: „Da stehen nur Schweinereien drauf, die ich besser für mich behalte. Selbst wenn ich jetzt die Polizei rufe, so sind die Verbrecher längst über alle Berge. Meine Anzeige mache ich morgen. Wir lassen uns den Abend nicht verderben."
Dr. Menke war erstaunt, wie souverän dieser Mann über den Schaden hinwegging. Romberg schloss den Wagen auf und nahm eine Ledermappe heraus. „Das Wichtigste hätte ich fast vergessen. Die Exposés der Wertpapiere, die ich Ihnen versprochen hatte, sind hier drin. Wir nehmen uns jetzt ein Taxi."
Nach einer halben Stunde saßen beide vor Weingläsern. Im Hintergrund plätscherte leise Instrumentalmusik. Dr. Menke strich sich eine braune Haarsträhne hinter das Ohr und fragte mit besorgter Stimme: „Was glauben Sie, wer Ihre Reifen zerstochen hat?"
„Sicherlich irgendwelche Asozialen, die anderen Menschen den verdienten Erfolg nicht gönnen. Porsche fährt nun mal nicht jeder." Ein breites Lächeln zog auf seinen Mund. „Sollten wir uns nicht das Du anbieten? Ich bin der Armin."
Er hielt ihr sein Glas zum Anstoßen entgegen.
Dr. Menke zögerte. Dann sagte sie: „Entschuldigen Sie meine Zurückhaltung, aber das heben wir uns bis zum ersten Geschäftsabschluss auf. Einverstanden?"
„Sie haben recht. Börsenmanager sind manchmal viel zu schnelllebig." Er wechselte elegant das Thema: „Wussten Sie, dass Armin ein germanische Etrusker-König war, der mehrere Legionen der Römer kurz nach der Zeitenwende besiegt hat?"
Sie hob überrascht die Brauen und erwiderte: „Wenn Sie die Varus-Schlacht meinen, dann handelte es sich um den Germanen Armin der Cherusker. Die Etrusker hingegen hatten bereits um 800 vor Christus eine Hochkultur im heutigen Italien, die vor dem Entstehen der römischen Kultur ihren Glanz verlor. Die

Etrusker trieben Handel mit den Kelten der Hallstadt-Kultur am nördlichen Alpenrand."

Romberg ließ sich nicht anmerken, dass er sich mit seiner oberflächlichen Bildung ertappt fühlte. Er öffnete die Ledermappe mit den Hochglanzprospekten. Gewandt breitete er sie vor der Ärztin aus und blätterte während der fachlichen Erklärungen Seite um Seite weiter. Dr. Menke fragte: „Sie können mir versichern, dass diese Wertpapiere börsentäglich verkauft werden können?"

„Keine Sorge, Frau Doktor. Fondsanteile werden über die Fondsgesellschaften innerhalb von einer Woche zurückgekauft. Wenn Sie es ganz eilig haben sollten, verkaufe ich Ihre Anteile innerhalb von wenigen Minuten per Mausklick an der Börse. Ist das schnell genug?"

Dr. Menke atmete sichtlich erleichtert auf. Dann hob sie ihr Glas und hielt es ihm zum Anstoßen entgegen: „Herr Romberg, das hört sich wirklich verlockend an. Aber der Morgen ist klüger als der Abend. Ich werde darüber schlafen."

Hauptkommissar Mai hatte Lehmann und Böhm zum Nachmittag ins Präsidium bestellt. Als Florian sein Motorrad vor dem Wohnheim für Klinikmitarbeiter auf den Seitenständer stellte, trat Jule durch die Haustür. Er nahm seinen Helm ab und sie küssten sich.

„Flori, kann es sein, dass du mit deiner Maschine gar nicht auf das Gelände fahren darfst?"

Er reichte ihr einen zweiten Helm: „Ich habe gute Beziehungen zum Schrankenwärter."

Sie bestiegen das Motorrad und fuhren durch die Häuserschlucht der Uni-Klinik. Als die geschlossene Schranke in Sichtweite kam, hielt Florian fünfzig Meter vorher an.

Jule fragte: „Was ist? Warum bleibst du stehen?"

„Die Schranke ist unten."
„Blödmann", grinste Jule. „Das sehe ich auch. Stelle dich doch davor. Dann sieht dich der Pförtner im Häuschen und macht die Schranke hoch."
Ein Krankenwagen rollte aus dem Klinikgelände auf die Schranke zu. Florian nahm die Gelegenheit wahr und schloss dicht auf. Als auch er die Schranke passierte, sprang der Pförtner heraus und fluchte hinter dem Motorrad her: „Wenn du das noch einmal wagst, die Schranke über den Gehweg zu umfahren, dann zeige ich dich an!"
Jule lachte und rief: „Oh, du hast wirklich beste Beziehungen zum Pförtner."
Eine halbe Stunde später saßen beide im Büro von Hauptkommissar Mai. Der Beamte tippte erwartungsvoll mit einem Kuli auf seinen Notizblock und sagte: „Wir haben die Blutspuren vom Tatort analysiert. Dabei fanden wir zwei verschiedene Blutgruppen. Die eine passt laut Personaldaten zu Ihnen, Herr Böhm, die andere dürfte zum Täter gehören. Alle Mitarbeiter der Klinik unterziehen sich jährlich einer medizinischen Kontrolluntersuchung. Die ermittelte Blutgruppe des Täters schränkt also den Personenkreis der möglichen Verdächtigen ein. Leider bringt uns das zurzeit noch nicht weiter."
Jule fragte: „Wenn Sie von allen Mitarbeitern eine Blutprobe haben, dann lässt sich doch die verletzte Person aus dem Keller direkt ermitteln, oder nicht?"
„Sie verwechseln das mit einem DNA-Register. Die Blutproben der Mitarbeiter werden nicht aufbewahrt oder auf DNA untersucht. Wir können höchstens etwas über die jeweilige Blutgruppe sagen und auf diese Weise den Personenkreis noch weiter eingrenzen. Andererseits steht noch nicht fest, dass der Täter aus dem Kreis der Klinikmitarbeiter kommt. Es könnte auch ein Patient oder Besucher sein. Haben Sie sich weitere Gedanken

gemacht und gar aus den Erinnerungen neue Erkenntnisse gewonnen?“
Florian erklärte seine These, dass eventuell zwei Täter in der Unterwelt gewesen sein könnten. Einer, der Schmiere gestanden, und einer, der Jule angegriffen hatte. Mai erhob sich und schritt nachdenklich durch sein Büro.
„Interessant, Herr Böhm. Doch dann hätten Sie diesen zweiten Mann vor der Tür des Tatortes antreffen müssen, nicht wahr?“
Jule sagte: „Das habe ich auch schon an Florians Theorie bemängelt.“
Florian kratzte sich verlegen am Kopf: „Was weiß ich? Vielleicht war der Typ gerade in einem anderen Raum zum Pinkeln, als ich ankam.“
Mai schaute Frau Lehmann an: „Sie haben bei dem Täter Alkohol gerochen. Dann war er wahrscheinlich auch auf dem Fest. Wir haben eine vorläufige Liste von den Teilnehmern, die eingeladen wurden. Ziehen wir die weiblichen Gäste ab, so bleiben 194 Männer übrig. Eventuell werden wir bei diesen eine DNA-Probe nehmen. Doch bis das genehmigt ist, bis wir alle erreicht haben und bis alle Proben ausgewertet sind, wird einige Zeit vergehen, in der der Täter noch frei herumläuft. Halten Sie die Augen auf.“
Florian kombinierte: „Man könnte von den 194 Männern doch Fingerabdrücke nehmen und mit denen vom Tatort vergleichen.“
„Ja, Herr Böhm, in dieser Richtung wird auch schon ermittelt. Frau Lehmann, ist Ihnen am Abend der Feier jemand aufgefallen, der Sie beobachtet hat? Der Sie vielleicht sogar angesprochen hat und den Sie zurückgewiesen haben?“
„Wenn man als Frau an der Theke bedient, wird man ständig angesprochen. Je voller die Kerle sind, umso mehr Machosprüche kommen. Einige können auch die Griffel nicht bei sich be-

halten. So etwas weise ich mit einem entsprechenden Spruch zurück oder klopfe demjenigen auf die Finger. Das ist doch normal."
Florian lachte: „Ja, das kann sie gut!"
Mai fuhr fort: „Frau Lehmann, haben Sie sich in der letzten Zeit beobachtet gefühlt? Es gibt Stalker."
Florian kam Jule zuvor: „Klar gibt es den. Unser Ober-Stalker Lars Svensson. Der steht überall herum und nervt die Leute."
„Wer ist dieser Lars Svensson?"
Florian winkte ab: „Das war ein übler Scherz von mir. Herr Svensson ist ein lang bekannter Patient unserer Psychiatrie. Stalking ist sozusagen sein Hobby und Krankheitsbild."
„Meinen Sie, dass dieser Patient zu einer solchen Tat fähig wäre?"
„Herr Mai, ich darf über unsere Patienten keine Auskünfte geben. Bitte fragen Sie dazu Oberarzt Dr. Werner. Das ist Svenssons zuständiger Arzt."
Mai notierte sich die beiden Namen und fragte weiter: „Können Sie sich vorstellen, dass dieser Patient auch die sogenannte ‚Unterwelt' betreten würde?"
„Wenn ich es recht überlege, dann habe ich Svensson schon an jedem Ort der Klinik angetroffen. Ich könnte mir vorstellen, dass der sich in der Unterwelt besser auskennt als der technische Dienst oder die Fahrdienstler."
„Wer sind die Fahrdienstler?"
„Die Pflegekräfte haben heutzutage keine Zeit mehr, unselbstständige Patienten oder Bettlägerige zu Untersuchungen, zum Röntgen oder zur Reha zu fahren. Dafür ruft man den Patientenfahrdienst. Der ist im gesamten Klinikgelände unterwegs."
Mai fragte nach: „Also auch in der Unterwelt."

„Gerade in der Unterwelt. Dort kann man jeden Patienten mit Rollstuhl oder Fahrbett wetterunabhängig von einem Haus zum anderen transportieren.“
Jule war in Gedanken versunken. Ihr Gesicht wurde kreideweiß.
„Frau Lehmann geht es Ihnen nicht gut?“
„Doch, doch, alles in Ordnung“, sagte sie rasch.
„Ihnen ist in diesem Moment nichts eingefallen, was ich unbedingt wissen sollte?“
Sie schüttelte den Kopf.

Im Laufe der Woche hatte Becker mehrfach versucht, Oberärztin Menke in der Intensivstation zu erreichen. Jedes Mal wurde er von Schwester Maria vertröstet, dass die Oberärztin für ein Gespräch keine Zeit habe. Mal würde sie gerade eine Infusion anlegen, dann musste jemand dringend intubiert werden. Während der Chefvisiten schlossen sich sowieso alle Internisten zu einer Polonaise zusammen.
War Dr. Menke nicht in der Intensivstation, so führte sie Magen- und Darmspiegelungen, Leberpunktionen oder Bronchoskopien durch. Patienten, die sehr viele Infusionen bekommen mussten, legte die Oberärztin einen zentralen Venenkatheder am Hals an. Bluttransfusionen gehörten ebenfalls zu ihren Aufgaben.
Beckers Woche war schleppend rumgegangen, obgleich er sehr viel Arbeit hatte. Irgendwie wirkte er verändert. Vor allem seine Kollegen bemerkten dies. Im Gegensatz zu seiner geduldigen Art war er einige Male bei den Missgeschicken seiner Mitarbeiter sehr laut geworden. In der Moorküche hatte eine Praktikantin vergessen, den Auslauf des Moorofens zu schließen und die braune Brühe war über den gesamten Boden geflossen. Ein Privatpatient war in seiner Packung vergessen worden und hatte sich deswegen bei der Verwaltung beschwert. Damit nicht ge-

nug: In der Anmeldung waren mehrere Termine doppelt vergeben worden und nun klagten die Patienten über zu lange Wartezeiten. Zur Krönung eröffnete der Verwaltungsleiter dem Chef der physiotherapeutischen Abteilung per Mail, dass im kommenden Jahr zwei Praktikantenstellen gestrichen würden.

Was Thilo Becker am Wochenende benötigte, um seinen Kopf wieder freizubekommen, war Bewegung, Bewegung und nochmals Bewegung. Er zog Radlerkleidung an, bestieg sein Mountainbike und verließ die Stadt. Der Pfad im Tal der Merck war bis auf wenige Angler und einige Jogger erstaunlich leer. Auf einer Anhöhe erblickte Becker die Siedlung, zu der auch das Anwesen der Familie Menke gehörte. Eine Viertelstunde später hielt sein Rad vor dem schmiedeeisernen Tor. Cornelia Menke saß auf der Terrasse und las ein Buch. Bruno kam bellend auf Becker zu. Mutter Menke erhob sich und schaute neugierig über eine Hecke, die den direkten Einblick auf die Terrasse verwehrte. Sie erkannte den Physiotherapeuten, winkte und schritt ihm entgegen. Bruno hatte beide Pfoten auf das Tor gelegt und jaulte vertraulich. Becker kraulte den Hund hinterm Ohr.

„Guten Tag, Herr Becker“, grüßte die alte Dame. „Was führt Sie zu mir?“

„Ich bin nur zufällig vorbeigekommen. Ich muss mich unbedingt bewegen. Zu viel Klinikluft ist auf Dauer nicht gesund.“ Er zeigte zum Haus und fragte: „Ist Ihre Tochter bei dem herrlichen Wetter immer noch in Gutachten vertieft?“

„Nein, Mareike ist mit einem Herrn Romberg unterwegs. Das ist der Sohn eines Ihrer Patienten.“ Sie streichelte die Dogge und fuhr fort: „Zuvor hatte Bruno in Mareikes Freizeit die erste Geige gespielt. Anscheinend ändert sich das gerade.“

Becker kraulte dem Hund den Kopf und fragte: „Na, alter Freund, hast du nicht Lust, mit mir einen Ausflug zu machen? Verspürst du auch Bewegungsdrang wie ich?“ Er blickte Frau

Menke an. „Ich denke, dieses große Tier möchte nicht nur durch Ihren schönen Garten toben, sondern etwas größeren Auslauf haben. Wenn Sie mir eine Leine geben, dann bewege ich den Hund zwei Stunden durch."
„Das wäre toll! Danach wird er endlich müde sein und durchpflügt nicht bei jedem Passanten meine schönen Blumenbeete. Einen Moment, Herr Becker, ich hole die Leine." Wenige Minuten später kehrte sie aus dem Haus zurück und erklärte: „Schauen Sie, man kann diese Leine bis auf zehn Meter verlängern. Aber lassen Sie Bruno nicht frei laufen. Er hört nicht."
Becker übernahm die Leine und versicherte: „Wir werden uns schon gut verstehen. Ich versuche, mit ihm auf dem Hundeplatz zu trainieren. Als Junge bin ich mit einem Schäferhund aufgewachsen."

Jule und Florian verließen das Polizeipräsidium. Als sie auf dem Parkplatz vor dem Motorrad standen, nahm er ihr blasses Gesicht in die Hände und schaute ihr tief in die Augen: „Heh, dir geht es nicht gut. Sag wenigstens mir, was dich so sehr bedrückt. Mai hat recht. Dir ist während der Befragung etwas Wesentliches eingefallen."
Sie wich zurück und erwiderte: „Nein, ich möchte nur noch nach Hause."
Er reichte ihr den Helm und startete die Maschine. Während der Fahrt sprachen sie kein Wort. Als sich die Klinikzufahrt näherte, stand die Schranke offen und der Pförtner saß nicht in seinem Glashaus. Florian lenkte das Motorrad auf das Klinikgelände und fuhr bis zum Wohnheim. Sie stiegen ab und zogen die Helme vom Kopf. Jule blickte nervös zur Haustür und wieder in seine Augen: „Kommst du noch mit rauf?"
„Jule, ich habe heute Abend Schwimmbadaufsicht."

„Ja, verdammt! Und ich habe Angst! Ich habe Schiss! Ich habe ...“ Sie bekam feuchte Augen.
Florian zog den Zündschlüssel ab: „Okay, ich begleite dich nach oben.“
Im Haus betraten sie den Fahrstuhl. Die Türen schoben sich zu und die Kabine bewegte sich automatisch Richtung Kellergeschoss. Augenblicklich krallte Jule ihre Finger in Florians Oberarm. Die Türen zur ‚Unterwelt‘ öffneten sich. Eine Dame aus der Wäscherei schob ihren Wagen mit frischer Bettwäsche herein. Sie grüßte freundlich und drückte den Knopf einer Etage. Die Kabine bewegte sich wieder nach oben. Nachdem Jule ihre Zimmertür geöffnet hatte, drängte sie Florian ins Zimmer und schloss sofort zweimal ab.
Er schaute sie besorgt an: „Nun rede dir bitte alles von der Seele. Ich würde dir auch empfehlen, Dr. Werner zurate zu ziehen.“
Sie empörte sich: „Der ist Psychiater! Du hältst mich jetzt für völlig bekloppt, nicht wahr?“
„Nein, ich denke, du bist traumatisiert! Und dafür habe ich Verständnis.“
Jule zeigte auf ihr Bett und drängte: „Setz dich! Du machst mich nämlich nervös!“ Sie selbst lief wie ein aufgescheuchtes Huhn im Zimmer auf und ab und begann zu erklären: „Als wir im Präsidium über Svensson gesprochen haben, da konnte ich mich an etwas erinnern. Etwas, das ich Mai nicht sagen möchte. Der Kerl, der mich angegriffen hat, roch nach Alkohol. Als ich jedoch das zweite Mal angegriffen wurde, da kam ein anderer Geruch hinzu. Jetzt weiß ich, dass das Knoblauchgeruch war. Verstehst du?“
„Ehrlich gesagt weiß ich nicht, worauf du hinauswillst.“
„Der Mann, der meinen Angreifer weggezerrt hat, der roch stark nach Knoblauch.“

„Was bringt uns diese Erkenntnis?“, fragte Florian und legte sich lang aufs Bett.

„Ich habe diese Knoblauchfahne schon öfter gerochen.“

„Ich auch. An der Döner-Bude und beim Griechen. Knoblauch soll künftig auch in der Psychiatrie eingesetzt werden. Es hilft gegen Platzangst. Nach intensivem Knoblauchgenuss rückt dir niemand mehr auf die Pelle.“

„Florian, verdammt noch mal, das hier ist kein Spaß! Der Lars hat zum Beispiel immer eine extreme Knoblauchfahne.“

„Du meinst, Lars Svensson ist der Täter?“

„Nein, du bringst alles durcheinander! Halte doch mal die Klappe und hör zu! Der Angreifer roch nach Alkohol. Lars roch nur nach Knoblauch ... Falls Lars sich als mein Beschützer herausstellen sollte.“

„Ach, Svensson, der als Stalker jedem auf den Sack geht, der war dein Retter?“

„Fällt dir jemand anderes ein?“

„Bis heute Morgen war *ich* noch dein Retter. So schnell ändern sich die Dinge.“

„O Mann, du nervst! Ich habe doch nicht behauptet, dass du mir nicht geholfen hast! Bring nicht alles durcheinander! Als Kommissar Mai vorhin über die Fahrdienstler sprach, da durchlief mich ein Schauer. Es war so, als wenn mir jemand ein Zeichen gesandt hätte. Kannst du dich an den Typen mit den schiefen Zähnen erinnern, der mich während der Feier an der Theke angebaggert hat?“ Florian zuckte stumm mit den Schultern und sie fuhr fort: „Der Typ wollte unbedingt mit mir tanzen und ich habe ihn zurückgewiesen. Der war bestimmt richtig sauer auf mich.“

„Julchen, ich habe auch schon mal jemanden zum Tanzen aufgefordert und bin abgeblitzt. Ist das eine Rechtfertigung für eine Vergewaltigung?“

Sie atmete schwer und sank entmutigt auf ihren Schreibtischstuhl: „Flori, du hast recht. Man kann sehr schnell jemanden zu Unrecht verdächtigen."
Er drückte sie an sich: „Ich habe gleich Aufsicht bei der Abendgruppe im Schwimmbad und muss jetzt los. Du lenkst dich am besten etwas ab. Hör Musik oder guck Fernsehen. Soll ich nachher wiederkommen?"
„Ja bitte! Ich warte auf dich."

Armin Romberg war mit sich zufrieden. Oberärztin Mareike Menke hatte sich mit ihm zwei Tage nach der Oper wieder getroffen. Hinter der Fassade der strengen Medizinerin entpuppte sie sich als unterhaltsame Frau. Leider hielt sie den Börsenmanager immer noch auf Distanz. Im Bereich des Geschäftlichen war der Frauenheld hingegen einen großen Schritt weitergekommen. Dr. Menke hatte über Romberg ein Wertpapierdepot einrichten lassen und 150.000 Euro überwiesen. Das von ihm zusammengestellte Portfolio versprach gute Gewinne; diese Wertpapiere konnten laut seiner Angaben auch börsentäglich verkauft werden. Dr. Menke glaubte fest daran, dass ihre Ersparnisse bei diesem Mann in guten Händen waren.
Rombergs Porsche hielt vor einer Bankfiliale. Der hochgewachsene Mann stieg aus, knöpfte sein Jackett zu und betrat den Schalterraum.
„Ich habe eine größere Bargeldsumme bestellt", sagte er zu der Angestellten und legte seinen Lederkoffer auf den Tresen. Bald darauf zählte die Frau ihm Geldscheine bis 150.000 Euro vor. Romberg stapelte die Bündel in den Koffer, quittierte den Betrag und verließ die Bank mit ruhigen Schritten.
Gegen 22:00 Uhr hielt sein roter Sportwagen auf einem Parkplatz neben anderen Nobelkarossen. In der Dämmerung leuchtete das Schild *Kasino*. Im Foyer wurde Romberg namentlich be-

grüßt und zu einem separaten Raum geleitet. Vor der geschlossenen Tür stand ein Hüne mit verschränkten Armen. Der Goliath musterte den Gast missmutig.
„Ich habe einen Termin bei Falco", sagte Romberg. „Du meldest mich besser sofort bei ihm an, bevor er verärgert ist. Ich bringe ihm nämlich sein Geld."
Der Breitschultrige ließ die Arme sinken, öffnete die Tür ein Stück und fragte in den Raum hinein, ob Romberg Falco stören dürfe.
„Geh rein!", brummte der Hüne zum neuen Gast und schloss hinter ihm wieder die Tür.
„Mein lieber Freund Romberg, welch eine Überraschung", rief ein etwa fünfzigjähriger Mann. Er trug einen Armani-Anzug und saß am Pokertisch. Seine Mitspieler blickten den neuen Gast misstrauisch an.
Falco fragte: „Bringst du mir endlich mein Geld?" Romberg nickte stumm. Falco tippte mit dem Finger auf den Tisch und befahl: „Lege es gleich hier ab. Ich liebe den Anblick von Geldbündeln."
Die Mitspieler machten große Augen, als Romberg den Koffer öffnete und Bündel um Bündel stapelte. Falco nickte zufrieden: „Okay, okay! Es sind exakt 120.000 Euro." Dann funkelten seine Augen die Mitspieler auffordernd an. „Der brave Armin ist wieder dabei. Er möchte bestimmt dieses hübsche Sümmchen zurückgewinnen." Falco fragte Romberg: „Ich hatte dich am Telefon doch richtig verstanden? Du hast aus dem Nachlass deines seligen Vaters 150.000 Euro erhalten, nicht wahr?" Romberg nickte. Falco wies auf einen freien Stuhl: „Die übrigen 30.000 Euro kannst du hier gut anlegen. Wenn Fortuna dir heute hold ist, dann gehst du mit vollem Koffer genauso hinaus, wie du gekommen bist. Das ist ein echtes Freundschaftsangebot, nicht wahr?"

Rombergs Gedanken überschlugen sich: Er musste Dr. Menkes Geld, das er soeben Falco gegeben hatte, so schnell wie möglich zurückgewinnen. Seine Pechsträhne würde heute endlich ein Ende finden. Schon morgen würde er das zurückgewonnene Geld wieder auf der Bank einzahlen und die von Frau Menke georderten Wertpapiere tatsächlich ins Depot schaffen. Danach würde seine chaotische Welt endlich ins Gleichgewicht kommen. Nicht nur das! Wenn Mareike Menke sehen würde, wie gewinnbringend er ihr Geld anlegte, dann könnte er ihr auch näherkommen. Dort wartete seine Zukunft. Bei ihr wäre er für alle Zeit prächtig versorgt. Armin Romberg atmete tief durch, zog seine Krawatte etwas weiter auf und setzte sich an den Pokertisch. Jemand mischte die Karten und schon begann das Spiel. Rombergs Fingerspitzen kribbelten mehr und mehr. Er spürte, dass Fortuna nun wieder an seiner Seite weilte. Bereits nach zwei Stunden hatte Falco 64.000 Euro an Armin verloren und wirkte zerknirscht. Romberg wurde mit seinen Einsätzen mutiger und mutiger. Doch gegen 03:00 Uhr morgens waren nicht nur seine restlichen 30.000 Euro verspielt, sondern er schuldete Falco schon wieder 20.000 Euro.

Der Mann im Armani-Anzug lächelte überlegen: „Romberg, da ich dich sehr mag, mache ich dir den Vorschlag, mir deinen alten Porsche zu überlassen. Dann sind wir quitt und du kannst gleich besser schlafen. Lege den Schlüssel vom Auto hier auf den Tisch. Die Wagenpapiere kannst du mir nachreichen, okay?“

Romberg murmelte mit grimmigem Gesichtsausdruck vor sich hin: „Ich kann dir den Wagen nicht geben. Er gehört mir nicht. Mein Vater hat ihn seiner ehemaligen Geschäftsführerin überschrieben. Alles hat er dieser Veronika vermacht.“

Falco klopfte Romberg auf die Schulter und sagte mit strengem Ton: „Also, mein lieber Armin, 20.000 Euro in sieben Tagen.

Doch dieses Mal wird es keinen Aufschub mehr geben. Ich bin nicht die Fürsorgestelle. Hast du das richtig verstanden?" Romberg nickte frustriert. Falcos Stimme wurde herrisch: „Da bin ich mir bei dir nicht ganz sicher!" Er wechselte mit dem Türsteher einen ausdrucksvollen Blick. Der Hüne reichte Romberg seine große Pranke. Es knackte laut. Ein Aufschrei hallte durch den Raum. Mit schmerzverzerrtem Gesicht blickte Romberg auf seinen kleinen, gebrochenen Finger. Falco sagte kalt: „Das ist dafür, dass du mich beim letzten Mal so lange auf das Geld hast warten lassen. Zapfe am besten die gleiche Stelle an, von der du die frischen 150.000 Euro hergeholt hast."

Hauptkommissar Mai war mit seinem Wagen kurz vor der Uni-Klinik. Er wollte mit dem Leiter des Patientenfahrdienstes sprechen. Sein Handy klingelte. Er nahm das Gespräch an, hörte dem aufgeregten Anrufer kurz zu und fragte: „Sie sind sich sicher, dass das Opfer tot ist? Sie rühren bitte nichts an. Ich bin gleich vor Ort." Er öffnete während der Fahrt das Seitenfenster und setzte sein mobiles Blaulicht auf das Autodach. An der Zufahrt der Klinik überholte er alle wartenden Fahrzeuge, die vor der Schranke warteten. Der Pförtner ließ ihn passieren. Mai fuhr direkt bis zum Gebäude des alten Herzzentrums. Dort wartete ein Mann in Handwerkerkluft und winkte. Der Kriminalbeamte stieg aus dem Wagen und sagte: „Ich bin Hauptkommissar Mai. Haben Sie mich angerufen?"
„Ja, unten im Keller ist kein Kontakt", antwortete der Angesprochene – dem Akzent nach ein Osteuropäer. „Mein Kollege wartet. Der Mann, der gefunden wurde, ist anscheinend doch nicht tot. Ich habe auch den Notdienst angerufen. Aus dem Krankenhaus ist medizinische Hilfe unterwegs."
Mai fuhr mit dem Arbeiter im Aufzug in die Unterwelt. Als sich die Türen öffneten, schallten Schritte. Ein Arzt und zwei medi-

zinische Mitarbeiter hasteten durch das Untergeschoss und kamen heran. Sie führten den Notarztkoffer und eine Trage mit rollendem Untergestell mit sich. Mai gab sich als Kriminalbeamter zu erkennen und schloss sich der eiligen Gruppe an. Er erinnerte sich, wie er am letzten Samstag fast an gleicher Stelle den Tatort besichtigt hatte, an dem Jule Lehmann überfallen worden war. Bis jetzt hatte es in diesem Fall keine neuen Erkenntnisse gegeben. Sein kriminalistischer Instinkt witterte, dass hier eine neue Spur auf ihn wartete. In der Ferne winkte ein anderer Arbeiter hektisch und rief in gebrochenem Deutsch: „Hierher! Mann liegen hier in Raum!"

Das medizinische Personal und Mai rannten weiter. Je näher sie kamen, umso mehr quoll ihnen ein unangenehmer Geruch entgegen. Sie liefen an dem Arbeiter vorbei, der in den angrenzenden Raum zeigte und sich ein Tuch vor die Nase hielt. Der Gestank war mittlerweile extrem. Die Männer traten ein und schauten entsetzt. Mitten im Kellerraum stand ein altes Krankenbett. Ein Mensch lag mit gefesselten Händen und Füßen auf dem Rücken. Sein Oberkörper war nackt. Wasser tropfte aus einem Rohr von der Decke und traf permanent seinen Kopf. Auch Hauptkommissar Mai hielt sich jetzt ein Tuch vor die Nase. Er fragte den Arbeiter im Flur: „Was tun Sie hier im Keller?"

„Ich bin hier herbestellt worden. Unsere Firma soll das gesamte Gebäude entrümpeln. Es wird danach abgerissen."

Der Arzt rief: „Herr Mai, der Mann lebt noch. Er ist ohne Bewusstsein, aber er lebt. Wir müssen ihn sofort in die Intensivstation bringen. Ich verständige die Kollegen."

Er lief hinaus zum Flur, um ein Telefon zu suchen oder irgendwo in der Nähe das Mobilfunknetz zu finden. Die Pflegekräfte lösten die Handfesseln des Opfers und legten dessen Arme behutsam an den unterkühlten Körper. Dann wurden die Füße befreit. Mai trat neben das Bett. Das Gesicht des Opfers war ent-

stellt. Das Wasser hatte dessen Haut anschwellen und aufspringen lassen. Der Hauptkommissar sagte: „Da steht etwas auf seinem Bauch."
Jemand hatte mit einem schwarzen Filzstift mehrere Worte in Druckbuchstaben auf die Haut geschrieben. Einige Buchstaben waren vom Schweiß und Spritzwasser verwischt. Mai versuchte, in Gedanken die Worte zu lesen: *Ich bin ein Vergewaltiger und büße hier meine Tat.*
Mai blieb keine Zeit, auf die Kriminaltechniker zu warten, und so machte er vom Opfer und Tatort selbst mehrere Handyfotos.
Der Arzt kehrte aus dem Flur keuchend zurück: „Ich hatte Glück und nicht weit von hier an einer Stelle Handy-Empfang. Die Kollegen der Intensivstation bereiten alles vor. Also los!"
Er und die Pfleger hoben den entstellten Mann vorsichtig auf die fahrbare Trage und eilten mit ihm durch die Tunnel der Unterwelt bis zum Gebäude der internistischen Klinik. Bald darauf ging es mit dem Fahrstuhl direkt zur Intensivstation hinauf.
Zwei Beamte der KTU trafen in der alten Herzkammer ein und begannen, Spuren zu sichern.
Eine Kollegin sagte: „Wenn das Opfer schon fort ist, dann wurden sicherlich wieder einige wichtige Spuren zerstört. Sind wenigstens Fotos gemacht worden?" Mai antwortete: „Ja, sicher habe ich Fotos gemacht. Anscheinend ist der Mann, den wir heute gefunden haben, der Angreifer von Frau Lehmann. Jedenfalls soll der Satz darauf hinweisen, den das Opfer auf seinem Bauch stehen hatte." Er zeigte der Kollegin seine Aufnahmen und ergänzte: „Ich sende dir die Fotos zu."

Unter Blaulicht und Martinshorngetöse bog ein Rettungswagen in die Zufahrt der Uni-Klinik ein. Hinter der geöffneten Schranke verstummte das Horn und der Wagen rollte durch die Häuserschluchten zur internistischen Notaufnahme. Am Eingang warteten medizinische Mitarbeiter auf den vierundsechzigjährigen Herzinfarktpatient. Der Notarzt begleitete die Trage bis in die Intensivstation, in der Oberärztin Dr. Menke mit ihrem Team alle Vorbereitungen getroffen hatte. Defibrillator und Sauerstoffgerät kamen zum Einsatz. Überwachungsgeräte piepten. Die Medikation der Infusionen zeigten rechtzeitig Wirkung. Zwanzig Minuten später war der Herzinfarktpatient außer Lebensgefahr. Am späten Nachmittag öffnete er die Augen. Bald darauf bemühte er sich um ein schwaches Lächeln und sagte mit kraftloser Stimme zur Oberärztin: „Na, mein Mädchen, hast du den alten Dr. Wolf doch nicht abnippeln lassen?"

Dr. Menke drückte seine Hand und sagte gerührt: „Oh, ich werde alles tun, dass Sie wieder auf die Beine kommen und in Ihrer Praxis kräftig weiterarbeiten können."

Dr. Wolf lenkte seinen fachkundigen Blick zu den Überwachungsgeräten und erwiderte: „Nein, Mareike, diese Zeiten sind nun vorbei. Den Warnschuss vor den Bug habe ich verstanden. Ich möchte noch ein bisschen für meine Enkelkinder da sein. Jetzt gebe ich meine Arztpraxis endgültig ab. Und ich weiß auch schon, an wen."

„Dr. Wolf, so schnell wollen wir nicht aufgeben. Sie sind ein exzellenter Internist und Hausarzt. Ihre Patienten brauchen Sie noch."

„Nein, Mareike, das wird künftig deine Aufgabe sein. Ich weiß, dass meine Patienten bei dir in sehr erfahrenen Händen sein werden. Ich wüsste für meine Praxis keine bessere Nachfolgerin als dich."

„Das wollen wir erst einmal überschlafen. Morgen sieht Ihre Welt schon besser aus und ohne Arbeit an der Front werden Sie doch gar nicht glücklich."

Der nächste Tag kam. Patient Dr. Wolf hatte sich erstaunlich gut erholt. Nach der Chefvisite bat er die Oberärztin noch einmal zu sich: „Mareike, was ich dir gestern angeboten habe, gilt auch heute noch. Ich habe mit meiner Frau darüber gesprochen. Bereite dich bitte auf die Praxisübernahme vor."
„Aber das kommt alles so plötzlich. Die Arbeit als Hausärztin ist anders als die Tätigkeit in einer Klinik."
„Kein Aber! Mareike, du hast während deines Medizinstudiums bei mir dein Praktikum gemacht. Jetzt bist du mit deiner Klinikerfahrung fachlich schon viel weiter, als ich es je war. Als Studentin hast du von einer eigenen Praxis geträumt. Entschuldige, wenn ich erwähne, dass du jetzt über vierzig sein müsstest. Wenn du wirklich selbstständig sein willst, dann ist das jetzt der richtige Zeitpunkt. Die Kliniken haben keinen Nachwuchsmangel, doch Hausärzte werden händeringend gesucht. Meine Patienten brauchen dich."

Gegen Abend klingelte Armin Rombergs Smartphone. Dr. Menke war am Apparat: „Herr Romberg, wir müssen etwas besprechen. Es haben sich unvorhersehbare Dinge ereignet. Ich hatte Ihnen erzählt, dass Dr. Wolf mir nach seiner Pensionierung vielleicht seine Praxis übergeben will. Das wäre in fünf Jahren der Fall gewesen. Nun hatte Dr. Wolf einen schweren Herzinfarkt und muss seine Praxis bereits jetzt aufgeben."
„Was wollen Sie mir damit sagen, Dr. Menke?"
„Ich soll die Praxis wenn möglich sofort übernehmen." Es folgte eine kurze Pause, dann fuhr sie fort: „Es ist mir furchtbar peinlich, dass ich Sie bitten muss, meine Wertpapiere kurzfristig wieder zu veräußern. Sie hatten sich mit Ihrer Beratung so viel Mühe gemacht."

Romberg hätte seinen Wagen vor Schreck fast in den Gegenverkehr gelenkt. Diese katastrophale Nachricht verschlug ihm die Sprache.
Dr. Menke fragte: „Hallo, sind Sie noch in der Leitung?“
„Liebe Frau Doktor, ich sitze am Lenker und telefoniere über die Freisprechanlage. Ich muss mich auch noch auf den Verkehr konzentrieren.“
„Wenn Ihnen durch den kurzfristigen Verkauf meiner Wertpapiere erhöhte Kosten entstehen, komme ich selbstverständlich dafür auf.“
Romberg steuerte den Wagen an den Straßenrand und hielt. Mit dünner Stimme sagte er: „Ob ich die Wertpapiere so schnell verkaufen kann, muss ich prüfen. Sie möchten sicherlich kein Geld verlieren.“
„Ich weiß. Sie haben mir das ja sehr genau erläutert. Wenn Sie die Fonds zum Beispiel bei der Fondsgesellschaft verkaufen, dann vergehen einige Tage. Aber das macht nichts. Ich brauche das Geld nicht heute Abend. Eine Praxisübernahme wickelt sich über mehrere Wochen ab. Es bleibt Zeit genug. Nur spekulieren darf ich mit dem Geld jetzt nicht mehr. Es muss aus dem Börsenhandel herausgenommen werden, bevor in diesen Tagen die Kurse sinken. Leiten Sie das bitte ein und schließen Sie dann mein Depot.“
Rombergs Fingerspitzen bohrten sich krampfhaft in das Lederlenkrad. Augenblicklich lief wohl alles schief. Eigentlich hatte er diese Menke anrufen wollen, damit sie noch weitere 50.000 Euro zum Anlegen an ihn überweisen würde. Mit dem frischen Geld hätte er beim nächsten Spiel seinen Hals retten und alles Verlorene zurückgewinnen können. Er blickte auf seinen gebrochenen Finger, der in einem weißen Verband steckte und stammelte: „Frau Dr. Menke, heute schaffe ich das nicht mehr. Ich rufe Sie morgen an. Ist das in Ordnung?“

Sie bedankte sich erleichtert und legte auf.

Hauptkommissar Mai nahm im Büro des Oberarztes der Psychiatrie Platz. Er hatte Dr. Werner um ein Gespräch mit dem Patienten Lars Svensson gebeten. Diese Unterhaltung durfte jedoch nur im Beisein des Arztes stattfinden. Der Psychiater sagte: „Bevor wir Herrn Svensson zu uns bitten, möchte ich wissen, was er mit Ihrer Ermittlung zu tun hat."
„Ich muss leider etwas ausholen, damit die Zusammenhänge verständlich sind. Ist Ihnen bekannt, dass die Praktikantin Jule Lehmann am letzten Samstag im Untergeschoss überfallen und gefesselt wurde und fast vergewaltigt worden wäre?"
„Ja, Dr. Menke war mit Frau Lehmann bei mir. Die junge Frau hat das Ereignis erstaunlich gut überstanden. Frau Lehmann und ich wollen aber noch weitere Gespräche führen."
„Aus unseren Ermittlungen geht hervor, dass nicht nur Lehmanns Kollege Florian Böhm den Delinquenten angegriffen hat. Böhm wurde nämlich vom Täter vorübergehend bewusstlos geschlagen. Laut Frau Lehmanns Aussage kam dann eine dritte Person hinzu. Diese hat ihren Angreifer überwältigt und aus dem Raum entfernt. Wir kamen mit unseren Ermittlungen nicht weit voran. Doch heute wurde ein Mann in einem Raum des gleichen Untergeschosses gefunden, der ebenfalls auf ein Bett gefesselt worden war."
Mai beschrieb, wie sie dieses Opfer vorgefunden hatten.
Der Psychiater sagte: „So viele Tage in diesem Martyrium sind entsetzlich. Die körperlichen Schädigungen des Opfers wird man wohl zeitnah heilen können, doch sein psychisches Trauma wird diesen Mann noch lange begleiten. Ich denke, die Internisten werden für ihn psychologische Hilfe anfordern."
„Sobald er zu Bewusstsein kommt, werden wir ihn fragen, ob er die Person erkannt hat, die ihn in den Keller gesperrt hat."

„Ich verstehe. Sie vermuten nun einen Zusammenhang zwischen dem Überfall auf Frau Lehmann und dem neuen Opfer."

„Ja, mit dem aktuellen Ereignis kommt Licht in diese Sache. Dem gefesselten Mann wurde auf den Leib geschrieben, dass er ein Vergewaltiger sei und seine Tat nun zu büßen hätte."

„Das hört sich wie ein Horrorroman an. Doch was hat das mit Herrn Svensson zu tun?"

„Ich stellte Frau Lehmann im Beisein von Herrn Böhm die Frage, ob sie sich in der letzten Zeit durch einen Stalker beobachtet gefühlt hätte. Sie verneinte das. Daraufhin erwähnte Herr Böhm, dass es in dieser Klinik einen Patienten namens Lars Svensson gäbe. Dieser Mann würde überall in der Klinik herumschleichen und auffällig intensiv beobachten."

Dr. Werner trommelte mit den Fingern auf der Schreibtischplatte und murmelte: „Herr Böhm lehnt sich mit solchen Aussagen über unsere Patienten weit aus dem Fenster. Doch lassen wir das. Patient Svensson hat tatsächlich aufgrund von Stalking rechtliche Probleme bekommen. Seine aktuelle Therapie in unserem Haus wurde ihm gerichtlich auferlegt. Das müsste bei Ihrer Behörde aktenkundig sein. Mehr kann und darf ich Ihnen nicht sagen."

„Würden Sie Svensson eine Vergewaltigung zutrauen? Oder einen Bestrafungsakt, wie das nun im zweiten Fall geschah?"

„Sagen Sie mir zuvor aus Ihrer kriminalistischen Erfahrung, wie hoch der Prozentsatz der Männer in unserer Bevölkerung ist, denen Sie eine Vergewaltigung oder einen Racheakt zutrauen. Kommen die übelsten Täter nicht oft aus dem Kreis der besonders netten und angepassten Mitbürger?"

„Sie haben recht. Können wir nun Herrn Svensson zu uns bitten?"

Dr. Werner griff zum Telefon ...

Es klopfte. Svensson trat ein. Dr. Werner stellte die Herren einander vor. Der Kommissar hielt dem Patienten die Hand entgegen, doch Svensson nahm diese nicht an. Er setzte sich stocksteif auf einen Stuhl.
Mai begann: „Herr Svensson, ich habe erfahren, dass Sie häufig in den Klinikgängen und im Klinikgelände unterwegs sind. Sie scheinen auch ein guter Beobachter zu sein. Nun gab es am Samstagabend während des Sommerfests im alten Herzzentrum in den Kellerräumen den Überfall auf eine junge Frau. Haben Sie dort etwas beobachten können, das uns weiterhilft?“
Svensson verzog keine Miene und sagte sachlich: „Die Keller und die Tunnelgänge dürfen von Patienten nicht benutzt werden.“
„Sind Sie denn trotzdem dort gewesen?“
„Dann hätte ich mich regelwidrig verhalten und würde Schwierigkeiten bekommen. Man hält mich für einen Stalker, der in dieser Klinik auf gerichtliche Anweisung hin therapiert werden muss. Hat mein Psychiater Dr. Werner Ihnen das nicht gesagt?“
Der Oberarzt wedelte abwehrend mit der Hand: „Ich halte mich an die ärztliche Schweigepflicht.“
Svensson fragte den Arzt mit durchbohrendem Blick: „Sie haben dem Hauptkommissar nicht gesagt, dass es bei seiner Behörde eine Akte über mich gibt?“
Der Beamte und Dr. Werner tauschten stumme Blicke.
Mai sagte: „Dr. Werner hat mich deutlich an seine ärztliche Schweigepflicht erinnert.“
Svensson fragte: „Wie hoch ist die Strafe für einen Täter, der eine Frau vergewaltigt?“
Der Hauptkommissar sagte: „Das kommt auf die Schwere der Tat an. Und auf das Alter. Jugendliche werden geringer bestraft als Erwachsene. Bei Erwachsenen gibt es Bewährungsstrafen

und mehrjährige Haftstrafen. Das Gericht entscheidet über das Strafmaß.“
„Fühlt sich ein Inhaftierter schlechter als ein Krebspatient, als ein Gelähmter oder ein Amputierter, der jahrelang an die Klinik gebunden ist?“
„Das kann ich schlecht beurteilen. Was wollen Sie mit diesen Vergleichen zum Ausdruck bringen?“
„Das bedeutet, dass es in diesem Land keine abschreckenden Strafen gibt! Wer seine Tat nicht büßt, der wird weiter Straftaten begehen.“
„Herr Svensson, haben Sie kein Vertrauen in unser Rechtssystem und das Strafrecht? Wäre es Ihnen lieber, wenn wieder barbarische Strafen wie im Mittelalter verhängt würden?“
„In der Bibel steht geschrieben: Auge um Auge, Zahn um Zahn.“
„Ja, das steht im Alten Testament. Im Neuen Testament ist zu lesen: Vergib uns unsere Schuld, wie auch wir vergeben unseren Schuldigern.“
Svensson ließ sich immer noch keine Regung anmerken und fuhr fort: „In den Zehn Geboten steht: Du sollst nicht begehren deines Nächsten Weib.“
„Richtig, Herr Svensson. In den Zehn Geboten steht aber auch: Du sollst nicht töten. Bauarbeiter haben heute einen Menschen gefunden, der im Sinne einer Selbstjustiz bestraft wurde und schon fast tot war. Ohne eine zufällige Entdeckung seiner Person in einem Raum der Unterwelt wäre er gestorben. Das wäre nach geltendem Recht ein vorsätzlicher Mord gewesen.“
Mai konnte in Svenssons Mimik, Gestik und Augen keine Reaktion analysieren, die diesen Mann deutlich als Täter verrieten. Leider würde der Psychiater bei stärkerem Druck auf diesen Patienten jeden Moment einschreiten. Der Ermittler schaltete einen Gang zurück und fragte: „Herr Svensson, Sie verteilen

gerne handgeschriebene Mahnungen an Falschparker und maßregeln Verkehrsrowdys, richtig?“ Svensson antwortete nicht. „Der Polizei liegt eine Anzeige gegen unbekannt vor, dass ein Mann einen Sportwagen vor dem Kindergarten neben dem Klinikgelände angehalten hätte. Die unbekannte Person hätte dann eine Beule in die Motorhaube geschlagen und den Fahrer tätlich angegriffen.“ Mai schaute auf seine Notizen und beschrieb: „Die unbekannte Person trug einen schwarzen Jogginganzug und Sandalen. Alter: etwa vierzig. Größe: etwa ein Meter fünfundachtzig. Haare: blond.“

Dr. Werner sagte: „Her Mai, ich möchte, dass die Befragung meines Patienten nun beendet wird. Wir sind hier in einer Klinik, nicht im Polizeipräsidium.“

Svensson stand spontan auf und erklärte: „Da der Fahrzeughalter selbst eine Anzeige gegen unbekannt gemacht hat, ist er nun aktenkundig. Der Mann hätte fast ein Kind überfahren. Dann hat er mich angefahren. Dabei bin ich mit beiden Händen auf die Motorhaube gestürzt. Der Fahrer wurde daraufhin handgreiflich und ich habe ihn in seinen Wagen zurückgesetzt. Hiermit mache ich eine Anzeige gegen diesen Mann wegen vorsätzlicher Körperverletzung und vorsätzlicher Gefährdung von Kindern im Straßenverkehr.“

Mai tippte auf seinen Notizblock und fragte: „Haben Sie sich das Kfz-Kennzeichen gemerkt?“

„Selbstverständlich“, sagte der Patient und diktierte dem Beamten die Daten.

„Ich verspreche Ihnen, dieser Sache nachzugehen. Doch zurück zum vorherigen Thema. Herr Svensson, Sie haben offensichtlich den Drang, mehr Gerechtigkeit in diese Welt zu bringen. Welche Strafe würden Sie bei einem Vergewaltiger für angemessen halten?“

Der Patient stellte sich direkt vor den Hauptkommissar: „Die alte Herzkammer ist jetzt Geschichte und das Verhör ist beendet!“
Mai wehte eine Knoblauchfahne entgegen. Er fragte: „Ach, soll das heißen, dass für Sie diese Geschichte in der alten Herzkammer abgeschlossen ist? Was wissen Sie denn über die Geschichte im Keller? Herr Svensson, ich frage Sie nun direkt: Haben Sie in diesem Keller in einen Kampf eingegriffen? Haben Sie danach den Angreifer gefesselt und eingesperrt?“
Svensson drückte die Türklinke zum Flur und sagte: „Die Geschichte der alten Herzkammer ist beendet, weil das Gebäude abgerissen wird.“
Dann fiel die Tür hinter dem Patienten ins Schloss. Mai blickte den Psychiater verärgert an. „Svensson weiß, was im Keller geschehen ist. Für mich ist er der Retter im ersten und der Täter im zweiten Fall.“
„Für mich ist Herr Svensson zuerst mal Patient. Mit Ihrem Verhör sind Sie meiner Meinung nach über das Ziel hinausgeschossen. Ich hätte das Gespräch eher unterbrechen müssen.“

Cornelia Menke machte sich zum Ausgehen fertig. Einkäufe waren zu erledigen und sie wollte beim Juwelier in der Innenstadt eine kostbare Kette reparieren lassen. In diesem Moment klingelte das Telefon. Armin Romberg meldete sich: „Guten Tag, Frau Menke, ich muss ganz dringend Ihre Tochter sprechen. Wo kann ich sie erreichen?“
„Herr Romberg, versuchen Sie, meine Tochter über ihr Smartphone zu erreichen.“
„Das habe ich versucht, doch sie geht nicht ran.“
„Mareike ist ins Brookwaldmoor gefahren und besucht dort die Ruhestätte ihres Vaters. In dieser Gegend ist der Mobilfunkkontakt manchmal sehr schlecht. Mehr kann ich Ihnen nicht sagen.

Versuchen Sie Ihr Glück. Wenn ich meine Tochter sehe, dann richte ich ihr aus, dass Sie angerufen haben.“
Romberg bedankte sich und legte auf. Gleichzeitig hielt vor dem Haus der Familie Menke ein großes Motorrad mit Beiwagen. Bruno jagte zum schmiedeeisernen Tor des Grundstücks, bellte und legte seine riesigen Pfoten auf die obere Torkante. Erst als Becker Brunos Kopf kraulte, gab der Hund Ruhe und wedelte nur noch mit dem Schwanz. Die Haustür öffnete sich und Frau Menke rief: „Herr Becker, der Hund muss umgehend ins Haus. Ich habe keine Zeit und will in die Stadt fahren.“
„Wenn es Ihnen recht ist, dann nehme ich den Hund mit zum Hundeplatz. Ich denke, es gefällt ihm dort sehr gut. Er hat auch schon viel gelernt.“
Die alte Dame war einverstanden, denn wenn die Dogge alleine im Haus blieb, dann kratze sie vor Ärger oft an den Möbeln. Frau Menke holte Brunos Leine und verschloss die Haustür. Kurz darauf stand sie neben Becker und betrachtete verwundert, wie er den Hund im Beiwagen anschnallte. Zusätzlich setzte er Bruno eine Schutzbrille auf und der Hund ließ sich das gefallen. Cornelia Menke musste bei dem drolligen Gesichtsausdruck des Tieres ein schallendes Lachen unterdrücken. So sagte sie nur sachlich: „Sie sind ein seltsamer Mann, Herr Becker.“
„Macht Ihre Tochter wieder Überstunden in der Klinik? Sie sollte besser das herrliche Wetter nutzen.“
„Heute ist der Todestag meines Mannes. Ich mag dieses Datum nicht und lenke mich in der Stadt mit Einkäufen ab. Mareike besucht jedoch jedes Jahr die Ruhestätte ihres Vaters im Naturschutzpark Brookwaldmoor. Die Urne meines Mannes wurde auf seinen Wunsch dort im tiefen Morast versenkt. Dort wacht sein Geist nun über Flora und Fauna.“
„Ich kenne das Moor. Es ist ein großes Gebiet. Mit dem Mountainbike bin ich einige Male dort durchgefahren. An einer Stelle

wäre ich fast in den tückischen Sumpf geraten. Es gibt dort Stellen, die sehen wie eine normale Wiese aus, doch wer dort hineinfällt, kommt ohne fremde Hilfe kaum heraus.“
Becker verabschiedete sich, startete die alte Maschine und rollte mit Bruno knatternd davon.

Mareike Menke parkte ihren Wagen auf dem Parkplatz vor dem Schild *Naturschutzpark Brookwaldmoor*. Sie tauschte ihre Stöckelschuhe gegen bequeme Wanderschuhe und nahm einen verpackten Blumenstrauß aus dem Kofferraum. Die Blumen hatte Mutter Menke im eigenen Garten geschnitten und für ihren Mann zusammengestellt. Der Parkplatz war innerhalb der Woche leer. Mit gemischten Gefühlen ging Mareike in den Bruchwald hinein. Erinnerungen an ihre Kindheit tauchten auf, denn ihr Vater war mit ihr mehrfach diesen Weg gegangen. Sie durchquerte den ersten Waldabschnitt. Vor ihr breitete sich eine Urlandschaft aus. Wildes Gestrüpp, knochige Weiden und Gewächse mit bunten Blüten säumten ihre Schritte. Menke blieb stehen, schloss die Augen und atmete tief ein. Hier spürte sie bei jedem Atemzug die Kraft der Natur. Doch die Ärztin war noch nicht an ihrem Ziel. Wie zur Zeit der Germanen nutzten auch heute die Wanderer an sehr sumpfigen Stellen sogenannte Knüppelpfade. Neben den Fußwegen breiteten sich nämlich tückische Flächen aus, in denen man bei einem Fehltritt bedrohlich tief einsinken konnte. Unter den Einheimischen kursierten Mythen über Menschen, die im Dunkeln durch das Moor gelaufen und vom Weg abgekommen waren. Man hatte sie angeblich nur gefunden, weil noch eine Hand oder ein Fuß aus dem Schlamm herausgeragt hätten. Diese Mythen nährten sich aus den Funden von Moorleichen, die zu ihren Lebzeiten Opfer germanischer oder keltischer Kulte geworden waren. Erst heute, im reifen Alter, konnte Menke verstehen, warum ihrem Vater diese einsame Gegend so ans Herz gewachsen war. Alles wirkte ursprünglich und unberührt. Der säuselnde Wind und das leise Summen unzähliger Insekten komponierten eine geheimnisvolle Musik. Hier füllte sich die Lunge mit reiner Luft. Alle Sinne wurden wieder klar ...

Nachdem Menke noch mehrere Waldabschnitte und sumpfige Lichtungen durchquert hatte, erreichte sie eine Holzbrücke, die sich in einem Meter Höhe weit über ein hellbraunes Gewässer spannte. Die Brücke hatte kein Geländer. Mareike wickelte ihre mitgebrachten Blumen aus und schritt bis zur Mitte der Holzkonstruktion. Auf dem Boden blinkte eine Metallplatte in der Sonne. Sie trug die Inschrift *Prof. Dr. Alexander Menke*. In Mareikes Erinnerung erschienen die Bilder der Urnenbeisetzung. In engstem Familien- und Freundeskreis war das Gefäß in diesem acht Meter tiefen Sumpf versenkt worden. Heute stand hier die erwachsene Mareike, die Oberärztin Dr. Menke, und warf ihre Blumen weit über das Wasser. Die Blüten verteilten sich großflächig und bildeten scheinbar eine Herzform.

„Hallo, Papa! Mama und ich denken an dich", flüsterte sie, faltete die Hände und schloss eine Zeit lang die Augen. Schritte erklangen und ließen Menke aus ihren Gedanken auftauchen. Jemand näherte sich. Überrascht erkannte sie Armin Romberg: „Was führt Sie denn hierher?"

Er stellte sich dicht neben die Ärztin und erklärte: „Ich hatte mehrfach versucht, Sie zu erreichen, um Ihnen zu sagen, dass ich alles Finanzielle in Ihrem Sinne geregelt habe. Ihre Frau Mutter gab mir den Tipp, wo ich Sie finde."

Dr. Menke blickte besorgt auf Rombergs rechte Hand. Sie zeigte auf den kleinen Finger, der in einem schlecht angelegten Verband steckte, und fragte: „Um Gottes willen, was ist mit Ihrem Finger geschehen?"

„Das war reine Dummheit. Ich habe an meinem Wagen nach dem Öl gesehen. Beim Schließen der Motorhaube war der Finger im Weg.“
„Der Verband ist dilettantisch angelegt. Der Finger sollte unbedingt geröntgt werden. Ich kenne den Chef der Handchirurgie. Der soll sich das morgen mal ansehen.“
Rombergs Blick fiel auf die kleine Tafel am Boden: „Alexander war Ihr Vater, nicht wahr?“
„Ja, hier ist seine Ruhestätte. Er hat diesen Naturschutzpark geliebt. Können Sie sich vorstellen, dass direkt unter diesem unschuldig aussehenden Wässerchen ein acht Meter tiefer Sumpf liegt? Dieses Moor ist über Jahrtausende entstanden. Es ist geschmolzenes Gletscherwasser der letzten Eiszeit, das in dieser geologischen Mulde keinen natürlichen Abfluss hat. Aus der abgestorbenen Vegetation wuchs das Moor immer höher, bis es sein jetziges Aussehen erreicht hat. Es wirkt teilweise unheimlich, nicht wahr?“
„Meinen Sie, dass man in dieser Brühe ertrinken kann?“
„Die alten Leute in dieser Gegend behaupten das. Physikalisch wäre das für mich unlogisch. Hier müssten auch die Gesetze des Auftriebs gelten.“ Sie ergänzte lächelnd: „Wenn man aber aus größerer Höhe mit Schwung hineinspringen würde, dann wird man sicherlich nie mehr auftauchen. Im Morast kann man keine Schwimmbewegungen machen. Dazu ist die Masse zu träge.“
„Und was ist mit den Moorleichen, die man gefunden hat?“
„Das waren Kultopfer oder Leute, die zur Strafe versenkt wurden.“ Plötzlich klingelte Dr. Menkes Smartphone. Sie meinte: „Erstaunlich, mal funktioniert hier das Telefon, dann wieder nicht.“
Während sie dem Anrufer zuhörte, beobachtete sie Romberg immer misstrauischer. Kommentarlos bedankte sich Dr. Menke

bei dem Anrufer für die Informationen und beendete die Verbindung. Romberg fragte: „Schlechte Nachrichten?"
Sie trat einen Schritt zurück und erklärte: „Wie man es nimmt. Ich habe soeben die Ergebnisse einer Laboruntersuchung bekommen, die ich wegen des Herzversagens Ihres Vaters angefordert hatte."
„Was bedeutet das heute noch? Mein Vater lebt nicht mehr. Wie sollen ihm diese Ergebnisse helfen?"
„Diese Ergebnisse helfen nicht Ihrem Vater, Herr Romberg, sondern mir. Ich wollte wissen, warum wir Ihren Vater nicht stabilisieren konnten. Warum unsere Bemühungen versagt haben. Kein Mediziner möchte erleben, dass ihm ein Patient unter den Händen verstirbt."
„Und jetzt wissen Sie, was Sie wissen wollten?"
„Ja! Es lag nicht an meinem medizinischen Versagen. Ihr Vater hat heimlich von einer unbekannten Person ein Medikament bekommen, das zu seinem Herzversagen geführt hat. Ich muss die Sache der Kriminalpolizei übergeben."

Über dem Juweliergeschäft stand der Name *Romberg-Schmuck*. Frau Cornelia Menke betrachtete eine Zeit lang interessiert die funkelnde Ware im Schaufenster. Dann betrat sie den Verkaufsraum. Im Moment war sie die einzige Kundin.
Eine Verkäuferin fragte höflich: „Darf ich etwas für Sie tun?"
„Mein Name ist Dr. Menke. Ich habe vor einigen Jahren mehrere Schmuckstücke bei den Eheleuten Romberg erworben. Eine meiner Ketten müsste jetzt repariert werden."
„Ich bin Frau Weiß, die neue Inhaberin dieses traditionsreichen Geschäfts. Ich hoffe, dass ich die Stammkunden der Rombergs ebenfalls mit meinen Angeboten zufriedenstellen kann."
Frau Menke machte ein erstauntes Gesicht. „Ach, ich dachte, das Geschäft gehört immer noch dem jungen Armin Romberg

und Sie wären als Geschäftsführerin eingestellt worden. Da habe ich wohl etwas missverstanden.“ Mit stolzem Unterton ergänzte sie: „Herr Romberg ist nämlich neuerdings als Anlageberater für meine Tochter tätig.“

Frau Weiß blickte die Kundin überrascht an. Ihr wurde klar, dass wegen Armin wieder mal einiges nicht mit rechten Dingen zuging. Sie sagte: „Werte Frau Doktor, ich arbeite in diesem Geschäft bereits seit zwanzig Jahren. Nachdem Frau Romberg verstorben war, übertrug mir Herr Wilhelm Romberg die Leitung. Als auch er im Alter krank wurde, habe ich mich um viele seiner privaten Angelegenheiten gekümmert. Mir sind die Verhältnisse der Rombergs gut bekannt.“ Mit bedenklicher Miene suchte sie nach passenden Worten und fuhr behutsam fort: „Frau Dr. Menke, Sie sollten wissen, dass Armin Romberg zurzeit eventuell in finanziellen Schwierigkeiten steckt. Er hat sich bereits vor langer Zeit mit seinem Vater Wilhelm überworfen, weil er spielsüchtig ist. Sobald er Geld in den Händen hält, bringt er es beim Pokern durch. Immer und immer wieder hat Wilhelm Romberg die Spielschulden seines Sohnes bezahlt. Als Armin sich dann mit kriminellen Leuten zusammentat, war für den alten Herrn das Maß voll. Kurz vor seinem Tod hat er Armin enterbt. Es widerstrebte ihm, dass alle mühsam erarbeiteten Werte der Familie Romberg am Pokertisch verspielt würden. Kurz vor Wilhelm Rombergs Tod setzte er mich als seine Haupterbin ein. Armin bekam selbstverständlich sein Pflichtteil ausgezahlt.“

„Aber er fährt doch auch diesen sündhaft teuren Porsche.“

„Nein, den Porsche hatte sich der alte Herr Romberg gegen die Empfehlung seines Arztes kurz vor einem Schlaganfall zugelegt. Ältere Herren entscheiden manchmal einige Dinge aus dem Bauch heraus. Die Symptome des Schlaganfalls gingen Gott sei Dank zurück. Trotzdem hat Wilhelm Romberg den Wagen kaum benutzt. Armin durfte ihn fahren. Nach dem Tod seines

Vaters ging auch der Porsche in mein Erbe über. Zuerst wollte ich ihm den Wagen schenken. Dann dachte ich, ich behalte die Papiere und lasse ihn den Wagen kostenfrei nutzen. So verspielt er ihn nicht und hat auf Dauer Freude daran. Was Armin Rombergs Anlageberatung betrifft, da sollte sich Ihre Tochter genau erkundigen. Ich lehne mich mit meinen Auskünften jetzt weit aus dem Fenster. Andererseits möchte ich nicht, dass Ihre Tochter geschädigt wird. Deshalb sollten Sie wissen, dass Armin Romberg wegen gefälschter Wertpapiere bereits vorbestraft ist."
Cornelia Menke wurde blass. Frau Weiß bot ihr einen Stuhl an. Frau Menke setzte sich, kramte aus der Tasche ihr Smartphone hervor und meinte mit dünner Stimme: „Ich muss sofort Mareike anrufen. Hoffentlich ist es noch nicht zu spät."
Sie wählte.
„Der Teilnehmer ist nicht erreichbar", meldete die Computerstimme der Sprachbox.
Besorgt blickte Frau Menke die Geschäftsfrau an und stieß hervor: „150.000 Euro hat Mareike diesem Mann anvertraut, damit er das Geld gut anlegt."
„Am besten meldet sich Ihre Tochter direkt bei der Polizei. Vielleicht ist es noch nicht zu spät."

Dr. Menke und Romberg schauten stumm über das Waldmoor. Die Gedanken der Oberärztin überschlugen sich. Schlagartig wurden ihr die Zusammenhänge klar. Sie trat noch einen Schritt von ihm zurück und sagte mit fester Stimme: „Dieses furchtbare Ergebnis lässt mich an den Zettel denken, der an Ihrem Wagen gehangen hat."
„Welchen Zettel meinen Sie? Etwa den, der im Parkhaus des Opernhauses an der Scheibe meines Wagens steckte?"
„Nein, der am Todestag Ihres Vaters regennass an der Scheibe hing. Dort stand: *Romberg ist ein Mär*... Sie meinten, dass das

letzte, verschmierte Wort ‚Märtyrer' heißen sollte. Nein, so hieß es nicht."

„Frau Doktor entwickelt sich gerade zu einer Hellseherin. Das macht sicherlich dieser geheimnisvolle Ort."

„In unserer Klinik schleicht ein sonderbarer Patient herum. Er ist überall und nirgends. Und er sieht anscheinend alles. Er hat garantiert auch Sie, Herr Romberg, beobachtet, wie Sie Ihrem Vater etwas in den Tee oder ins Wasser gegeben haben. Der sonderbare Patient hat mir daraufhin einen Zettel an meinen Wagen gehängt. Darauf stand: *Romberg ist durch Satan in Gefahr!* Leider habe ich diese Botschaft falsch interpretiert. Ich bezog das auf den kritischen Gesundheitszustand Ihres Vaters. Im Gegensatz dazu stand auf dem Zettel Ihres Wagens: *Romberg ist ein Mörder.* Habe ich recht?"

Romberg blickte stumm über das Waldmoor und schwieg.

Dr. Menke atmete tief durch und fuhr fort: „Sie sind auch nicht hierhergekommen, um mir eine erfreuliche Mitteilung zu machen. Ich denke, dass meine Wertpapiere in größten Schwierigkeiten stecken. Habe ich recht?"

Ein Vogelschrei lenkte Dr. Menke ab. Als sie den Mann für einen Moment aus den Augen ließ, packte Romberg die schlanke Frau und schleuderte sie ins Wasser. Dr. Menke schrie laut auf. Der Schrei verstummte, denn ihr Körper tauchte unter. Sie strampelte panisch. Schlamm spritzte. Romberg erblickte neben der Brücke unter einem morschen Baum einen zwei Meter langen Ast. Er eilte darauf zu und nahm ihn an sich. Dr. Menke hatte sich währenddessen im Sumpf so drehen können, dass ihr Gesicht über Wasser kam. Sie holte hastig Luft. Ihr Kopf war völlig mit Schlamm bedeckt. Sie glich einem Fabelwesen. Romberg kehrte zur Mitte der Brücke zurück. Er hatte gehofft, dass sein Opfer schneller versinken würde. Leider hatte sie mit der Theorie um den Auftrieb recht gehabt. Deswegen musste er nachhelfen. Menke spuckte Wasser und rief gequält: „Warum tun Sie das? Was habe ich Ihnen getan?“

„Warum wohl?!“, schrie er zurück. Wie ein Irrer versuchte Romberg, ihren Kopf mit dem Ast zu treffen. „Weil dein verdammter Ehrgeiz mein Leben zerstört hat. Ich hatte meinem dementen Vater bei meinem Besuch in der Intensivstation Fingerhut in den Tee gegeben, damit er friedlich einschläft. Alles wäre gut gewesen. Aber nein, du musstest ihn zurückholen, damit er im letzten Moment dieser verdammten Veronika alles vererben konnte!“ Romberg schnaufte vor Wut. „Bis du dich eingemischt hast, hatte ich alles im Griff.“

Die Ärztin versuchte, sich zur Ruhe zu zwingen, um bei ihren Schwimmbewegungen nicht zu viel Kraft zu vergeuden. Sie musste Zeit gewinnen. Sie flehte: „Bitte helfen Sie mir heraus. Geben Sie mir den Ast. Sie können meine Wertpapiere behalten.“

„Ja, das sagen alle, denen das Wasser bis zum Hals steht! Ich werde dir den Ast geben – aber auf meine Art!“

Immer und immer wieder stieß und schlug er mit dem Astende auf ihren Kopf ein. Endlich blieb die Ärztin unter Wasser. Luftblasen zerplatzen an der Eintauchstelle.

Der Hauptkommissar war sich sicher, dass Lars Svensson in die Ereignisse in der Unterwelt der Klinik verwickelt war. Doch dessen Fingerabdrücke konnten auf keinem Gegenstand am Tatort oder in ermittlungsrelevanten Bereichen nachgewiesen werden. Der malträtierte Angestellte des Patientenfahrdienstes Bernd Borowski konnte immer noch nicht vernommen werden, da er aufgrund seiner langen Folter psychisch gestört war.

Mai wollte Lehmann und Böhm noch einmal befragen. Er suchte beide in Jules Wohnheim auf. Den jungen Leuten war bis jetzt noch nicht bekannt, dass Jules Täter gefunden worden war. Der Kriminalbeamte begann: „Herr Böhm, Sie haben ausgesagt, dass Sie Frau Lehmanns Angreifer geschlagen hätten und dann selbst außer Gefecht gesetzt worden wären. Sie hätten das Bewusstsein für einige Zeit verloren. Richtig?“ Florian nickte und Mai fragte weiter: „Nach Ihrer Aussage, Frau Lehmann, hat sich der Angreifer während der Bewusstlosigkeit des Herrn Böhm wieder auf Sie geworfen. Nun erschien nach Ihrem Gefühl eine weitere Person. Diese zerrte Ihren Angreifer vom Bett fort und schliff ihn aus dem Raum. Dann wurde Herr Böhm wach und alles war vorbei. Richtig?“ Mai schaute beiden jungen Leuten in die Augen. „Sie bleiben bei dieser Aussage?“ Beide nickten. „Gut, dann stelle ich mal eine ganz andere Theorie auf, wie sich der Fall wirklich abgespielt haben könnte. Herr Böhm, ich denke, Sie sind gar nicht bewusstlos gewesen. Sondern: Sie hatten dem Angreifer aus taktischen Gründen nur etwas vorgespielt. Als der sich dann sicher fühlte und sich wieder auf Frau Lehmann stürzte, da haben Sie ihn erneut angegriffen. Vielleicht haben Sie ihn würgen können, bis er seine Besinnung verloren hat. Frau Lehmanns Augen waren verbunden. Sie konnte nicht sehen, wer ihr in diesem Moment zur Hilfe kam. Den Bewusstlosen haben Sie leise aus dem Raum gezogen und in einem anderen eingeschlossen. Anschließend taten Sie so, als wären Sie gerade erst erwacht, und haben Frau Lehmann befreit. Damit hätten wir eine Erklärung für das Erscheinen des zweiten, unbekannten Retters. Besser gesagt, den gäbe es dann gar nicht.“

Florians Schläfen begannen zu pochen und er stieß hervor: „Hätte, hätte, Fahrradkette! Sie unterstellen mir eine falsche Aussage. Wenn ich diesen Drecksack direkt k. o. geschlagen hätte, dann wäre er doch auch sofort überführt worden. Warum sollte ich den vorher noch in einem anderen Raum verstecken? Das wäre idiotisch!“

Jule stimmte zu: „Das sehe ich ganz genauso.“
Mai ließ nicht locker: „Vielleicht hatten Sie einen solchen Hass auf den Angreifer, dass Sie ihn später selbst bestrafen wollten.“
Florian tippte sich an die Stirn: „Wie und wann sollte ich den denn bestrafen? Wir sind nach dem Überfall sofort nach oben gegangen und haben die Polizei verständigt. Meine Kollegen sind in die Unterwelt gerannt, um den Drecksack zu suchen. Jetzt ist es Ihre Aufgabe, den unbekannten Täter zu finden.“
Der Hauptkommissar ließ die Katze aus dem Sack: „Frau Lehmanns Angreifer ist nicht mehr unbekannt.“ Er legte Florian und Jule das Foto des Mannes vor, der auf einem Bett gefesselt war. Mai registrierte in den Gesichtern der jungen Leute die kleinste Reaktion. Jule schaute auf das entstellte Gesicht des Mannes und wurde kreideweiß.
Mai tippte auf das Bild: „Auge um Auge, Zahn um Zahn. Das, was Sie dort sehen, ist ein barbarischer Bestrafungsakt.“
Nachdem Mai seine detaillierte Beschreibung beendete, in welchem Zustand man den Mann vorgefunden und welche Qualen dieser erlitten hatte, schwiegen alle betroffen. Jule brach indes bald die Stille: „Wer ist der Mann? Ich kann ihn wegen seines furchtbar entstellten Gesichts nicht erkennen.“
„Bernd Borowski heißt er. Er gehört zum Patientenfahrdienst der Klinik. Kennen Sie ihn?“
„Ja, Bobo kenne ich flüchtig“, sagte sie und ihre Wangen begannen zu glühen. „Er hat mich im Aufzug und in der Station angemacht. Ein Macho. Auf dem Fest wollte er mit mir tanzen. Ich habe ihn deutlich zurückgewiesen.“
„Das kann ein Motiv dafür sein, dass er Sie im Keller überfallen hat.“
„Wer hat den Mann so schlimm zugerichtet?“
„Vermutlich Ihr sogenannter Retter. Er hat Borowski während dessen Bewusstlosigkeit in einen anderen Raum geschleppt und

ans Bett gefesselt. Borowskis Kopf lag unter einer tropfenden Wasserleitung. Wenn er sein Gesicht in diese Richtung drehte, dann bekam er genügend Flüssigkeit, um mehrere Tage zu überleben. Der Täter hat den Raum von außen verschlossen und einen großen Schrank vor die Tür geschoben. Der Raum befindet sich in einem so abgelegenen Teil des Kellers, dass Borowskis Hilferufe von niemandem zu hören waren."

„Wer hat Bobo befreit?"

„Wie Sie wissen, soll das alte Gebäude in Kürze abgerissen werden. Ihre Klinikleitung hat zum Entrümpeln eine Firma bestellt. Deren Arbeiter haben Raum für Raum geöffnet und irgendwann mit Entsetzen Borowski gefunden. Naturgemäß hatte er im Laufe der Tage alles unter sich gehen lassen. Sein Zustand war lebensbedrohlich. Kurz danach war ich vor Ort."

Florian murmelte: „Dieser Bernd scheint ein übler Bursche zu sein, der einen kräftigen Schlag auf die Nase verdient hat. Aber wer einen Menschen so sadistisch zurichtet wie auf dem Foto, der scheint keine Hemmungen zu kennen. Ich war das auf keinen Fall! Ich kann nur im Affekt zurückschlagen. Haben Sie außer mir noch andere Leute in Verdacht?"

„Ich lasse Ihre Aussage im Moment so stehen. Die Ermittlungen laufen auf Hochtouren. Frau Lehmann ist zurzeit unsere wichtigste Zeugin zu der dritten Person. Sie hat zwar nichts gesehen, aber die Erinnerung an eine Stimme oder ein auffälliger Geruch können ebenfalls auf einen Täter hinweisen. Es gibt viele Rasierwasser, die man gut erkennt, auffallenden Mundgeruch, Alkohol- oder Knoblauchfahnen ..." Mai musste in diesem Augenblick an Svensson denken, der im Büro von Dr. Werner dicht vor ihm gestanden und kräftig nach Knoblauch gerochen hatte.

Er blickte bei diesem Gedanken zu Jule und fragte: „Sind Sie sicher, dass Sie bei dem Überfall nur Alkohol gerochen hatten? Keinen deutlichen Knoblauchgeruch?"

Jule sog an ihrer Unterlippe. Ja, daran konnte sie sich jetzt deutlich erinnern. Sie wollte gerade zustimmen, da ergänzte Mai: „Kennen Sie Herrn Lars Svensson als Patienten schon länger?"
„Länger ist relativ. Ich kenne ihn flüchtig, seitdem ich im Praktikum bin."
„Ist Ihnen beiden seine Knoblauchfahne mal aufgefallen?"
Böhm sagte: „Jedem fällt die Knoblauchfahne von Lars auf. Es gibt aber auch viele andere Patienten, die damit unsere Räume füllen."
Jule überlegte: Svensson stand anscheinend unter Verdacht. Wenn er sie tatsächlich gegen Borowski verteidigt hatte, dann durfte sie ihn nicht belasten. Daher antwortete sie mit schlechtem Gewissen: „Ich weiß es nicht mehr. Im Keller habe ich wohl nur eine Alkoholfahne wahrgenommen."
Mai blickte der jungen Frau fest in die Augen. Sie wich seinem Blick aus und verschränkte die Arme vor der Brust. An ihrer Körperhaltung erkannte der erfahrene Kriminalist, dass er auf der richtigen Spur war. Leider kam er ohne diese Zeugin im Moment nicht weiter.

Romberg stand immer noch wie von Sinnen auf der Holzbrücke. Plötzlich erschien am Waldrand ein knurrendes Tier. Es hob nervös den Kopf und nahm Witterung auf. Wenige Sekunden später blickte es in Rombergs Richtung, bellte und setzte zum Spurt an. Romberg fühlte sich wie in einen Werwolf-Film versetzt. Noch war er sich nicht sicher, ob dieser riesige Hund zu ihm wollte. Im Moment konnte er ihn nicht mehr sehen, da der kurvenreiche Weg mit seinem wilden Gestrüpp den Blick versperrte. Eine innere Stimme riet ihm zur Flucht. Er warf den Ast auf die Eintauchstelle, an der Dr. Menke versunken war, und begeisterte sich mit irrationaler, beinahe kindlicher Freude an dem platschenden Geräusch. Dann begann er zu laufen. Seit-

dem er als Kind einmal übel gebissen worden war, hatte er Angst vor Hunden. Anscheinend konnten die Biester riechen, wenn ein Mensch Angst vor ihnen hatte.
Gehetzt stolperte er über Knüppelpfade und rutschige Lehmflächen – trotz aller Eile musste er stets auf der Hut sein, dass er keinen Fehltritt in den Sumpf tat. Viele tückische Flächen sahen bei Nebel und in der Dunkelheit wie gewöhnliche Vegetation aus, doch tatsächlich verbarg sich unter der grünlichen Flora nur schmatzender Schlamm. Weidenäste peitschten dem Flüchtling wie Ohrfeigen ins Gesicht, doch Romberg fühlte den Schmerz kaum. Er rannte und rannte. Wenn dieser Köter von einem unverantwortlichen Besitzer ohne Maulkorb von der Leine gelassen worden war, wer sollte ihn dann zurückhalten? Der Pfad lenkte den Flüchtenden zu einem weiteren Morastgebiet. Im grünen Wasser spiegelte sich die sinkende Sonne und nahm eine teuflische Farbe an. Ein Baum neigte seine Krone weit über die sumpfige Fläche. Der Stamm konnte in diesem Winkel von einem Menschen leicht bestiegen werden. Romberg erkannte auch diese Chance.
Das wild gewordene Tier kam plötzlich aus einer völlig unerwarteten Richtung aus dichten Sträuchern hervorgeschossen. Es hatte ihn fast eingeholt. In letzter Sekunde kletterte der gehetzte Mann am Stamm hoch. Der Hund schnappte mit seinen riesigen Zähnen zu und verbiss sich in einem Schuh. Romberg schrie vor Schmerz. Reflexartig trat er nach dem Kopf seines Verfolgers und bekam den blutigen Fuß frei. Mit dem anderen Schuh traf Romberg die empfindliche Nase des Hundes. Das gefährliche Tier ließ einen Moment von seiner Beute ab. Rombergs Strumpf hatte auf der rauen Rinde guten Grip. Dem Flüchtling gelang es, immer weiter nach oben zu klettern. Völlig außer Atem stieg er Ast um Ast bis in die vier Meter hohe Baumkrone hinauf. Wütendes Bellen und Knurren hallten durch den Bruchwald. Immer

wieder stieg das Tier mit seinen Vorderpfoten am Baumstamm hoch und kratzte bedrohlich.
„So, du scheiß Köter!", zeterte Romberg und lachte wie ein Geisteskranker. „Ja, komm doch, wenn du kannst. Aber du kannst es nicht. Du bist nämlich nur ein scheiß Köter!" Bei genauem Hinsehen erkannte Romberg jetzt, dass es sich bei dem riesigen Hund um eine Dogge handelte. War das etwa Bruno, der Hund von Menke? Hatte sie ihn hier frei laufen lassen? Das wäre gar nicht gut. Wer sollte die Dogge dann zurückpfeifen und wieder an die Leine nehmen? Bruno mochte Romberg schon seit dessen erstem Besuch bei Familie Menke nicht leiden und das beruhte auf Gegenseitigkeit. Plötzlich ließ die Dogge von dem Baum ab und spitzte die Ohren. Aus großer Ferne war eine Männerstimme zu hören ... Auch ein schriller Pfiff. Romberg fühlte sich erleichtert, dass dieser Schweinehund wohl doch nicht die Dogge von Menke war. Er feuerte das Tier an: „Ja, nun geh endlich und hör, was dir dein idiotisches Herrchen sagt! Los, hau ab, du verdammtes Vieh!"
Als die ferne Männerstimme nicht mehr zu hören war, schnüffelte der Hund am Ufer und hielt neugierig eine Pfote ins schlammige Wasser. Mitten auf dem Sumpf wuchsen Pflanzen, die wie Wasserrosen aussahen. Auf einer von ihnen thronte eine fette Unke. Sie gab hin und wieder ohrenbetäubende Laute von sich. Der Hund versuchte, ihre Witterung aufzunehmen.
Romberg hätte den Hund liebend gern in den Sumpf gelockt. Aus seiner Baumkrone rief er: „Ja, such das Fröschchen! Fang den Froschkönig! Spring da mal rein, du Vieh. Dann säufst du endlich ab! Los, such, such, such den Frosch!"
Da das Tier nicht reagierte, brach er in der Baumkrone morsche Zweige ab und schleuderte diese auf den Kopf der Dogge. Bei jedem Treffer wippte Romberg vor Freude wie ein Irrer auf seinem Ast herum. Das Tier wich allerdings den meisten Wurfge-

schossen geschickt aus. Plötzlich krachte es in der Baumkrone. Rombergs Ast brach. Der Mann stürzte mit einem langen Schrei kopfüber in das sumpfige Wasser. Der Fall aus großer Höhe stieß den gesamten Körper so tief in den Schlamm, dass nur noch die Füße zappelnd herausschauten. Romberg versuchte in der schwarzen Tiefe die Arme zu bewegen, doch die träge Masse ließ keine rettenden Schwimmbewegungen zu. Sein panischer Schrei hatte die letzte Atemluft aus den Lungenflügeln getrieben. Atemluft, die ihm nun zum Überleben fehlte. Stattdessen füllten sich Mund und Atemwege mit Morast. Nur die letzten Luftblasen flüchteten aus der Dunkelheit zum Tageslicht empor. Sie zerplatzten auf der schlammigen Wasseroberfläche. Die Dogge hörte auf zu bellen. Sie war am Ufer von dem weit spritzenden Moor getroffen worden und schüttelte angewidert ihr Fell. Rombergs Füße bewegten sich nicht mehr. Die Dogge spitzte wieder die Ohren und hielt ihre Nase hoch in den Wind. Langsam trat der Hund seinen Rückweg an. Immer und immer wieder blickte er sich nach dem versunkenen Körper um. Bald drehte sich in der braunen Brühe über Rombergs Eintauchstelle nur noch ein einsamer Lederschuh. Ein gruseliger Unkenruf ließ den Hund erschreckt zusammenfahren und er jagte davon.

Nachdem Dr. Menke von Romberg mit einem Ast immer wieder unter Wasser gedrückt worden war, ließen ihre Kräfte nach. Warum sollte sie sich noch mehr wehren? Damit würde sie ihr qualvolles Sterben nur verlängern. Es konnte nicht mehr lange dauern, dann würde ihr Vater sie in der Anderswelt in seine Arme schließen. Millionen Sterne tanzten vor ihren Augen, die Ohren rauschten. Das Herz trommelte gewaltig in ihrer Brust. Mit einem Mal spürte die Ärztin über dem Kopf eine Veränderung. Instinktiv streckte sie ihr Gesicht hoch. Die Nase und der Mund durchstießen die Wasseroberfläche. Reflexartig sog die

Lunge die lebensspendende Luft ein. Ihre Hand ertastete einen schwimmenden Ast. Auch die andere Hand fand dort Halt. Menke zog sich hoch. Ihr gesamter Kopf tauchte aus dem Sumpf auf. Das Sonnenlicht stach durch die schmalen Augenschlitze. Der Ast, mit dem Romberg sie unter Wasser gedrückt hatte, wurde nun zu einer Rettungsboje. Sie spuckte aus. Es roch nach Moder und Fäulnis. Nicht weit von ihr quakte eine kleine Unke. In die Geräusche des schlammigen Wassers mischte sich ein ferner, menschlicher Ruf. Menke blickte aus den verschmierten Augenschlitzen und suchte die Umgebung ab. Sie konnte Romberg nirgendwo mehr sehen. Die Brücke und die Uferböschungen waren menschenleer. Aber hörte sie nicht eine Stimme? Hatte da nicht jemand gerufen? Nein, das war ein Pfiff! Menke wollte einen Hilfeschrei von sich geben, da rutschten ihre Hände von dem nassen Holz und sie tauchte wieder unter.

Thilo Becker hatte eine weitere Waldschneise durchquert und blickte suchend über die dahinter liegende Moorlandschaft. Hätte er auf Mutter Menke gehört und Bruno nicht von der Leine gelassen, dann wäre sein Ausflug längst zu Ende gewesen. Die Dogge war heute wie verrückt. Auf dem Hundeplatz hatte Bruno nur gebellt, und so war Becker auf die Idee gekommen, Mareike mit dem Hund in der Moorlandschaft zu überraschen. Vor einem Jahr – beim Radeln mit dem Mountainbike durch diesen Naturpark – war ihm das Gebiet gar nicht so riesig vorgekommen. Die Sonne senkte sich mahnend hinter den Bäumen und er musste auf jeden Fall vor der Dunkelheit aus dem tückischen Gelände herausgefunden haben. Schallend pfiff er auf zwei Fingern. Becker lauschte, doch die Dogge gab keine Antwort. Er blickte verärgert auf seine Uhr und beschloss, den sicheren Rückweg anzutreten. Plötzlich klang es wie ein ferner Hilferuf. Erneut

suchten seine Augen das wildwüchsige Gelände ab. Wieder ein ferner Ruf; nun waren Worte zu verstehen: „Hallo! Hilfe! Ist dort jemand?“
Becker konnte nicht unterscheiden, ob es eine Frauen- oder Männerstimme war. Er stapfte über einen Knüppelpfad, neben dem der sumpfige Tümpel bei jedem seiner Schritte schmatzte. Der Weg gabelte sich. Becker glaubte fernes Bellen zu hören und wählte die Abzweigung zu einer Holzbrücke. Seine Schritte polterten eilig über die Bohlen. Kaum war die zehn Meter lange Konstruktion überquert, da rief irgendjemand in seiner Nähe. Becker hielt an und blickte sich suchend um. Nichts war zu sehen.
„Thilo ...! Thilo, ich bin hier!“
Becker stutzte. Spinnte er jetzt schon? Hatte er jetzt sogar seinen Namen gehört? Im schlammigen Wasser bewegte sich neben einem knochigen Ast ein Gebilde. Das Wesen, das einer Amphibie glich, schien ihn anzusehen. Plötzlich rief es Becker flehend an: „Thilo, ich bin es! Erkennst du mich nicht?“
Becker erkannte zuerst nur die Stimme. Ihn überkam ein Schauer. „Mareike, mein Gott! Was ist passiert?“ Beckers Blick fiel auf die Hundeleine in seiner Hand. Er entrollte sie, warf Mareike die Handschlaufe zu und rief: „Halte dich daran gut fest!!“ Sie griff danach. Thilo Becker erklärte: „Die Brücke ist zu hoch über dem Wasser, um dich hier herauszuholen. Gut festhalten! Ich schleppe dich die Brücke entlang, bis wir das Ufer erreicht haben.“
Ihr Körper ließ sich nur langsam durch den Schlamm ziehen. Thilo musste aufpassen, dass er selbst nicht von den glatten Bohlen ins Wasser rutschte. Als Menke die schlammige Uferböschung erreichte, spürten ihre Knie festeren Boden. Sie versuchte, sich vorzuschieben. Immer wieder rutschten die Knie weg. Endlich konnte Becker ihre Hände erfassen. Als er sich zum

Ziehen weit nach hinten legte, glitten auch seine Füße aus. Er stürzte auf den Rücken und das grünbraune Amphibienwesen klatschte der Länge nach auf seinen Körper. Aus einem schlammverschmierten Gesicht funkelten ihn dankbare Augen an. Sie keuchte: „Dich hat der Himmel geschickt. Ich hatte mich schon aufgegeben."

Beide krabbelten mühsam auf die sichere Brücke und setzten sich. Becker fragte: „Wie hast du das geschafft, in diesen verdammten Tümpel zu fallen? So schmal ist die Brücke doch gar nicht."

„Romberg hat mich hineingestoßen. Dann hat er mir mit dem Ast auf den Kopf geschlagen. Er wollte mich umbringen. Ich kann es noch gar nicht fassen."

Becker erhob sich. Er konnte kaum glauben, was er da gerade gehört hatte. Lauernd blickte er sich um. Wo war dieser Mistkerl abgeblieben? Beobachtete er sie vielleicht aus sicherer Entfernung? Auch die Amphibie stand auf. Sie stellte sich nun neben ihn und lehnte sich an seine Schulter. Mit beiden Händen strich er über ihr verschlammtes Gesicht. Zwei helle Wangen, die Nase und Stirn kamen zum Vorschein. Er grinste sie an: „Oh, eine Metamorphose. Da steckt ein menschliches Gesicht drunter. Sogar ein Hübsches."

„Ich sehe bestimmt grausam aus", meinte sie verschämt.

Er schüttelte den Kopf: „Nein, viel schlimmer noch. Würdest du in einem Horrorfilm mitwirken, hättest du als Kostümbildnerin den Oscar sicher."

In der Ferne hörten sie Gebell. Becker pfiff und rief: „Bruno, komm endlich bei Fuß!"

Sie fragte erstaunt: „Du bist mit Bruno hier?"

Er erfasste ihre Hand und zog sie auf die Beine. Beide folgten dem Pfad, der in die Richtung des Hundegebells führte.

„Als ich mit Bruno zum Hundeplatz gehen wollte, sagte deine Mutter mir, dass du deinen alten Herrn im Waldmoor besuchen wolltest. Aber dem Hund gefiel der Hundeplatz heute nicht. Da kam ich auf die Idee, dich hier mit Bruno zu überraschen."
„Das ist dir auch gründlich gelungen."
Im gleichen Moment stürmte die Dogge hinter einer Baumgruppe hervor. Irritiert wich sie vor dem verschlammten Wesen zurück und fletschte knurrend die Zähne.
„Erkennst du mich nicht?"
Die Ärztin hielt der Dogge ihren Handrücken entgegen. Nur zögernd kam die Hundenase näher und schnupperte. Das Knurren wechselte in ein erfreutes Piepsen. Bruno drehte sich herum. Er forderte das Menschenpaar auf, ihm zu folgen. Sie erreichten endlich das Ufer eines sumpfigen Tümpels. Bruno lief zu einem Baum, der mit seiner Krone weit über die schlammige Masse ragte. Stolz nahm die Dogge einen zerfetzten Lederschuh auf und legte ihn vor Mareikes Füße. Becker hob den Schuh auf und sagte: „Eine edle Marke. Der Schuh war auf keinen Fall länger feuchter Witterung ausgesetzt. Den hat erst kürzlich jemand verloren."
Das gruselige Rufen einer Unke lenkte seinen Blick auf den Tümpel. Einige Meter vom Ufer entfernt schwamm der zweite Lederschuh. Bruno knurrte und bellte in diese Richtung. Mareike blickte Becker an: „Denkst du das Gleiche wie ich?"
„Du meinst, dass das Rombergs Schuhe sind? Dass er aus Versehen in diesen Sumpf gerannt und versunken ist? Geht man in dieser Masse denn wirklich so schnell unter?"
„Ich bin mir nicht sicher. Mein Vater behauptete, dass man unter normalen Umständen aufgrund des Auftriebs nicht so schnell im Sumpf versinkt. Ich bin ja auch nicht sofort untergegangen. Was ist hier bloß geschehen?"

Becker schaute zur Baumkrone hoch und erblickte den frischen Bruch im Geäst. Er nickte mit dem Kinn nach oben und meinte: „Vielleicht ist Romberg vor Bruno dort hinauf geflüchtet. Die Äste sind sicherlich morsch und brechen leicht. Wenn Romberg aus dieser Höhe kerzengerade in den Schlamm gefallen ist, dann hatte er keine Chance. Jetzt käme auch jede Hilfe zu spät. Wir können nur noch die Polizei verständigen.“
„Thilo, muss das unbedingt sein? Es wird tausend Fragen geben. Vielleicht wird man sogar dich zur Verantwortung ziehen, weil du den Hund von der Leine gelassen hast. Ich sehe selbst wie eine Moorleiche aus. Ich bin nervlich am Ende. Thilo, bitte …“
Sie brach in Tränen aus. Er schloss sie in seine Arme und Bruno schmiegte sich wimmernd an ihre zitternden Beine.
„Mareike, beruhige dich. Die Polizei kann warten. Romberg hat auf jeden Fall die Möglichkeit, noch in tausend Jahren gefunden zu werden.“

Die Ereignisse der vergangenen Tage hatten Mareike Menke seelisch so arg zugesetzt, dass sie verändert wirkte. Sobald sie aus ihrem Elternhaus auf die Terrasse hinaustrat und über das weite Tal der Merck blickte, bekam sie Schweißausbrüche. Auf großen Parkplätzen schaute sie sich oft ängstlich nach allen Seiten um. Spaziergänge mit Bruno wurden ihr dermaßen zur Qual, dass Thilo Becker den Hund zu sich in Pension nahm. Menschen in der Einkaufszone machten Dr. Menke nervös. Kollegen und Mitarbeiter bekamen ihre Gereiztheit zu spüren und gingen ihr aus dem Weg. Sie zog sich häufig in ihr Büro zurück.
Nun klopfte jemand an der Tür.
Sie fragte genervt: „Wer ist denn jetzt schon wieder da?“
„Hier ist Thilo Becker, der Moorspezialist!“
Er öffnete die Tür einen Spalt.

Dr. Menke zeigte auf einen Stuhl und sagte: „Setz dich. Wie geht es dir? Wie geht es Bruno?“

„Dem Hund geht es von allen Beteiligten am besten. Ich soll dich von ihm grüßen.“

„Danke, gib ihm in meinem Namen ein Leckerchen. Was kann ich für dich tun?“

„Fragen wir lieber mal, was ich für dich tun kann.“

„Mir geht es gut. Ich bin mit Arbeit versorgt.“ Sie wies auf den Schreibtisch mit unzähligen Formularen. „Das sind alles dringende Gutachten, die gestern angefordert wurden und vorgestern fertig sein sollten. Das ist nicht logisch. Das ist krank. Aber ich bin Ärztin und für Krankheiten zuständig.“

„Anscheinend bist du auch für ein krankes Verwaltungssystem zuständig. Mareike, ich habe größten Respekt vor dir als Medizinerin. Ich halte dich für eine attraktive und anziehende Frau. Aber ...“

Becker suchte nach passenden Worten.

Sie hob erwartungsvoll die Brauen und fragte provokant: „Aber was ...?“

„Aber du bist sehr verletzt worden. Du kapselst dich ab. Du verschanzt dich hinter deinen Aufgaben. Du solltest dir die traumatischen Ereignisse von der Seele reden.“

„Ach, bist du jetzt von der Physiotherapie zur Psychotherapie gewechselt?“

„Mittlerweile weißt du, dass du dich auf mich verlassen kannst. Trotzdem erwarte ich nicht, dass du vor mir deine innersten Gedanken ausbreitest. Aber wenn man mit einem Psychotherapeuten zusammenarbeitet, dann hat man die Möglichkeit, den angestauten inneren Druck abzubauen. Unter dem medizinischen Siegel der Verschwiegenheit darf man ungeniert und ungefiltert seinen gesamten Gedanken- und Gefühlsmüll entrümpeln. Dabei bleiben die Distanz und die menschliche Würde gewahrt.“

„Nein, Thilo, du irrst dich. Es geht andere Menschen nichts an, wie es in mir aussieht. Und zwar niemanden! Auch keinen Seelenklempner!“
„Ach, die Oberärztin Menke, die mit ihren Endoskopen in jeden Winkel des menschlichen Körpers schaut, will andere nicht in sich hineingucken lassen.“
„Du weißt genau, dass das etwas anderes ist. Thilo, ich habe noch viel Arbeit vor mir. In ein paar Minuten muss ich zur Chefvisite.“
Becker erhob sich und sagte besorgt: „Mareike sprich doch einfach mal unverbindlich mit Dr. Werner. Er kann dir sicherlich …“
Sie rief verärgert dazwischen: „Ich habe verstanden, Herr Becker! Nach Ihrer Meinung gehöre ich in die Klapsmühle. Einen Gefallen können Sie mir tatsächlich tun. Lassen Sie mich künftig in Ruhe!“
Becker nickte stumm und verließ ihr Büro.

Seit Wochen klagte die Nation über Dauerregen. Doch an diesem Freitagnachmittag behauptete sich die Sonne. Die Wolken gaben den blauen Himmel frei. Die Gesichter der Menschen hellten sich auf. Der fröhliche Gesang der Amseln lockte die gebrechlichsten Patienten an die frische Luft.
Psychiater Dr. Werner saß im Besprechungszimmer seiner Patientin gegenüber und fragte: „Frau Kollegin Menke, Sie erwähnten, dass Sie die Umstände des Todes von Ihrem Patienten Wilhelm Romberg belastet und das stände im Zusammenhang mit Lars Svensson. Erklären Sie mir das näher.“
„Wilhelm Romberg wurde als Herzpatient in unserer Intensivstation behandelt. Sein Zustand hatte sich so günstig entwickelt, dass er zur externen Station entlassen werden sollte. Plötzlich kam es zu einem unerklärlichen Herzversagen. Wir konnten

Romberg wiederbeleben und stabilisieren. Am gleichen Tag hing an meinem Auto eine handschriftliche Botschaft, wie Svensson sie oft an Falschparker verteilt hatte. Darauf stand: *Romberg ist immer noch in Gefahr*. Mir waren Svenssons kindische Handlungen bekannt. Ich hatte mir auch keine Gedanken darüber gemacht, woher er Romberg kannte. Ich interpretierte diese Nachricht als eine Sorge über den Gesundheitszustand des Patienten." Dr. Menke berichtete dem Psychiater auch von dem schlecht lesbaren Zettel, den Armin Romberg an seinem Porsche gefunden hatte und sie endete: „Dort hätte man das Wort ‚Mörder' lesen können, wenn es nicht vom Regen verwischt worden wäre. Hätte ich damals besser kombiniert, dann hätten wir vielleicht Wilhelm Romberg vor seinem Sohn schützen können. Warum hat Svensson mich nicht mündlich gewarnt?"

„Hätten Sie ihm geglaubt? Svensson ist ein Psychopath, der zum einen sehr aufdringlich ist und sich zum anderen vor seinen Mitmenschen abschottet. Er spricht manchmal spontan, manchmal schweigt er eisern. Seine handschriftlichen Botschaften scheinen hingegen für ihn ein befriedigender Kommunikationsweg zu sein." Dr. Werner blickte Menke tief in die Augen: „Sie haben für Wilhelm Romberg mehr als Ihre ärztliche Pflicht getan. Wir Ärzte sind Menschen. Wir können nicht die gesamte Welt im Blick haben. Das kann nur Gott."

„Haben Sie erfahren, was aus den polizeilichen Ermittlungen gegen Svensson und Borowski geworden ist?"

„Wir haben Svensson vor einer Woche entlassen. Bis zu diesem Zeitpunkt hatten die Ermittlungen gegen ihn nichts ergeben. Der einzige Augenzeuge, der Svensson erkannt haben müsste, ist Bernd Borowski selbst. Doch der schweigt bis heute zu der versuchten Vergewaltigung von Jule Lehmann und seinem eigenen Schicksal in der Unterwelt."

Menke blickte eine Zeit lang nachdenklich aus dem Fenster. Der Psychiater brach das Schweigen und fragte: „Sie schilderten mir bei unserer letzten Sitzung Ihre Erlebnisse im Waldmoor. Warum wollten Sie nach Ihrer Rettung keine Polizei einschalten?"
„Thilo Becker hatte den Hund frei laufen lassen. Das hat mir wahrscheinlich das Leben gerettet, aber Bruno war sicherlich auch der Grund dafür, dass Romberg umgekommen ist. Was hatten wir von der Polizei zu erwarten? Tausend unangenehme Fragen hätten wir beantworten müssen. Sehr wahrscheinlich hätte man uns noch Vorwürfe gemacht, dass der Hund ohne Leine und Maulkorb gelaufen ist. Vielleicht hätte man uns noch die Schuld an Rombergs Sturz ins Moor gegeben."
„Sie haben keine moralischen Bedenken, dass die Polizei nicht informiert wurde?"
„Dass Romberg im Moor geblieben ist, ist auch nur eine Vermutung. Wir haben nur seine Schuhe gesehen. Im Fall des Falles hätte die Polizei nur eine Moorleiche bergen können. Meine Mutter berichtete mir von einem Gespräch mit Frau Weiß, der Haupterbin von Rombergs Vater. Armin Romberg war ein Spieler und bewegte sich im kriminellen Milieu. Dieser Mann hat anscheinend viele Menschen betrogen. Um offiziell zu verschwinden, hätte Romberg diese Art von Flucht sicherlich gut gefallen. Eine falsche Fährte zu legen als vermeintliche Moorleiche ..." Menke machte eine fortscheuchende Handbewegung und ergänzte: „Meine Ersparnisse sind futsch und Frau Weiß ist nicht für ihn verantwortlich. Was hätte eine polizeiliche Untersuchung außer Ärger für uns gebracht?"
Dr. Werner rieb sich nachdenklich die Nase: „Ich weiß nicht, ob Sie es sich nicht etwas zu einfach machen. Bei Verdacht auf ein Tötungsdelikt – erst recht bei einem etwaigen Mord oder Totschlag – scheut die Polizei keine Kosten und Mühen, um die Leiche oder Leichen zu finden. Bei einem konkreten Hinweis

würden die Ermittler sogar das Moor trockenlegen und buddeln, was das Zeug hält. Der Fundort lässt sich ja eingrenzen, und allzu tief wird Romberg, sollte er wirklich im Sumpf stecken, noch nicht abgesackt sein. Die Wahrscheinlichkeit, ihn nicht im Moor aufzustöbern, tendiert gegen Null. Bedenken Sie: Wenn er gefunden würde, hätten Sie Gewissheit. Und falls Romberg nicht entdeckt wird und folglich noch lebt, bestünde die Chance, dass Sie Ihr Geld zurückerhalten."
„Nein, bitte, ich will nichts mehr von diesem betrügerischen Aas wissen. Soll Romberg auf ewig verschwunden bleiben."
„Nun gut, wie Sie wollen. Ich halte mich selbstverständlich an die ärztliche Schweigepflicht. Ein Mord wurde schließlich nicht begangen, und selbst wenn ein dringender Mordverdacht bestünde, so gilt die Offenbarungspflicht lediglich bei bevorstehenden, nicht aber bei bereits begangenen Taten. Ich werde also niemandem etwas verraten."
„Danke!"
„Wer weiß von diesem Ereignis im Moor?"
„Nur Thilo Becker, meine Mutter, ich und jetzt Sie." „Aber lassen Sie mich mal neugierig sein. Sie haben beschrieben, dass Herr Becker und Sie voller Moorschlamm waren. Wie sind Sie an frische Kleidung gekommen?"
Zum ersten Mal lächelte Mareike Menke während dieser Sitzung. „Als wir den Parkplatz erreicht hatten, gab es auch wieder Mobilfunknetz. Thilo rief den Chef des technischen Dienstes unserer Klinik an. Der schickte einen diskreten Fahrer mit einem Kleinbus. Er hatte die Sitze mit Plastikfolie ausgelegt und wir stiegen samt Hund und Moor in den Wagen. Man setzte uns an einem Hintereingang der menschenleeren Reha-Abteilung ab. Thilo schloss auf und wir reinigten uns in den Baderäumen. Dann besorgte er uns weiße Dienstkleidung und wir fuhren mit einem Taxi in unsere Wohnungen. Thilo kam am späten Abend

noch bei mir vorbei und wir berieten mit meiner Mutter, was zu tun sei."

„Sie erwähnten, dass Sie bei sich Symptome einer Agoraphobie – Angst vor offenen, weiten Flächen – beobachtet haben."

„Ja, als ich dem Hund nach meinem Moorabenteuer das erste Mal etwas Auslauf geben wollte, bekam ich Schweißausbrüche. Leider kam ich auch mit Brunos Temperament nicht mehr zurecht. Seit dieser Zeit ist er bei Thilo in Pension. Das große Tier braucht viel Bewegung, die er ihm nach Feierabend gibt. Tagsüber ist Bruno bei einem Freund von Thilo, der eine Hundeschule hat."

„Sie sagten, dass Sie sehr an dem Tier gehangen haben. Ich denke, da Bruno auch noch Ihren Angreifer in die Flucht geschlagen hat, fehlt Ihnen der Hund jetzt sehr. Besuchen Sie ihn ab und zu?"

„Nein, das geht im Moment nicht."

„Warum geht das nicht?"

„Ich habe Becker wahrscheinlich vergrault. Er hat beobachtet, dass ich mit den Nerven herunter war. Er hat mir nahegelegt, mich bei Ihnen in eine Gesprächstherapie zu begeben. Ich habe falsch reagiert und ihn aufgefordert, mir künftig aus dem Weg zu gehen. Daran hält er sich konsequent bis heute."

Dr. Werner lehnte sich in seinem Sessel zurück: „Jetzt nennen Sie Thilo Becker beim Nachnamen. Während Ihrer Schilderungen über das gemeinsame Abenteuer nannten Sie ihn vertraulich beim Vornamen. Wie stehen Sie gefühlsmäßig zu Herrn Becker?"

„Becker strahlt Gelassenheit und Sicherheit aus. Er ist humorvoll und zuverlässig. Vor allem hat er ein großes Herz. Alle lieben ihn."

„Ach, Sie etwa auch?"

„So habe ich das nicht gemeint. Er ist bei seinen Mitarbeitern beliebt."
Dr. Werner wechselte das Thema: „Sie haben erzählt, dass es die Möglichkeit gibt, die Hausarztpraxis von Dr. Wolf zu übernehmen. Das war schon früher Ihr Wunsch. Wie stehen Sie dazu?"
„Ich bin zu Ihnen gekommen, da ich nicht mehr weiß, was ich zurzeit will. Die Klinik möchte mich nicht gehen lassen. Meine Mutter meint, ich sollte mal in meinen Pass schauen und endlich eine Familie gründen. Das Geld für eine Praxis hat Romberg mit ins Grab genommen – oder dorthin, wo er sich nun aufhält. Ich werde meinem Hund nicht mehr gerecht, sicher kennt er mich gar nicht mehr und Thilo hat die Nase von mir voll."
„Ich kenne Becker nur dienstlich. Was treibt er eigentlich in seiner Freizeit?"
Sie stieß lachend die Luft durch die Nase aus: „Er hat zwei oder drei alte Motorräder mit Beiwagen, an denen er gerne schraubt. Thilo hat sogar den Hund im Beiwagen mitgenommen und ihm eine Pilotenbrille aufgesetzt. Er sieht fast alles nur mit Humor. Er ist ganz schön verrückt."
„Gerade der Humor schafft eine gesunde Distanz zu den erdrückend ernsten Dingen im Leben. Ich denke, Becker ist absolut nicht verrückt, sondern lediglich anders als die meisten angepassten Menschen."
„Damit weiß ich immer noch nicht, wie es weitergehen soll."
„Das müssen Sie sich selbst beantworten. Befassen Sie sich mit der Frage, ob Sie in einer bunten oder in einer grauen Welt leben wollen."

Als Dr. Menke am Freitagabend nach Dienstschluss aus dem Klinikgebäude trat, wehte ihr milde Spätsommerluft entgegen. Ferne Glocken läuteten sechsmal. Schon bald hatte sie das Park-

haus erreicht, eilte auf ihren Wagen zu, stieg rasch ein und verriegelte die Türen. Erst im belebten Verkehr fühlte sie sich sicherer. Mehrere Motorräder knatterten an ihr vorbei. Die Straße durchquerte den Stadtwald. Thilo Becker hatte ihr vor einiger Zeit erzählt, dass sich unterhalb des Waldes am Ufer der Merck ein Ausflugsziel für Motorradfans befände. Ab Freitagnachmittag und übers Wochenende trafen sich Zweiradfahrer an einem Kiosk mit Biergarten. Dr. Menke fragte sich, ob sie sich das nicht mal anschauen sollte. Auch viele Frauen kämen mit ihren eigenen Maschinen dorthin. Die Ärztin hielt an einer Ampel. Ob sie Thilo wohl jetzt in diesem Biergarten antreffen würde? Bestimmt würde er sich über ihren Besuch bei seinen Bikern freuen. Vielleicht ein guter Ort, um an den freundschaftlichen Kontakt anzuknüpfen. Ungeduldiges Hupen riss Dr. Menke aus ihren Gedanken. Die Ampel zeigte längst grünes Licht. Eine alte BMW mit Beiwagen raste vorbei. Am Nummernschild konnte sie erkennen, dass das Beckers Maschine war. Im Beiwagen saß eine Person, hinter deren Helm ein blonder Zopf wehte. Wieso das ...? Hatte Becker denn in den letzten Wochen jemanden kennengelernt?
Die Ärztin gab entschlossen Gas und folgte dem Motorrad. Die Maschine blinkte und bog in einen Weg ein, der nur für Fahrräder und Fußgänger ausgeschildert war. Dass Becker sich so verkehrswidrig verhielt, war ebenfalls neu. Wieder hupte es hinter Frau Menke, da sie vor dem Hinweisschild angehalten hatte. Was ärgerte sie eigentlich daran, dass Becker mit einer anderen Frau unterwegs war? Das ging sie doch nichts an. Ihr Wagen folgte weiter der Hauptstraße. Sie passierte plötzlich das Hinweisschild *Café Fahrtwind 3 km*. Einige Motorräder bogen hier ab. Die Ärztin setzte ebenfalls den Blinker. Eine schmale Straße führte durch das Waldgebiet den Berg hinab und mündete in einer Baumallee. Zwischen den Stämmen parkten unzählige

Maschinen. Ein Hüne in Lederjacke hielt ihren Wagen an und sagte freundlich: „Parken Sie besser schon hier. Weiter hinten ist alles besetzt."
Dr. Menke setzte zurück, wählte eine freie Parkbox und verschloss ihren Wagen. Sie ging zu Fuß weiter. Chromfunkelnde Zweiräder reihten sich aneinander. Daneben fachsimpelten die Motorradfans. Sie lachten und gestikulierten. Schmunzelnde Blicke folgten der Frau, da sie mit Kleid und Stöckelschuhen zwischen den Leder-Kombis besonders auffiel. Die Luft war von Benzingeruch und dem Duft von Pommesfett geschwängert. Aus dem zweihundert Meter entfernten Biergarten klang rockige Musik herüber. Bunte Schirme leuchteten in der Sonne. Plötzlich erkannte Dr. Menke in der Nähe des Biergartens Beckers BMW. Er trug immer noch seinen Helm und half der Blonden aus dem Beiwagen. Beide nahmen ihre Helme ab, umarmten und küssten sich. Mareike Menke verspürte einen eiskalten Schauer und schloss die Augen. Wie konnte sie nur so dumm gewesen sein, sich unter diese Vollidioten zu begeben? Sie gehörte doch sowieso nicht in dieses Milieu. Außerdem, was wollte sie mit einem Mann, der sich schamlos wie ein Schuljunge in der Öffentlichkeit benahm? Dieser Mann hatte absolut keinen Stil und keine Klasse!
Lautes Hupen holte Dr. Menke aus ihren Gedanken zurück und sie drehte sich erschreckt herum. Direkt hinter ihr hielt eine andere, alte BMW mit Beiwagen. Jubelnd liefen einige Biker herbei. Im Beiwagen saß ein angeschnallter Hund und trug eine Pilotenbrille. Er betrachtete sein neues Publikum völlig gelassen. Der Fahrer löste seinen Helm. Thilo Beckers Gesicht kam zum Vorschein. Er stieg ab und flachste: „Das ist eine Überraschung. Die Frau Doktor traut sich aus ihrer klinischen Welt unter die absolut Verrückten?"

Dr. Menke schaute sich verwundert nach der anderen BMW am Kiosk um. Von dort kamen Florian und die blonde Jule Hand in Hand auf sie zu. Der junge Physiotherapeut klopfte Becker auf die Schulter: „Chef, gut, dass du mir deine alte Maschine mal in die Hand gegeben hast. Die ist mittlerweile völlig lahm gefahren.“ Und zur Ärztin meinte er: „Becker hält sich grundsätzlich an die Verkehrsvorschriften. Deshalb hat sein Gespann hier den Spitznamen Mumienexpress!“

Becker stellte sich vor Menke und sagte: „Frau Doktor, die Jugend hat heutzutage keinen Respekt mehr. Kein Mensch denkt daran, dass ich mittlerweile im Herzinfarktalter bin.“

Sie legte ihre Arme um seinen Hals: „Herr Becker, ich könnte die Kontrolle Ihres Herzens übernehmen. Aber dann nur als Privatpatient und ausschließlich außerhalb der Klinik.“

Hinter ihnen begann Bruno zu bellen. Er wollte unbedingt zu seinem Frauchen! Thilo drückte Mareike an sich und gab ihr einen Kuss. Dan rief er: „Mach im Biergarten einen Platz für vier Personen klar. Ich muss Bruno noch abschnallen.“ Dieser war dann mit einem Satz aus dem Beiwagen heraus und begrüßte Mareike stürmisch und voller Freude.

Der Tisch, den Florian gewählt hatte, bot einen herrlichen Blick über den Fluss. Kanus und Schlauchboote zogen mit fröhlichen Wassersportlern vorbei. Am gegenüberliegenden Ufer warfen Trauerweiden lange Schatten. Endlich brachten die jungen Leute ein Tablett mit vier Gläsern alkoholfreiem Weizenbier. Das Quartett prostete sich zu. Dr. Menke blickte Jule tief in die Augen: „Sie haben Abitur, nicht wahr?“ Jule nickte stumm und die Ärztin fragte weiter: „Was halten Sie davon, Medizin zu studieren? Sie haben einen klugen Kopf.“

Jule wollte etwas erwidern, da erspähte sie im Augenwinkel am anderen Ufer eine Person. Eine Gänsehaut kroch über ihre Arme. „Frau Lehmann“, fragte die Ärztin, „alles in Ordnung?“
Jule zeigte zu den Trauerweiden und sagte: „Da steht Lars Svensson.“
Alle Augen richteten sich auf das andere Ufer.
Florian erwiderte: „Da ist niemand. Im Schatten alter Bäume sieht man manchmal Trugbilder.“
„Doch, Florian, ich habe ihn deutlich gesehen. Er hat mich ganz genau angeschaut. Was bedeutet das?“
Die Ärztin drückte mitfühlend Jules Hand. Florian legte beruhigend einen Arm um seine Freundin. Thilo Becker setzte sein gelassenes Lächeln auf und sagte: „Von Svensson geht für dich keine Gefahr aus. Wir psychisch Normalen stellen ständig irgendwelche Regeln auf, um uns anschließend nicht daran zu halten. Wir parken gerne mal falsch. Wir übertreten gerne mal die vorgeschriebene Geschwindigkeit. Wer sich immer ganz genau an alle Regeln hält, den bezeichnen wir als Sonderling oder erklären ihn gleich für verrückt. Svensson nervt, weil er uns schonungslos den Spiegel der Gerechtigkeit vorhält.“
Becker hob sein Glas und prostete den anderen zu. Lars Svensson ließ sich am anderen Flussufer nicht mehr sehen. Auf ihn warteten längst neue Aufgaben.

Das Orakel vom Pool

Durch ein Fenster des rund gebauten Erkers konnte man die Terrasse und den nierenförmigen Swimmingpool sehen. Der Garten wirkte gepflegt. Weiße Findlinge grenzten den englischen Rasen von leuchtenden Beeten ab.
Jutta Brinkmann war Anfang vierzig. Sie saß im Erkerzimmer vor einem runden Tisch mit aufgedeckten Skatkarten, die vor wenigen Minuten von ihrer Freundin Tamara Elberfeld als Tarotkarten gelegt worden waren. Jutta sagte: „Was du aus deinen Karten über mich lesen konntest, ist verblüffend. Du hast recht. Es geht mir seit einigen Wochen schlecht. Aber woher wollen die Karten das wissen? Ist das Hokuspokus oder gibt es dafür wissenschaftliche Erklärungen?“
„Meine Liebe, es gibt viele Dinge zwischen Himmel und Erde, die die Wissenschaft noch nicht erklären kann. Fürsten, Könige, Kaiser und Päpste haben den Karten und der Astrologie vertraut. Nicht wenige Politiker beziehen auch heute noch bei schicksalhaften Fragen Erkenntnisse der Esoterik in ihre Entscheidungen mit ein.“ Sie lächelte mitfühlend und tippte mit dem Zeigefinger auf eine Karte: „Siehe hier: Stefan und du, ihr habt Probleme. Der König liegt weit von der Dame entfernt. Habe ich recht?“
Jutta nickte. Tamara fuhr fort: „Aber wenn ich mir diese Konstellation ansehe“, sie zeigte auf weitere Karten mit unterschiedlichen Zahlen, „dann renkt sich das spätestens im Herbst wieder ein. Ihr beide müsst an euch arbeiten. Wann habt ihr das letzte Mal etwas Außergewöhnliches miteinander unternommen?“
Jutta zuckte nachdenklich mit den Schultern. Ihr fiel spontan nichts ein. Sie betrachtete die Freundin skeptisch. Tamara war in ähnlichem Alter, trug lange schwarze Haare und war vom regelmäßigen Besuch der Sonnenbank nahtlos braun. Ihre Augen

und die rauchige Stimme wirkten charismatisch. Ihre Erscheinung ähnelte dem klassischen Bild einer Zigeunerin. Jutta und Tamara hatten sich in ihrer Jugend in der Schule kennengelernt. Jutta als Streberin, Tamara war zweimal sitzen geblieben. Doch heute lebte Tamara in einem luxuriösen Bungalow, fuhr einen Sportwagen und flog einmal pro Jahr mit ihrem Mann Oliver in die Karibik. Oliver Elberfeld war ein durchtrainierter, blendend aussehender Polizist. Von seinem bescheidenen Beamtengehalt konnte dieser gehobene Lebensstil nicht finanziert werden.

Jutta meinte zögerlich: „Darf ich dich mal etwas Persönliches fragen?“

Tamara lehnte sich lächelnd zurück: „Wir sind Freundinnen. Schieß los!“

„Kann man mit Kartenlegen viel Geld verdienen oder habt ihr im Lotto gewonnen?“

„Oh-oh, die Frage ist tatsächlich äußerst privat. Aber als meine beste Freundin gebe ich dir einen kleinen Einblick. Erstens halte ich Berufliches und Privates streng auseinander. In meinen privaten Bereich darf kein Kunde hineinsehen. Selbst mein richtiger Name ist den Kunden nicht bekannt. Zweitens darf man die Probleme anderer nicht so nah an sich heranlassen. Und drittens bin ich nicht die Wohlfahrt, sondern eine Unternehmerin. Eine Unternehmerin, die unter dem Künstlernamen Pythia arbeitet.“

Jutta schmunzelte: „Pythia, das war doch die Priesterin des Orakels in Delphi, nicht wahr?“

„Richtig, Frau Lehrerin! Heute bin ich ihre Reinkarnation. Meine Kunden kontaktieren mich über eine Handynummer. Die Gebühren werden von meiner Agentur verrechnet und ich bekomme dann meinen Anteil.“

„Was kostet so ein Gespräch?“

„Es kommt darauf an, wie lange das Gespräch dauert. Das bestimmt der Kunde selbst. Der Gebührensatz wird dem Kunden fairerweise vor dem Gespräch angesagt."
„Sorry, wenn es jetzt zu neugierig wird. Ich frage trotzdem: Was kostet ein Gespräch mit dir pro Minute?"
„3,99 Euro pro angefangene Minute."
Jutta gab einen Pfiff von sich: „Alle Achtung! Da kommen in der Stunde ja knapp 240 Euro zusammen. Aber so lange wird wohl kaum jemand am Handy mit dir reden."
Tamara erhob sich und öffnete am Schrank ein Barfach. Sie schenkte der Freundin und sich einen Drink ein und reichte Jutta das Glas.
„Da bist du im Irrtum, meine Liebe. Meine Stammkunden bringen es sogar auf zwei Stunden. Damit liege ich mindestens über dem dreifachen Monatsgehalt von Oliver. Es gefällt ihm zwar nicht, dass ich mehr Geld verdiene als er, aber auf unseren Luxus möchte er auch nicht verzichten."
„Mein Gott, zwei Stunden? Was erzählst du denen denn da nur so lange?"
„Die meisten sind einsame Typen, die jemanden zum Reden brauchen. Ich bin eine gute Zuhörerin."
„Und dann sitzt du zwei Stunden vor deinen Karten und legst immer neue Konstellationen?"
„Jutta, sei nicht so naiv. Selbstverständlich gucke ich bei meiner Routine nicht permanent in die Karten. Mein Handy hat ein Headset. Damit kann man herrlich am Pool oder in der Wanne liegen."
„Also machst du den Leuten nur etwas vor?"
Tamara wurde ernst: „Moment mal! So habe ich das nicht gemeint. Aber wenn mir jemand seine ganze Lebensgeschichte ohne Punkt und Komma erzählt und mir deswegen das Blut aus

dem Ohr läuft, dann darf ich wohl zwischendurch mal die Stellung wechseln."
Jutta nippte an ihrem Glas und fragte ironisch: „Also hat das Medium Pythia beim Kundengespräch ein Headset auf und könnte rein theoretisch gleichzeitig bügeln, die Blumen gießen und kochen?"
Tamara grinste: „Rein theoretisch ginge das. Zugegeben, zu Anfang habe ich das gemacht, wenn das Gequatsche zu lang wurde. Doch heute habe ich eine Putzfrau. Ich konzentriere mich voll auf meine Kunden. Oliver und ich nehmen immer eine Ferienwohnung, damit ich dort hin und wieder ungestört mit meinen Klienten telefonieren kann. Das Wohl meiner Kunden ist mir wichtig. Sie wissen, dass ich für sie fast jeden Tag erreichbar bin. Dadurch fühlen sie sich geborgen und finden Halt. Was kann man den Menschen Besseres geben?"
„Du erzeugst zwischen deinen Kunden und dir eine gewisse Abhängigkeit. So verdienst du dein Geld auch im Urlaub im Liegestuhl?"
Tamara stöhnte: „Stelle dir das nicht so einfach vor. Permanenter Service kann ganz schön anstrengend sein. Nun erzähle mir lieber mal von deinem Stress als Lehrerin."
Im gleichen Moment erklang eine mystische Melodie. Tamara legte ihren Finger demonstrativ auf die Lippen, damit Jutta sich nicht bemerkbar machte. Dann griff sie zu ihrem Headset, aktivierte per Bluetooth das Smartphone und meldete sich: „Sie sprechen mit Pythia. Ich weiß noch nicht, wer in der Leitung ist, doch meine Sensoren spüren die Energie großer Sorge. Ich hoffe, dass ich Ihnen helfen kann."
Tamara setzte sich vor den Tisch mit den Spielkarten. Sie lauschte einer Teilnehmerin mit Namen Ulrike und mischte dabei die Karten. Dann sagte sie: „Ulrike, Sie haben Ihr Schicksal selbst in der Hand. Ich bin nur ein Medium, das zwischen Ihnen

und den Karten vermittelt. Sagen Sie stopp, wenn ich mit dem Mischen enden soll.“ Pythia hielt kurz danach inne. Dann wurde ein Blatt nach dem anderen zu einem Rechteck gelegt. Das Medium ließ sich viel Zeit und fügte an: „Ulrike, Sie müssen ein bisschen Geduld mitbringen. Die meisten Menschen passen sich nicht dem gesunden Takt ihrer eigenen Natur an, sondern nur dem schnelllebigen Zeitgeist. Das Universum und die Natur haben aber ihre eigenen Gesetze. Deshalb kommt es ständig zu falsch gelenkten Energieflüssen, zu Störungen im Energiehaushalt des Menschen. Wir fühlen uns unwohl. Wir reagieren entsprechend unangenehm auf andere. Die reagieren im Gegenzug auch nicht nett. Und schon ist ihre heile Welt aus dem Lot. Habe ich recht, Ulrike?“ Pythia lauschte und tippte auf den Bauern. „Ihr Sohn hat Probleme? Wie alt ist er denn?“ Pythia hörte wieder zu und fuhr fort: „Soso, Colin ist fast fünfzehn. Ja, die Pubertät, ein schwieriges Alter. Ich sehe in den Karten, dass der Bube weit vom König entfernt ist. Es gibt Spannungen zwischen Vater und Sohn. Die Königin hingegen ist dem Bauern sehr nah. Also ist die Beziehung zwischen ihnen und Colin meistens in Ordnung, richtig?“ Einen Moment später erklärte Pythia: „Ulrike, ich mische die Karten nun neu, um sehen zu können, wie sich Colin weiterentwickelt. Sie sagen bitte nach eigenem Gefühl stopp. Okay?“

Jutta schaute der Freundin beeindruckt über die Schulter zu. Ulrike hatte das Mischen stoppen lassen und Pythia legte in aller Ruhe ein neues Rechteck. Gleichzeitig beschrieb sie, in welcher Reihenfolge die Karten aufgedeckt wurden. „So, Ulrike, jetzt bekommen wir ein ganz anderes Bild. Der Bube ist dem König bereits viel näher gerückt. Vater und Sohn nähern sich später wieder an. Zwischen Dame und König liegt zwar eine Karte, die ein bisschen stört, aber alles in allem sieht das Bild positiv aus. Colin tendiert zu einem Spätzünder, dem aber eine gute Karriere

bevorstehen kann. Er hat einiges von seinem Vater. Das Herz hat er von seiner Mutter. Ulrike, haben Sie zu Ihrem Sohn noch Fragen? Möchten Sie wissen, wie es mit Ihnen und Ihrem Mann weitergeht?“
Jutta blickte im Hintergrund auf die Uhr, schüttelte den Kopf und leerte ihren Drink mit einem Zug. Pythia mischte die Karten erneut und wartete, bis Ulrike wieder stopp sagte.

Polizist Elberfeld kam gegen Abend nach Hause. Geschickt warf er seine Uniformmütze genau auf einen Garderobenhaken und fragte: „Schatz, wo steckst du? Bist du im Kundengespräch?“
„Nein, Oliver, ich hole mir gerade Handtücher und springe dann in den Pool!“
„Tamara, bring mir ein Handtuch mit. Mir tut eine Abkühlung ebenfalls gut!“
Oliver betrat bald darauf die Terrasse. Tamara trug einen weißen Bikini, der sich von ihrem stark gebräunten Körper kontrastreich abhob. Er nahm sie in den Arm und küsste das Stern-Tattoo an der rechten Schulter. Als sie gerade in den Swimmingpool steigen wollte, ertönte die mystische Melodie des Kunden-Handys. Oliver grinste und sprang kopfüber ins Wasser.
„Sie sprechen mit Pythia. Ich weiß noch nicht, wer in der Leitung ist, doch meine Sensoren spüren die Energie großer Sorge. Ich hoffe, dass ich Ihnen helfen kann.“
„Guten Tag, Pythia. Kevin hier. Es tut gut, deine Stimme zu hören.“
„Schön, mein Lieber, dass du dich mal wieder meldest. Was kann ich für dich tun?“
„Ich wollte fragen, ob wir uns mal persönlich treffen können.“

„Kevin, ich habe dir doch schon öfter erklärt, dass das nicht geht. Sei bitte nicht traurig. Am Telefon bin ich ja fast immer für dich da. Was ist mit deiner Freundin Anja?“
„Pythia, das müsstest du doch als Medium wissen. Das wundert mich jetzt.“
Pythia setzte einen strengen Ton auf: „Kevin, meine Arbeit ist eine ernste Angelegenheit. Du weißt genau, dass ich mit meinen Karten nicht in das Schicksal anderer Menschen hineinsehen kann, ohne dass diese direkt mit mir verbunden sind. Also auch nicht in das deiner Freundin Anja. Erst wenn ich die Karten mische und der Kunde stopp sagt, in diesem Augenblick öffnet er selbst dem Medium den Blick in die Karten. Meine Aufgabe ist es dann, die Konstellation der Karten zu analysieren. Das ist eine Wissenschaft und kein Spiel. Wenn du davon nicht überzeugt bist, dann rufe mich bitte nicht mehr an.“
Kevin schluckte mehrmals, dann sagte er kleinlaut: „Sorry, ich wollte dich nicht beleidigen.“
„Schon gut, mein Lieber. Wenn man Frust hat, dann wird man leicht ungerecht. Soll ich dir die Karten legen? Möchtest du wissen, wie es mit Anja und dir weitergeht?“
„Ja, mische die Karten bitte.“
Oliver Elberfeld lag am anderen Ende des Pools im Wasser und schaute seiner Frau amüsiert zu. Sie legte einen Finger auf die Lippen, damit er leise sei. Dann setzte sie sich auf den Beckenrand und hängte die Füße ins kühle Nass.
„Kevin, du musst stopp sagen, wenn ich mit dem Mischen aufhören soll.“
„Oh, ich wusste gar nicht, dass du schon mit dem Mischen angefangen hast. Wo bist du denn gerade?“
Pythia blickte sich im Garten um. Die Sonne würde sich in wenigen Minuten hinter den alten Buchen senken. Die Rosenbeete leuchteten rot und der englische Rasen saftig grün. Der freiste-

hende Kamin neben der Terrasse strahlte in Weiß. Hinter der Doppelgarage erhob sich ein bewaldeter Hügel.
„Wo ich bin? Ich sitze selbstverständlich vor meinem Kartentisch, mische und warte, dass du stopp sagst."
Kevin ließ das Mischen stoppen und wartete, bis Pythia ihm mitteilte, dass sie die Karten alle aufgedeckt hätte. Sie fragte: „Was möchtest du nun genau wissen?"
„Kannst du mir die Lottozahlen nennen?"
Sie lachte: „Selbstverständlich. Sie lauten fünf, neun, elf, fünfundzwanzig, neununddreißig, fünfundvierzig und die Zusatzzahl ist die Eins. Ich kann dir nur nicht voraussagen, an welchem Tag diese Zahlen gezogen werden."
Kevin bemerkte schmunzelnd: „Ich freue mich über diese Antwort, weil sie ehrlich ist." Seine Stimme wurde ernster: „Pythia, wie lange kennen wir uns jetzt?"
„Ich denke, etwa fünf Jahre."
„Was schätzt du, wie viele Euros mich die Anrufe bei dir bisher gekostet haben?"
„Ich führe darüber kein Buch. Was soll diese Frage?"
„Ich denke, von meinem Geld müsstest du dir bereits einen Pool leisten können."
„Lieber Kevin, wenn du mich provozieren möchtest, um deinen Frust loszuwerden, dann beende ich dieses Gespräch. Sollen wir an einem anderen Tag telefonieren, wenn du besser drauf bist?"
„Nein, Pythia! Übrigens, deine letzte Prognose zu meinem Aktienkauf war falsch. Das Geld ist verbrannt. Mit anderen Worten, ich bin wegen dir völlig pleite."
„Kevin, ich habe nie eine Prognose zu Glücksspielen oder Spekulationen weitergegeben, auf die man sein gesamtes Vermögen setzt. Die Karten oder die Astrologie können nur Tendenzen wiedergeben. Das heißt, ich kann dir sagen, in welchem Zeitraum du eher von Fortuna begünstigt bist oder wann eher eine

Pechsträhne droht. Gerade weil wir uns lange kennen, müsstest du das längst verstanden haben."
Kevin schwieg. Der Bildausschnitt eines Fernglases wanderte über Buchen, Rosenbeete und einen blauen Swimmingpool. Am Rand saß eine schlanke Frau mit schwarzen Haaren. Sie trug ein Headset. Ihr weißer Bikini wirkte sexy. Die Beine baumelten im Wasser.
„Kevin, alles okay? Bist du noch in der Leitung?"
„Pythia, fünf Jahre. Ja, das ist eine lange Zeit. Da ich nun pleite bin, kann ich für die Gespräche mit dir keine 120 Euro pro halbe Stunde aufbringen. Wärst du bereit, mir trotzdem zu helfen? Ich meine, wenn ich mal eine Frage zu den Karten oder der Astrologie habe?"
„Mein Lieber, wie stellst du dir das vor?"
„Ich könnte deine Privatnummer anrufen. Es soll auch nicht umsonst sein. Nur die hohen Gebühren kann ich nicht mehr bezahlen."
„Nein, Kevin, das geht auf keinen Fall. Ich bin meiner Agentur vertraglich verpflichtet und käme in Teufels Küche. Zudem trenne ich Dienstliches von Privatem. Verstehst du das?"
Der Bildausschnitt des Fernglases zoomte den Körper der Nixe am Pool noch näher heran. Er glitt über die Brüste zu dem mädchenhaften Gesicht. Die Lippen bewegten sich. „Kevin, möchtest du, dass ich nun aus den Karten lese?"
„Ja bitte. Die Karten sollen eine Entscheidung treffen. Ich befinde mich gerade mitten in einem Wald. Ich habe eine geladene Waffe. Ich sehe auch eine diebische Elster. Nun frage ich mich: Soll ich die Kugel angesichts meiner aussichtslosen Situation gegen mich oder gegen die diebische Elster richten?"
Pythias Wangen wurden rot. Ihre Lider schlugen nervös. „Kevin, bitte, mache kein dummes Zeug. Du wirst aus deiner Misere wieder herauskommen."

„Pythia, blicke jetzt bitte endlich in deine Karten. Es gibt nur zwei Möglichkeiten. Entweder trifft die Kugel die diebische Elster oder meinen Kopf. Wirst du in den Karten nachsehen?"
Pythia atmete schwer und sagte: „Einen Moment, ich sehe nach. Wenn du der Bube bist, so liegst du am Rand des Kartenfeldes. Also bist du nicht mitten im Visier. Jedoch das Kreuzass ist genau mittig. Das Ass könnte auf den Ast hinweisen, auf dem die Elster sitzt."
Kevin murmelte: „Du bist im Lesen und Analysieren sehr gut. Du bestimmst, was ich anvisieren soll. Bube oder Ass."
Die braun gebrannte Nixe am Pool blickte mit charismatischen Augen zum bewaldeten Hügel hinauf. Ihre Brüste hoben und senkten sich schwer atmend. Die Lippen bewegten sich im Fadenkreuz.
Pythias Stimme erklang im Smartphone des Schützen: „Kevin, dann schieße statt auf dich besser auf die diebische Elster!"
Das Präzisionsgewehr schleuderte sein Projektil ins Tal. Die Nixe mit dem weißen Bikini kippte nach vorne. Das Wasser des Pools färbte sich rot. Oliver Elberfeld kraulte panisch auf den Körper seiner Frau zu und hob ihr Gesicht aus dem Wasser. Mitten aus ihrer Stirn strömte Blut. Im Wald auf dem Hügel fiel ein zweiter Schuss.

Silvas Rache

„Heh, Mario, wann wirst du entlassen?“, fragte eine sonore Stimme. Silva schaute sich im Speisesaal der JVA nach dem Fragenden um. Das Geklapper der Bestecke und Teller, das Gemurmel der männlichen Gefängnisinsassen und die Instrumentalmusik der Deckenlautsprecher schafften eine skurrile Atmosphäre. Zwei breitschultrige Männer in Häftlingskleidung sprangen auf und schnauzten sich an. Ihre Worte gingen in der allgemeinen Kakophonie unter. Schrill tönte eine Pfeife. Ein uniformierter JVA-Beamter brüllte Anweisungen. Wieder fragte die sonore Stimme: „Heh, Mario, wann ist deine Entlassung?“
Dieses Mal erblickte Silva in der übernächsten Tischreihe einen Riesen, der aus dem Vollbart grinste und die gewaltige Faust nach oben reckte. Silva rief zurück: „Hi, Buddy! In drei Monaten bin ich draußen! Sehen wir uns gleich beim Rundgang im Hof?“
„Klar, Mann. Die Luft hier ist ja nicht zum Aushalten!“
Ein Signalton kündigte an, dass das Abendessen beendet sei. Quietschen und Ruckeln unzähliger Stühle steigerten den Lärm noch mehr. Junge und Alte schlurften zu ihren Zellen oder in den Hof zum Rauchen. Andere waren für das Aufräumen und Küchenarbeiten eingeteilt. Spätestens in dreißig Minuten würden alle wieder in dieses vergitterte Gebäude zurückkehren müssen. Buddy trat in den kalten März-Abend hinaus. Aufgrund der dichten Wolkendecke wurde es bereits sehr früh dunkel. Kleine Gruppen bildeten sich. Gierig zogen die Männer an ihren selbst gedrehten Zigaretten. Zwei junge Burschen warfen abwechselnd einen Ball zum Volleyballnetz hinauf. Andere Gefangene saßen mit finsterer Miene alleine und starrten frustriert vor sich hin. Der Wind griff kalt in Buddys schütteres Haar. Die

Augen des Riesen suchten den Innenhof ab. Eine hohe Mauer verlief zwischen Haupt- und Nebengebäude. Darüber bogen sich Stacheldrahtwindungen. Ein alter Wachturm erinnerte an billige Gangsterfilme des 20. Jahrhunderts. Buddy zündete sich eine Zigarette an. Sein ehemaliger Zellengenosse Mario Silva war im Innenhof nicht zu sehen.

Silva hatte keinen Küchendienst, trotzdem schob er einen Wagen mit Speiseresten durch den Flur. Die JVA-Beamten grüßen ihn freundlich. Der Insasse war vor fast fünfzehn Jahren wegen zweifachen Mordes verurteilt worden. Doch der Inhaftierte hatte sich bis heute vorbildlich geführt. Für seine fünfzig Jahre sah er noch erstaunlich gut aus. Neben der Arbeit in der sogenannten Knastwerkstatt nutzte Mario täglich den Fitnessraum. Dieser Mann stellte laut psychologischem Gutachten mittlerweile für niemanden mehr ein hohes Risiko dar.
Silva schob den klappernden Wagen in den Aufzug und fuhr bis zur zweiten Etage. Als sich die Fahrstuhltür öffnete, war der Gang dort menschenleer. Er stieß den Wagen achtlos zur Seite und betrat das angrenzende Treppenhaus und lauschte. Keine Schritte, keine Stimmen waren zu hören. Lautlos schlich er bis ins Dachgeschoss und lugte vorsichtig in diesen Gang. Niemand war da. Mit eiligen Schritten erreichte er die dritte Tür und hoffte, dass der nachgefeilte Schlüssel passen würde. Silva hielt gespannt die Luft an und drehte das Provisorium gefühlvoll im Schloss. Es war etwas sperrig, aber funktionell. Quietschend wich die Tür in einem Abstellraum zurück. Leise schloss er sie wieder. Hier herrschte momentan die Dunkelheit. Silvas Augen gewöhnten sich schnell an das wenige Licht, das vom Abendhimmel in die Dachluke einfiel. Er ertastete ein drei Meter langes, dünnes Metallrohr, das die Handwerker vor einiger Zeit bei einem Wasserschaden zurückgelassen hatten. Das Dachluken-

fenster klappte auf. Kalte Frühjahrsluft strömte in das Dachgeschoss. Silva schob das Metallrohr mit der Spitze durch die Öffnung und ließ es angelehnt stehen. Sein trainierter Oberkörper zwängte sich ins Freie. Einige Dachpfannen knirschten verräterisch. Seitlich des Gebäudes konnte der Inhaftierte auf den Stacheldraht der Mauer hinabblicken. Direkt hinter der Mauer befanden sich spitze Metallspieße, die jeden Sprung in die Freiheit tödlich vereitelt hätten. Diese doppelt gesicherte Anlage konnte laut Fachleuten niemand überwinden und war hier weniger intensiv ausgeleuchtet. Silva zog die Metallstange in ganzer Länge aus der Luke. Er tastete sich auf eine Hochleitung zu. Diese alte Telefonleitung sollte schon seit Jahren in den Boden verlegt werden, doch hatten bis heute die Gelder gefehlt. Die Leitung verlief in einer Höhe von etwa fünfzehn Metern vom Dach der JVA zu einem fünfzig Meter entfernten Telegrafenmast, der eine geringere Höhe hatte. Silva hielt die Metallstange wie ein Trapezkünstler quer vor der Brust und setze den ersten Fuß behutsam auf den Anfang der Telefonleitung. Das alte Kabel bewegte sich leicht. Der zweite Fuß folgte und Silvas Körper suchte das Gleichgewicht. Jetzt musste sich zeigen, ob die präparierten Schuhsohlen im Profil rutschsicher waren. Hochkonzentriert setze er einen Fuß vor den anderen. Noch war das Gefühl für den akrobatischen Akt nicht völlig zurückgekehrt, doch das einst geschulte Gleichgewicht schien sich mehr und mehr zu erinnern. Instinkt und Motorik kamen in Einklang. Da die Leitung im flachen Winkel abfiel, war diese Trapeznummer mehr als gewagt. Im Zirkus spannte sich unter dem Akrobaten ein Sicherheitsnetz. Hier warteten ein Abgrund und rollenweise Stacheldraht. Als sich Silva genau über der Mauer befand, traf ihn ein leichter Windstoß. Konzentriert biss er auf die Zähne. Der Puls beschleunigte sich. Er blickte nicht nach unten, sondern nur in die Ferne auf sein Ziel. Die Querstange pendelte,

kam wieder zur Ruhe. Genau an dieser Stelle hätten ihn Häftlinge aus dem Innenhof sehen und mit ihren auffälligen Reaktionen verraten können, doch unten waren alle nur mit sich selbst beschäftigt. Niemand hatte Interesse, sich den bewölkten, dunklen Abendhimmel anzusehen. Eine schrille Klingel ertönte. Silva zuckte zusammen. Das Signal erinnerte die Gefangenen im Hof daran, sich in die Aufenthaltsräume oder Zellen zu begeben.
Buddy zog ein letztes Mal an seiner Zigarette und schnippte das künstliche Glühwürmchen von sich. Immer bevor er abends ins Gebäude trat, schaute er sehnsüchtig zum Himmel. Der Riese war nicht gläubig, aber es gab für ihn Dinge zwischen Himmel und Erde, die ihn verwunderten und nachdenklich stimmten. Und genau so etwas Wunderliches gab es in diesem Augenblick zu sehen. Hoch oben auf der abfallenden Telefonleitung balancierte ein schattenhaftes Wesen über die gefährlichen Stacheldrahtwindungen in Richtung Freiheit.
„Buddy, hast du etwas?“, fragte ein Häftling.
Der Riese nahm den Fragenden kameradschaftlich in den Arm, damit dieser erst gar nicht zu dem Trapezkünstler blicken konnte, und zog ihn mit sich ins Haus.

Auch wenn im März in den Niederungen kein Schnee mehr lag, so blies der Ostwind bitterkalt. Gegen 22:00 Uhr erloschen mitten in der Woche in den meisten Wohnungen die Lichter. Die Joggerin lief aus dem dunklen Waldweg heraus und fühlte sich auf der beleuchteten Straße der Siedlung wohler. Im Laternenschein sah sie ihren nebeligen Atem. Mit Ende vierzig war die Hauptkommissarin erstaunlich fit. Irina Puschkin trainierte für einen Halbmarathon. Die Computeruhr am Handgelenk gab ihr ein gutes Biofeedback. Endlich kam das alte Mehrfamilienhaus näher, in dem ihre Wohnung im dritten Stock lag.

Puschkin hielt plötzlich inne. Sah sie richtig? In ihrer Wohnung brannte Licht. Irina war sich sicher, dass sie alle Lampen ausgeschaltet hatte. Von der Anstrengung trommelte der Puls in den Ohren und ihre Brust hob und senkte sich immer noch recht schnell. Die erfahrene Polizistin öffnete die Haustür und eilte die Treppe hinauf. In ihrer Etage lugte sie misstrauisch zur Wohnungstür. Die war geschlossen. Auf leisen Sohlen näherte sich Puschkin der Tür und blickte in den Spion. Aus dieser Richtung konnte sie im Inneren keine Einzelheiten erkennen, aber das Flurlicht brannte. Die Hauptkommissarin zog ihre Pistole aus dem Holster, die sie vor allem beim Joggen auf einsamen und dunklen Wegen unter der Jacke trug. Fast lautlos drehte sich der Schlüssel und die Tür wich zurück. Puschkin hielt ihre Waffe mit beiden Händen und schob die Wohnzimmertür mit dem Ellenbogen auf. Blitzschnell beschrieb die Mündung einen Bogen, doch niemand war zu sehen. Ein Wasserglas stand auf dem Tisch, das Irina selbst nicht dort abgestellt hatte. War der Einbrecher noch hier? Sie hörte Rauschen im Badezimmer. Alarmiert drehte sich die Polizistin herum. Wieder zeigte die Mündung der Pistole voraus. Die Tür zum Bad war nur angelehnt. Deutlich plätscherte die Dusche. Der Puls hämmerte in Puschkins Ohren. Ihr Fuß stieß die Tür ins Bad. Die Pistole auf den Duschvorhang gerichtet, rief sie: „Polizei, Hände hoch!" Nichts regte sich. Mit der Waffe in der Rechten riss ihre linke Hand den Vorhang zurück. Unter dem laufenden Brausekopf stand ein nackter Mann und lächelte Puschkin verschmitzt an.
„Mario? Mario Silva?", fragte sie.
„Hi, Irina. Ich dachte, ich wäre in den letzten fünfzehn Jahren nicht so gealtert, dass du mich nicht wiedererkennst."
„Wie bist du hier hereingekommen?"
„Kleinigkeit. Wie wäre es erst einmal mit einem Hallo?"

Puschkin ließ die Waffe erleichtert sinken. „Ich wusste nicht, dass du um diese Zeit aus der JVA entlassen würdest."
„Konntest du ja auch nicht. Ich habe mich selbst entlassen. Reichst du mir bitte ein Handtuch?"
Puschkin riss die Augen weit auf. Sie strich sich alarmiert über die dunkelblonden Haare, die sie zu einem Pferdeschwanz gebunden hatte.
„Du bist aus der JVA geflohen? Mario, du willst mich auf den Arm nehmen, nicht wahr?"
„Wenn du mir nicht glaubst, dann rufe deine Kollegen an."
„Aber wieso solltest du fliehen? Soweit ich weiß, solltest du aufgrund guter Führung in diesem Jahr entlassen werden."
„Das ist richtig." Silva rubbelte sich mit dem Duschtuch trocken und begann, sich anzukleiden. „Der Entlassungstermin passte aber nicht in mein Programm."
„Was für ein Programm?"
„Meine gute Irina, lass mich doch erst einmal ankommen. Du stürmst einfach in meine Dusche, betrachtest mich, wie ich dort nackt stehe, und beginnst mit einem Verhör."
Puschkin empörte sich: „Deine Dusche? Das hier ist meine Wohnung! Die habe ich bezogen, nachdem wir uns getrennt hatten!"
„Ja, unsere Trennung. Du hattest mich nach meiner Inhaftierung noch ein paarmal besucht, dann war plötzlich Funkstille. Warum? Du hast auch auf keinen meiner Briefe geantwortet."
Puschkin ging ins Wohnzimmer und schenkte sich einen Cognac ein. Den ersten Schluck stürzte sie hastig herunter und schüttelte sich. Silva trat hinter sie. Er war einen Kopf größer. Seine Hände erfassten ihre Schultern. Er drehte die Frau zu sich herum. Ihre blauen Augen schauten fest in sein Gesicht. Beide Menschen standen gerührt da und schwiegen einige Sekunden lang.

„Die grauen Schläfen stehen dir gut, Mario. Was mache ich jetzt mit dir? Du weißt, dass ich meine Kollegen verständigen muss."
„Musst du das? Bist du eigentlich noch bei der Drogenfahndung?" Mario ließ ihre Schultern los, schenkte sich Cognac in ihrem Glas ein und nippte daran. Guter Stoff! Der Ausbrecher ließ den Weinbrand genüsslich in seinem Mund hin und her kreisen. Als der Cognac dann angenehm die Kehle wärmte, verdrehte Silva verzückt die Augen. Der Flüchtige setzte sich auf die Couch und musterte die schlanke Hauptkommissarin von Kopf bis Fuß.
Sie verschränkte die Arme vor der Brust: „Nein, ich bin nicht mehr für die Drogenabteilung zuständig. Ich leite nun die Mordkommission. Was erwartest du hier von mir? Warum bist du in meine Wohnung gekommen? Was hättest du gemacht, wenn mein Mann zu Hause gewesen wäre?"
„Oh, dann hätte ich mich sehr gewundert. Ein Vöglein hat mir nämlich von der Gefängnismauer gezwitschert, dass du seit einem Jahr geschieden bist."
Puschkin sank in einen Sessel und schaute auf ihre gefalteten Hände: „Für einen Inhaftierten bist du gut informiert."
„Irina, warum hast du mich nie mehr besucht?"
Sie sprang wieder auf und drehte ihm den Rücken zu.
„Mario, du hast vorsätzlich zwei Menschen erschossen. Auch wenn ich einmal große Gefühle für dich hatte, mit deiner kriminellen Vergangenheit kann ich nicht leben."
Silva leerte das Cognacglas und sog nachdenklich an seiner Unterlippe. Dann sagte er leise: „Du glaubst diesen Dreck also auch."
Sie fuhr herum und erwiderte: „Alle Indizien und Gutachten haben das belegt!"
Er stieß die Luft verächtlich durch die Nase aus: „Indizien? Gutachten? Die lassen sich alle manipulieren! Was hatte damals

dein Herz zu den Beschuldigungen gegen mich gesagt?“ Er blickte sie durchbohrend an. Da sie schwieg, ergänzte er: „Wenn zum Beispiel mir jemand gesagt hätte, dass du aus freien Stücken jemanden erschossen hättest, dann hätte ich diese Person ausgelacht. Scheiß auf alle Indizien und Gutachter! Menschen, die sich lieben, die wissen, zu welchen Handlungen der andere fähig ist und zu welchen nicht.“

Sie nahm wieder Platz. Ihre Wangen waren gerötet.

„Mario, warum bist du ausgebrochen?“

„Raphael Como hat ein riesiges Ding vor. Ich werde ihn aufhalten.“

Sie schüttelte den Kopf: „Mario, du spinnst. Raphael Como mag vor vielen Jahren ein Schurke gewesen sein. Selbst das wurde ihm nie nachgewiesen. Heute ist er ein angesehener Bürger unserer Stadt. Er setzt sich für den Jugendsport ein. Er stiftet für Seniorenheime. Er kandidiert für die Kommunalpolitik.“

Silva schlug sich lachend auf die Schenkel: „Como war einmal ein großer Drogenboss. Heute macht er Dreckgeschäfte im Ausland. Mit dem Geld, das er einnimmt, versucht er hier im Land als Ehrenbürger aufzutreten. Mein Gott, seid ihr alle blind. Como wird in Kürze ein riesiges Chaos anrichten. Viele Menschen werden dabei umkommen. Genau deswegen bin ich jetzt hier.“

Puschkin nahm ein neues Glas und schenkte auch sich Cognac ein. „Mario, du warst fünfzehn Jahre in der JVA. Die Welt, alles hat sich seit damals geändert.“

„Ach, auch die Gerechtigkeit?“

„Du redest von Gerechtigkeit? Du hast zwei Menschen auf dem Gewissen!“

„Ich habe nur einen Fehler begangen. Ich war Polizist und habe im Alleingang versucht, einen riesigen Drogendeal zu verhindern. Como hat mich dabei hinterrücks niedergeschlagen, seine

beiden Geschäftspartner mit meiner Waffe erschossen und mir diese anschließend in die Hand gedrückt.“
Puschkin blickte auf ihre Knie. „Nein, Mario! An deiner Hand waren Schmauchspuren!“
Als sie ihn wieder ansah, hatte er feuchte Augen. Leise sagte er: „Okay, ich habe verstanden. Du glaubst mir nicht.“ Silva stand auf und winkte ab. „Egal, trotzdem muss ich Como aufhalten. Er besitzt in Asien mehrere Textilfabriken. Fast alle sollen demnächst wegen neuer gesetzlicher Bauauflagen und Sicherheitsbestimmungen renoviert werden. Das würde ihn Millionen kosten. Er hat die Fabriken gut versichert. Deshalb werden bald zwei oder drei von diesen Betrieben plötzlich und unerwartet abbrennen. Dabei wird es voraussichtlich als Kollateralschäden mehrere Tote geben. Dem Ehrenmann Como ist das scheißegal!“
„Mario, du erfindest doch nur etwas, um mich zu beeindrucken. Ich weiß nicht, was du von mir willst.“
„Wie wäre es mit etwas zu essen. Mein Abendessen im Knast war eine Zumutung.“
Sie erhob sich: „Gut, ich mache dir etwas. Aber dann müssen wir darüber reden, was wir wegen deiner Flucht aus der JVA unternehmen. Damit meine ich etwas Vernünftiges, das sich innerhalb der Legalität bewegt.“
Irina ging in die Küche. Silva lehnte sich mit dem Glas auf der Couch zurück. Seine Augen durchstreiften aufmerksam den Raum. Alles war sehr geschmackvoll eingerichtet. Die Wände hell, die Bilder farbenprächtig. Laminatboden mit dicken Teppichbrücken. Eine freistehende Stereoanlage. Ein Deckenfluter. Am CD-Regal lehnten viele alte Schallplatten. Plötzlich näherten sich draußen Martinshörner. Silva sprang auf und schaute zur Straße hinab. Mehrere Fahrzeuge schossen auf das Haus zu. Bremsen quietschten. Türen schlugen.

Irina kam aus der Küche und rief: „Ich habe die nicht gerufen! Aber bitte mache jetzt nichts Falsches. Ich rede mit den Kollegen. Gemeinsam machen wir das Beste daraus, okay?“
Die Flurklingel läutete bald darauf Sturm. Puschkin wartete Silvas Antwort nicht ab und eilte zum Eingang. Die Polizistin öffnete ihre Wohnungstür. Hauptkommissar Roman Heilig und zwei SEK-Beamte drängten mit gezogenen Waffen in den Flur. Puschkin hob beschwichtigend die Hände. Heilig fragte: „Irina, ist Silva in deiner Wohnung?“
„Ja, er sitzt im Wohnzimmer. Aber ihr ...“
Irina sprach den Satz nicht zu Ende, da die Männer des Sondereinsatzkommandos an ihr vorbeistürmten und sie nicht weiter beachteten.
„Silva, leisten Sie keine Gegenwehr! Widerstand hat keinen Sinn. Das Haus ist umstellt!“
Im Wohnzimmer, im Bad und im Schlafzimmer war der geflohene Sträfling nicht zu finden. In der Küche stand das Fenster nach innen geöffnet. Ein SEK-Mann schob seine Waffe hinaus und streckte vorsichtig den Kopf vor. Silva war auch hier nicht zu sehen. Blaulichter huschten geisterhaft über die Hauswände. Neugierige Menschen sammelten sich im Schein der Laternen. Suchende Lichtkegel wanderten über das Mauerwerk bis zum schwarzen Himmel hinauf. Die Straße füllte sich. Schaulustige, Stimmen, Hupen, Lachen, Rufen, Blitze der Smartphone-Kameras.
„Verdammt, der muss doch irgendwo stecken!“, rief Hauptkommissar Heilig und lehnte sich weit aus dem Fenster. An der Außenwand des alten Gebäudes führte in der Höhe jeder Wohnung ein zehn Zentimeter breiter Sockel entlang. Nur ein Akrobat konnte sich eventuell darauf entlangtasten. Heilig mahnte per Funk seine Kollegen, die auf der Straße und im Garten an der Rückseite des Hauses Stellung bezogen hatten, dass diese

auf einen Fassadenkletterer achten müssten. Doch der Gesuchte war nirgendwo zu sehen. „Scheiße, der Typ kann sich doch nicht in Luft aufgelöst haben!“, fluchte Heilig.
Der SEK-Leiter meldete: „Wir haben das Treppenhaus, den Dachboden, den Keller und die Außenanlage unter Kontrolle. Silva ist nicht hier.“
„Einsatz abbrechen“, stöhnte Heilig. „Ziehen Sie Ihre Leute zurück. Der wird hier vorläufig nicht mehr auftauchen. Ich werde nun mit Puschkin reden.“
Neugierige Augen lugten aus schmal geöffneten Nachbartüren. Stiefel stampften auf der Treppe und entfernten sich langsam. Das Flurlicht erlosch. Heilig schloss von innen Puschkins Wohnungstür, wählte mit dem Smartphone die Nummer der Polizeizentrale und sagte: „Silva ist entkommen. Gebt eine Großfahndung raus. Das volle Programm!“
Puschkin saß im Wohnzimmer im Sessel und starrte vor sich hin. Heilig ließ sich in die Couchpolster fallen und pustete lang aus. Dann sagte er: „Irina, warum hast du uns nicht angerufen und mitgeteilt, dass Silva bei dir ist?“
Sie blickte ihren Kollegen mit blitzenden Augen an und stieß hervor: „Weil ich vom Joggen kam und Mario bereits in meiner Wohnung war! Ich versuchte gerade vernünftig mit ihm darüber zu reden, dass er sich der Polizei stellt. Im gleichen Moment seid ihr aufgetaucht.“
Heilig zeigte zu dem Cognac auf dem niedrigen Wohnzimmertisch. „Zeit für einen gemütlichen Wiedersehenstrunk hattet ihr scheinbar doch. Ferner wurde die Dusche vor Kurzem benutzt. Sie ist nass. Das Duschtuch auch. Du machst nicht den Eindruck, als hättest du dich frisch gemacht.“
Sie sprang auf: „Oh, danke für die Anmerkung. Beim Joggen schwitzt man nun mal! Ich hatte auch nicht mit überfallartigem Besuch gerechnet! Du siehst übrigens auch nicht taufrisch aus!“

„Mag sein, aber ich halte keine gemütliche Unterredung mit einem Ausbrecher und zweifachen Mörder."
„Mario behauptet, dass er unschuldig ist. Er wäre nur ausgebrochen, weil Raphael Como eine gefährliche Sache plant, bei der Menschen umkommen werden."
Heilig schlug sich lachend auf die Schenkel: „Das ist nicht neu. Silva hatte damals vor Gericht behauptet, dass Como an seiner Stelle die Dealer erschossen hätte. Seine Aussagen wurden alle widerlegt. Wo finden wir Silva jetzt?"
„Woher soll ich das wissen?"
„Er hat dich aufgesucht. Wenn er ohne dein Wissen die Wohnung vor dir betreten hat, dann müssten Einbruchspuren zu sehen sein. Oder hat er einen Schlüssel? Ihr wart ja schließlich einmal ein Paar."
„Ich habe Mario nicht mehr gesprochen, seit ich ihn das letzte Mal in der JVA vor etwa vierzehn Jahren besucht habe."
„Nein, du hast ihn noch vor ein paar Minuten gesprochen. Mit einem Cognacglas in der Hand."
„Ach, steh ich jetzt unter Verdacht, an seinem Ausbruch beteiligt zu sein?"
„Nein, Irina, aber wir müssen wissen, wie du zu ihm stehst!"
„Roman Heilig, du hast einen Knall! Ich bin Polizistin. Zufällig auch noch deine Vorgesetzte. Ich wurde von Mario ebenso überrascht wie alle anderen Kollegen."
„Okay, okay! Was schlägst du als meine Vorgesetzte nun vor?"
„Wir müssen uns zuerst mit der JVA in Verbindung setzen, um mehr über Mario zu erfahren. Sollte er sich wieder bei mir melden, dann versuche ich erneut, ihn dazu zu überreden, sich zu stellen."
„Irina, bist du damit einverstanden, dass wir deine Telefone überwachen, um seine eventuellen Anrufe zurückverfolgen zu können?"

Puschkin bekam rote Wangen und rief. „Scheiße, ja! Wenn ich das ablehne, mache ich mich schließlich selbst verdächtig."
Kommissar Heilig hatte mit Anfang vierzig schütteres Haar. Der Oberlippenbart war kräftig. Die scharfsinnigen Augen verrieten eine brillante Kombinationsgabe. Das Jackett verdeckte einen kleinen Bauchansatz. Heilig löste den obersten Hemdenknopf und griff zur Cognacflasche. Gluckernd ließ er den Weinbrand ins Glas laufen. Er schwenkte den edlen Tropfen, hielt seinen großen Riecher darüber und zog ein genüssliches Lächeln auf. „Stoß mit mir an, dass wir Silva bald wieder einbuchten."
Erwartungsvoll hielt er der Kollegin das Glas entgegen. Sie winkte ab. „Danke, mir ist schon schlecht."
Heilig trank und lehnte sich lässig in der Couch zurück: „Irina, was weißt du aus früheren Tagen über Silva? Ihr habt euch doch bei der Polizei kennengelernt, nicht wahr?"
Puschkin atmete genervt, schenkte sich nun doch ein Glas ein und begann sich zu erinnern ...

Sechzehn Jahre zuvor ...
Felix Meier, der Leiter des Drogendezernats, trommelte ungeduldig mit den Fingern auf seiner Schreibtischplatte. Ihm gegenüber saß eine schlanke Frau Anfang dreißig. Sie trug ihre dunkelblonden Haare zu einem Zopf gebunden. Die schlichte Bluse, Jeans und flache Schuhe gaben ihr ein sportliches Aussehen. Die blauen Augen funkelten neugierig. Nur einem erfahrenen Kriminalisten konnte auffallen, dass die junge Polizistin etwas nervös war. Meier atmete tief und blickte erneut auf die Uhr. Dann sagte er: „Frau Kollegin, Silva hat eine gute Spürnase. Aber es fehlt ihm an Pünktlichkeit, an Maßhaltung und Respekt vor Vorgesetzten. In Ihrer Akte finde ich in Sachen Disziplin hervorragende Beurteilungen. Ich würde mich freuen, wenn Sie Silva davon etwas vermitteln könnten."

Die Tür öffnete sich. Ein hochgewachsener Mann Mitte dreißig trat ein. Haare fast schwarz, Dreitagebart, dunkler Teint. Er trug zivil. Zuerst schaute er Dezernatleiter Meier ernst an. Beim Blick zu der unbekannten Frau zog ein verschmitztes Lächeln auf seine Lippen.
Meier klopfte auf den Tisch: „Nachdem wir nun geduldig auf den werten Kollegen Silva gewartet haben, darf ich die Herrschaften miteinander bekannt machen." Seine Hand wies zu der jungen Kollegin. „Das hier ist Kommissarin Irina Puschkin. Sie war bisher bei der Sitte. Angesichts dieser unangenehmen Branche hat sie sich nun entschlossen, anderen Straftaten nachzugehen. Sie möchte in unserer Drogenabteilung Karriere machen. Sie, Silva, werden die Kollegin Puschkin einweisen und mit unseren Sorgenkindern bekannt machen. Am besten fangen Sie mit dem Bahnhof, mit Rickys Club und Mandys Hasch-Hütte an. Dort sind die eher harmlosen Kandidaten anzutreffen. Die harten Brocken wird sie noch früh genug kennenlernen. Noch Fragen?"
Silva musterte Puschkin von Kopf bis Fuß und erklärte herablassend: „Unsere Dealer sind recht spurtstark. Das sind keine geilen Opis, die kleine Jungs und Mädchen in die Büsche ziehen. Auch keine betrunkenen Papis, die ungehemmt nach fremden Titten grapschen. Da muss man sich als Polizist etwas flinker bewegen."
Puschkin verschränkte die Arme vor der Brust: „Ich laufe den Halbmarathon unter neunzig Minuten. Sie auch?"
„Nö, ich nehme bei Strecken über einem Kilometer das Rad oder den Bus." Er blickte sie weiterhin provokant an. „Unsere Junkies werden auch gerne handgreiflich. Das gibt schon mal blaue Flecken. Da kann der Lidstrich etwas verrutschen."
Puschkins Augen blitzten angriffslustig: „Ich habe den zweiten Dan in Taekwondo. Reicht das für den Anfang?"

Meier erhob sich aus seinem Schreibtischsessel: „Wie ich sehe, verstehen Sie beide sich blendend. Nun habe ich zu tun und wünsche Ihnen in Ihrer Zusammenarbeit Erfolg. Guten Tag!"
Puschkin und Silva traten auf den Flur. Um die Mittagszeit herrschte reges Treiben im Präsidium. Die Kollegen und Kolleginnen grüßten knapp. Silva hielt Puschkin die Tür zum hinteren Ausgang auf. Er lief zu einer Kombilimousine, ließ einen Schlüssel vor Puschkins Nase baumeln und fragte: „Fahren Sie oder ich?"
Sie pflückte ihm den Schlüssel aus der Hand: „Sie sagen mir, wo es hingeht, und ich chauffiere."
Er stieg auf den Beifahrersitz und erklärte den Weg zum Bahnhof. Sie lenkte den Wagen routiniert durch den dichten Verkehr und schwieg. Silva besah sich ihr Profil. Sie sah für seinen Geschmack durchschnittlich aus. Aber sie hatte auch etwas außergewöhnlich Anziehendes. War das ihr Stolz? Lag es daran, dass sie sich von seiner Macho-Art nicht beeindrucken ließ? Bei anderen Frauen brauchte Silva dank seines südländischen Aussehens nur mit dem Finger schnippen, dann machten sie ihm schöne Augen.
„Irina Puschkin klingt russisch", brach er das Schweigen. „Haben Sie östliche Wurzeln?"
„Meine Vorfahren sind Russlanddeutsche. Unsere deutschen Ahnen wurden vor über zweihundert Jahren von Katharina der Großen angeworben. Kennen Sie die deutsch-russische Geschichte?"
Silva blickte verlegen aus dem Seitenfenster und meinte: „Ja, was man so hört."
„Was hört man denn so?", fragte sie schmunzelnd nach. Da Silva nicht antwortete, fuhr sie fort: „Dieser Teil der Geschichte ist nicht Ihre stärkste Seite? Liegt es daran, dass Ihre Eltern aus Italien stammen?", und sie wiederholte die Frage auf Italienisch.

Silva ging dieses Gespräch nun auf die Nerven. Verärgert sagte er: „Meine Vorfahren kommen aus Südtirol. Ich selbst habe kein Italienisch mehr gelernt. Außerdem ist da vorne der Bahnhof. Wenn die Frau Kollegin rechts auf den Parkplatz fahren würde, dann kann ich Sie mit unserer Szene bekannt machen."

Gegenwart ...
Roman Heilig hatte Kollegin Puschkins Erinnerungen gespannt zugehört. „Ich habe Silvas und deine Geschichte laut anderen Erzählungen so in Erinnerung, dass ihr euch mehr als gut verstanden hättet. Gab es zwischen euch eine Beziehung oder nicht?"
Puschkin erklärte: „In den ersten Wochen haben wir uns wohl gegenseitig das Leben schwer gemacht. Mario versuchte, mir ständig zu beweisen, dass ich von der Drogenszene nicht die geringste Ahnung hätte, und ich wies ihn im Gegenzug permanent auf sein furchtbar stilloses Benehmen hin. Er war ein Macho durch und durch." Ein Lächeln huschte kurz über ihre Lippen. „Doch irgendwann bemühte sich Mario, mir gegenüber wesentlich charmanter zu sein. Das war keine Masche. Nein, er stellte sich tatsächlich um. Silva, der angeblich nie über seine Fehler reden konnte, erzählte mir eines Tages, dass seine Jugend ein reines Chaos gewesen sei. Er stammte aus einer italienischen Schaustellerfamilie. Sein Vater war Tierpfleger und die Mutter Akrobatin. Sie besaßen einen kleinen Zirkus, mit dem sie durch ganz Europa zogen. Eines Tages trennte sich die Familie. Mario wuchs in einem deutschen Kinderheim auf."
Heilig kratze sich nachdenklich am Kopf: „Warum hat sich Silvas Familie getrennt?"
„Das habe ich nie herausbekommen. Darüber wollte Mario grundsätzlich nicht sprechen. Im Heim wurde er mit Drogen erwischt. Vielleicht wäre er sogar auf die schiefe Bahn geraten.

Ein braver Polizist bot dem Jungen aus dem Heim an, in den Judoverein einzutreten. Mario hatte dort Erfolg. Nicht nur das. Sein Trainer sorgte auch dafür, dass Mario sich bei der Polizei bewarb.“ Puschkin machte eine ehrerbietige Handbewegung und ergänzte: „Wie man sieht, mit Erfolg!“
Heilig erwiderte süffisant: „Wie man sieht, kam seine kriminelle Ader irgendwann wieder durch, sonst wäre er nicht mit Mitte dreißig zum Mörder geworden!“
Puschkin stieg aus dem Sessel und begann, im Wohnzimmer hin und her zu laufen. „Was das Thema seiner Tat betrifft, so habe ich sein Handeln nie nachvollziehen können. Mario war ein Mensch mit einem sehr ausgeprägten Gerechtigkeitssinn. Ich habe ihn in der Szene erlebt. Die kleinen Cannabis-Dealer hat er meistens mit einer mündlichen Verwarnung laufen lassen. Viele Fixer hatten Vertrauen zu ihm. Mario ging es immer darum, die Verantwortlichen für die verdammte Drogenszene zu finden und zur Strecke zu bringen. Und er hatte Erfolg.“
Heilig schenkte sich noch etwas zu trinken ein: „Mario hatte nur Erfolge, weil er oft widerrechtlich und skrupellos vorgegangen ist. Das steht in seiner Akte.“
Puschkin nahm wieder Platz: „Wer im Dreck wühlt, macht sich nun mal die Finger schmutzig. Mancher hat ihm auch sicherlich seine Courage geneidet. Auf jeden Fall ließ er sich nicht so schnell einschüchtern und behielt auch in gefährlichen Situationen die Nerven. Das habe ich bereits nach wenigen Wochen hautnah erlebt.“
Puschkin ließ Kommissar Heilig wieder an ihren Erinnerungen teilhaben ...

Sechzehn Jahre zuvor ...
Ein anonymer Informant sendete dem Drogendezernat gegen Mittag den Hinweis, dass am Hauptbahnhof ein Dealer mit dem

12:30-Uhr-Zug ankommen sollte. An der E-Mail war ein Foto des Drogenhändlers angehängt. Angeblich würde mindestens ein Kilogramm Kokain geschmuggelt. Dezernatleiter Meier beauftragte Puschkin und Silva, den Dealer zu beobachten, aber nicht festzunehmen. Sie sollten unbedingt herausfinden, welchen Weg der Stoff nehmen würde.

Silva hupte den Mittagsverkehr zur Seite. Da er auf die Schnelle keinen Einstellplatz fand, parkte er in zweiter Reihe. Die beiden Beamten liefen durch die lange Bahnhofshalle. Als sie gerade an der Treppe zum Gleis des erwarteten Zugs kamen, schrie eine junge Frau um Hilfe. Sie wurde von zwei Skinheads bedrängt. Die vielen Reisenden machten wie gewöhnlich einen großen Bogen um die aggressiven Jugendlichen. Die Kollegen gaben sich ein stummes Zeichen. Silvas Stimme schallte durch die Bahnhofshalle: „Lasst sofort die Frau los, ihr Hitzköpfe!“ Er drängte sich durch die Reihe der untätigen Gaffer.

Puschkin eilte währenddessen alleine zum Bahnsteig hinauf. Der Lautsprecher meldete die Ankunft des Zugs. Bald darauf rollte der Lindwurm ein. Bremsen quietschten, Türen öffneten sich automatisch. Reisende drängten nervös mit ihrem Gepäck zum Einstieg. Andere drängten gleichzeitig schimpfend hinaus. Puschkin blickte noch einmal auf das Display ihres Handys, in dem das Gesicht des angeblichen Dealers zu sehen war. Dann schaute sie sich suchend um. Ein fremdes Gesicht aus dieser Menge herauszupicken, war nicht leicht. Menschen eilten hin und her. Gesichter mal fröhlich, mal ernst oder betrübt, jung und alt. In den Ohren dröhnte Rufen, Lachen, Schimpfen, Lautsprecheransagen für die Nebengleise. Plötzlich wurde Puschkins Körper von hinten umklammert. Gleichzeitig hielt ihr jemand eine lange Messerklinge an die Kehle und sagte neben ihrem Ohr: „Eine falsche Bewegung, du Schnüfflerin, und der hübsche Kopf ist unten.“ Die Schneide ritzte Puschkins Haut. Unter die-

ser Bedingung hatte sie trotz ihrer Kampfsporterfahrung keine Chance, sich zu wehren. Da sie nicht schrie, bekamen die übrigen Passagiere in ihrer Hektik noch nichts mit. Der Angreifer fingerte geschickt Puschkins Waffe aus dem Holster und steckte sie in seine Jackentasche. Nach und nach erkannten die Menschen auf dem Bahnsteig, dass hier gerade eine Frau lebensgefährlich bedroht wurde. In Puschkins Nähe wurde es bedrohlich still. Den Gaffern und verängstigten Fahrgästen verschlug es die Sprache. Zwischen diesen Menschen fiel der Kommissarin ein Gesicht auf. Es glich dem Dealer vom Handy-Display. Er kam näher, grinste mokant und gab Puschkins Angreifer offensichtlich ein stummes Zeichen. Der Messermann reagierte und flüsterte ihr ins Ohr: „Wir beide steigen jetzt mit meinem Kumpel in den Zug. Zuvor gibst du dein Handy ab. Wenn du dich zu hektisch bewegst, dann schneide ich dir die Gurgel durch. Hast du verstanden?"
Sie traute sich mit der Klinge am Hals nicht zu nicken und krächzte nur ein dünnes „Ja".
Der Dealer, der mit dem Zug gekommen war, nahm Puschkin das Handy aus der Hand. Er wollte soeben etwas sagen, da hielt ihm jemand aus der gaffenden Menge eine Pistole an den Kopf. Silva sagte in aller Ruhe zu dem überraschten Mann: „Polizei, dein Freund und Helfer. Bitte keine Bewegung. Am besten auch nicht mehr atmen." Dann blickte er zu Puschkins Angreifer: „Du legst das Messer nun auf den Boden und lässt die Frau gehen. Wenn nicht, dann hat dein Kumpel ein Loch im Kopf."
Jetzt wurden die Bahnsteigbesucher munter. Der Dealer, dem Silva die Mündung an den Kopf hielt, sprang jedoch hemmungslos vor und rief: „Wenn du abdrückst, dann überlebt deine Kollegin das nicht!"
Er durchstieß brutal den Ring der Gaffer und rannte zum wartenden Zug. An einer Tür drehte er sich frech grinsend herum,

winkte und verschwand. Das Signal zur Abfahrt ertönte und im Lautsprecher schallte die Aufforderung an die Fahrgäste, vom Gleis zurückzutreten. Silva war in der Zwickmühle. Er müsste diesem Mann laut seinem polizeilichen Auftrag folgen. Dieser Typ war eine Schlüsselfigur im Drogennetzwerk. Doch Silva konnte die Verfolgung nicht fortsetzen, solange Puschkin in Gefahr war.

Der Mann mit dem Messer wurde nervös. Irgendwie war die Sache so nicht geplant gewesen. Er schnauzte Silva an: „Wenn du nicht sofort deine Knarre wegwirfst, dann schneide ich ihr die Kehle durch!“

„Okay, okay!“, rief Silva zurück. „Ich lege die Pistole brav auf den Boden und du das Messer. Wir tun das am besten gleichzeitig!“

„Hältst du Bulle mich für bescheuert?“, fragte der Mann. Er war Mitte zwanzig, schlank, unauffällig, mit Jeans und Lederjacke bekleidet. Puschkin stieß einen Schrei aus. Blut ran an ihrem Hals herunter und floss übers Schlüsselbein in die Bluse. Aus dem Kreis der Schaulustigen kamen ebenfalls entsetzte Rufe. „Bulle, du legst sofort die Knarre weg!“, kam die nächste Aufforderung. „Ich zähle bis drei, dann steche ich die Lady ab!“ Silva ging langsam in die Hocke und legte die Waffe vor seine eigenen Füße. Er ließ den Geiselnehmer dabei keine Sekunde aus den Augen. Der Mann rief: „Kick die Knarre mit dem Fuß zu mir!“

Im gleichen Augenblick trafen zwei Bahnpolizisten ein. Sie erkannten die Situation und zogen ihre Pistolen.

Silva erklärte, dass er ein Kollege sei.

Der Geiselnehmer brüllte: „Wenn die Bullen nicht sofort verschwinden, dann ist die Show vorbei!“

Puschkin war mittlerweile kreideweiß.

„Kollegen, bitte“, sprach Silva die Bahnpolizei ganz ruhig an. „Tun Sie, was der Mann verlangt. Er ist in der besseren Position.“

Nur widerwillig zogen sich die Beamten ein Stück zurück. Dabei drängten sie auch die Schaulustigen die Treppe zur Bahnhofshalle hinunter. Einer sprach in sein Funkgerät.

Der Mann mit dem Messer machte einen Schritt zurück und zog Puschkin mit sich. Er stand nun mit dem Rücken an der Holzwand eines verschlossenen Verkaufsstands. Seine Augen blitzten kess. Mit der Wand im Rücken fühlte er sich sicherer. Er rief zu Silva: „Schieb endlich deine Waffe mit dem Fuß zu mir.“ Silva machte einen kräftigen Tritt und die Pistole rutschte Richtung Zug. Sie fiel über die Bahnsteigkante ins Gleis.

„Du Arschloch solltest die Waffe zu mir schießen!“, fluchte der Bursche und wurde noch nervöser.

„Sorry, ich war schon in der Schule beim Fußballspielen eine Niete!“

„Los, mach deine Jacke auf. Ich will sehen, ob du noch mehr Waffen hast!“

Silva öffnete mit beiden Händen die Jacke weit. Nur ein leerer Holster war sichtbar.

„Okay, jetzt heb deine Hände hinter den Kopf!“, schrie der Mann hinter Puschkin.

Silva hob langsam die Arme und bewegte die Hände zum Genick. Puschkin bemerkte ein sonderbares Funkeln in seinen Augen. Sie kannte diesen Blick. Der Zug fuhr an. Gleichzeitig pfiff die Luft. Ein Wurfmesser flog knapp an Puschkins Kopf vorbei, ratschte das Ohr ihres Angreifers und blieb zitternd in der Holzwand stecken. Völlig überrascht ließ der Mann sein Messer ein Stück sinken. Puschkin konnte sein Handgelenk fassen und die Klinge ein Stück von ihrem Hals wegdrücken. Sofort kam Silva angestürmt und griff ebenfalls zur Hand mit dem Messer.

Puschkin rammte ihrem Peiniger den Ellenbogen in die Seite, ließ sich gleichzeitig fallen und krabbelte auf allen Vieren in Sicherheit. Der Mann versuchte, mit dem Polizisten um sein Messer zu kämpfen. Silva kochte jetzt vor Wut. Er gab dem Verbrecher einen Kopfstoß auf die Nase. Blut schoss heraus. Klirrend fiel das Messer zu Boden. Silvas Schläfen pochten. Er boxte seinem Gegner in den Bauch und rief: „Ich stampf dich ein, du Arschloch!“
Der Mann taumelte. Puschkin zog ihrem Geiselnehmer die entwendete Dienstwaffe aus der Jackentasche und zielte auf ihn. Silva holte erneut zu einem Faustschlag aus.
Puschkin fasste ihrem Kollegen jedoch fest an die Schulter: „Mario, nein! Hör auf! Wir haben ihn doch unter Kontrolle.“
Die Bahnpolizisten kamen zu Hilfe und führten den Mann unter dem Beifall vieler Fahrgäste ab. Ein Signalton. Bremsen wurden entlüftet. Sie blickten zum anrollenden Zug. Hinter einem Fenster sahen sie das frech grinsende Gesicht des flüchtigen Dealers. Silva spurtete los. Er erreichte eine geschlossene Tür und schlug dagegen. Schneller und schneller rollte der Lindwurm voran. Das Fenster mit dem grinsenden Gesicht zog an Silva vorbei. Er stemmte verärgert die Fäuste in die Hüften. Der Luftzug zerzauste sein Haar.

Gegenwart ...
Kommissar Heilig zeigte sich von Puschkins Erzählung kaum beeindruckt. Er stieß spöttisch die Luft durch die Nase aus: „Also ist euch der wichtige Dealer damals durch die Lappen gegangen.“
„Ja und nein“, erklärte sie. „Mithilfe der Kollegen der Bahnpolizei konnte der Flüchtende am nächsten Bahnhof festgenommen werden. Mein Geiselnehmer brachte uns nach mehreren Verhörstunden auf die Spur von Raphael Como, der aber nie festgena-

gelt werden konnte. Heute gehört Como zu den sogenannten Ehrenbürgern unserer Stadt."

„Ja, Raphael Como fördert maßgeblich den Fußballverein. Er spendet für Jugendprojekte. Er hat eine attraktive Frau aus guter Gesellschaft geheiratet." Roman Heilig lachte. „Er besorgt unseren Jungs von der Streifenpolizei auch hin und wieder Fußball-VIP-Karten."

Irina rollte mit den Augen und sagte ironisch: „Wenn er Fußballkarten verschenkt, dann muss Como in der Tat ein guter Mensch sein. Was glaubst du, wie er seine Freizügigkeit finanziert?"

„Ich habe gelesen, dass er gute Geschäfte im asiatischen Raum betreibt. Como besitzt dort Textilfabriken, schafft mit diesen für die armen Leute Arbeit in der Dritten Welt und setzt an der Börse offensichtlich auf die richtigen Aktien."

„Diese Geschäfte hat er angeblich vor fünfzehn Jahren schon gemacht. Silva hatte behauptet, dass Como den Textilhandel zur Geldwäsche seines Drogenhandels benutzt und die Arbeiter ausbeutet." Irina holte eine Flasche Wasser und Gläser aus der Küche. Sie schenkte ein. Die Kohlensäure ließ kleine Wassertröpfchen über den Glasrand hüpfen. „Roman, habt ihr erfahren, wie Mario aus der JVA flüchten konnte?"

„In der kurzen Zeit gab es nicht viele Infos. Aber sein Drahtseilakt hat sich herumgesprochen." Sie blickte ihren Kollegen erstaunt an und Heilig erklärte: „Irgendwie ist Silva auf das Dach geklettert. Von dort führt eine alte Telefonleitung in schwindelnder Höhe über die Mauer mit dem Stacheldraht bis zum Außenbereich. Die Nummer muss ihm erst mal einer nachmachen. Das muss ihm der Neid lassen."

Irina konnte sich ein Schmunzeln nicht verkneifen: „Ja, er hatte mir erzählt, dass er solche akrobatischen Dinge im Zirkus von seiner Mutter gelernt hat. Auch das Messerwerfen hat er schon

als Junge beherrscht. Mein Geiselnehmer hätte damals bei Marios Messerwurf fast sein Ohr verloren."
Heilig hob eine Braue: „Das war kein Heldenstück. Das war Leichtsinn. Der Geiselnehmer hätte dir aus reinem Reflex die Gurgel durchschneiden können. Dieser Silva war dafür bekannt, viel zu hohe Risiken einzugehen. Solche Leute haben im Polizeidienst nichts verloren." Heilig blickte auf seine Uhr und stand auf. „Okay, ich mache Feierabend. Wenn du etwas von Silva hörst, dann hoffe ich auf Ihre Professionalität, Frau Hauptkommissarin!"
Puschkin empörte sich: „Was soll das denn heißen?"
„Ich meine ja nur so. Ihr wart einmal ein Team und er hat dir bei der Geiselnahme geholfen. Vielleicht beeinflusst das deine Objektivität."
Noch bevor sie antworten konnte, schloss Heilig hinter sich die Tür zum Hausflur.
„Arrogantes Arschloch!", murmelte Puschkin vor sich hin und ließ gluckernd einen Schluck Cognac ins Glas laufen.

Puschkin saß bereits morgens um 7:00 Uhr im Büro des Präsidiums. Sie recherchierte im Computer in der fünfzehn Jahre alten Akte zum Strafprozess in der Sache Mario Silva. Sie las die Protokollaussagen:
Inspektor Mario Silva gibt weiter zur Aussage: „Ich erhielt am Handy einen anonymen Telefonanruf mit dem Hinweis, dass in der Villa Thingstraße 3 ein umfangreiches Drogengeschäft abgewickelt werden sollte. Unsere Abteilung hatte Herrn Raphael Como schon länger in Verdacht, dass er eine wesentliche Rolle im internationalen Drogenhandel spielt. Doch Como trat niemals selbst in Erscheinung."
Frage des Staatsanwalts Dr. Reichwein: „Herr Silva, wieso bringen Sie den Namen des Herrn Como hier ins Spiel? Hat Ihr

geheimnisvoller Anrufer überhaupt erwähnt, dass sich ein Mann namens Como in der Villa aufhalten würde?"
Silva: „Ja, ganz klar fiel der Name Raphael Como."
Dr. Reichwein: „Wieso sind Sie ohne Ihre Kollegen oder die professionelle Unterstützung des SEK zum Tatort gefahren? Die Sicherheitsvorschriften verbieten Ihnen einen solchen Alleingang."
Silva: „Weil die Zeit zu knapp war, um auf die Kollegen zu warten. Die Hintermänner des großen Drogengeschäfts konnten uns bisher entwischen, da wir meistens erst zu spät eingreifen durften."
Dr. Reichwein: „Ach so, Sie bestimmen also selbst, wann Vorschriften eingehalten werden müssen und wann nicht?"
Silva: „Vorschriften sind notwendig, aber manchmal hinderlich, um ein Ziel zu erreichen. Es war eine Ausnahme."
Dr. Reichwein: „Was Herr Mario Silva unter Ausnahmen versteht, sind:
- Festnahme eines Dealers in ‚Rockys Club', einem berüchtigten Rockerlokal. Silva erlitt bei diesem Alleingang während seiner Prügelei einen Fingerbruch. Es kam zu einer Arbeitsunfähigkeit von drei Tagen.
- Festnahme dreier Jugendlicher in der Toilette des Hauptbahnhofs. In der Toilette entstand ein Sachschaden von zweitausend Euro. Laut Zeugen hatte Inspektor Silva die Prügelei begonnen.
- Messerattacke während einer Geiselnahme. Die Geisel, eine Polizistin, erlitt eine Schnittwunde am Hals und musste medizinisch versorgt werden. Der Täter hätte durch Silvas Messerattacke fast sein Ohr verloren. Der Rechtsanwalt des Geiselnehmers hat Klage eingereicht. Das Verfahren läuft zurzeit noch.
Hohes Gericht, ich lege Ihnen die fast endlose Liste als Beweis vor. Die weiteren unzähligen Sonderveranstaltungen beziehungsweise Verstöße des Herrn Silva gegen die Dienstvorschrif-

ten ersparen wir uns hier. Damit ist auf jeden Fall bewiesen, dass Mario Silva höchstens im Ausnahmefall mal eine Dienstvorschrift einhält."

Silvas Rechtsvertreterin Dr. Manuela Graph: „Hohes Gericht, der Staatsanwalt Dr. Reichwein mag recht haben, dass mein Mandant hin und wieder die Grenzen seiner Dienstvorschriften großzügig interpretiert hat. Andererseits ist allen Polizisten bekannt, dass die Einsatzpraxis und die Theorie weit auseinander liegen. Tatsächlich ist es nie zu einem Disziplinarverfahren gegen Herrn Silva gekommen. Ferner wird hier der wichtigste Aspekt seiner Polizeiarbeit außer Acht gelassen. Herr Silva hat sich nicht nur in risikoreiche Situationen begeben, sondern fast immer die Täter gestellt. Besonders im Fall der Geiselnahme der Polizistin Irina Puschkin muss ich den Darstellungen des Kollegen Reichwein widersprechen. Die Schnittverletzung an ihrem Hals wurde von dem Messer des Geiselnehmers herbeigeführt. Das Wurfmesser hat mein Mandant nur zur finalen Rettungsmaßnahme verwendet. Dass der Geiselnehmer dabei leicht verletzt wurde, war dessen eigenes Risiko."

Dr. Reichwein: „Lassen wir das und kommen wir zum aktuellen Tatort in der Villa Thingstraße. Herr Silva, was geschah, als Sie alleine das Haus aufsuchten? Wie sind Sie dort hineingekommen?"

Silva: „Ich bin vorsichtig die Stufen zum Haupteingang hinaufgestiegen. Da fand ich die Tür angelehnt. Ich griff zu meiner Pistole und betrat leise das Haus. Ich hörte Stimmen und ging in diese Richtung. Als ich einen der Wohnräume erreichte, stand auch dort die Tür ein Stück offen. Ich sah zwei bekannte Männer aus der Drogenszene. Kleine Fische, die nie lange in Haft bleiben und dann wieder brav den Stoff verteilen. Die beiden wurden von mir völlig überrascht. Ich hielt die Männer mit meiner Pistole in Schach und wollte die Kollegen per Handy zu Hilfe rufen. Hinter mir schlich sich Raphael Como an und schlug mich nieder."

Dr. Reichwein: „Wenn Herr Como Sie von hinten angegriffen hat, dann konnten Sie ihn doch gar nicht sehen? Woher wollen Sie also wissen, dass er Sie attackiert hat?"

Silva: „Als ich zu Bewusstsein kam, stand Como in der Balkontür und grinste mich schmierig an. Plötzlich erkannte ich dieses Gesicht. Es erinnerte mich an jemanden. Wie soll ich das erklären? Es war ganz klar Como. Aber es war auch das Gesicht einer Person, die ich in meiner Jugend schon einmal gesehen hatte."

Dr. Reichwein: „Wieso betonen Sie besonders, dass Sie dieses Gesicht an jemanden aus Ihrer Jugend erinnert? Haben Sie nun Herrn Como erkannt oder nicht? Herr Como steht in der Öffentlichkeit und ist weithin als ehrenvoller Bürger bekannt."

Puschkin fiel auf, dass im Protokoll an dieser Stelle etwas fehlte. Woran hatte sich Silva erinnert? Er hatte sich doch sicherlich vor Gericht näher erklärt. Spätestens seine Verteidigerin hätte an dieser Stelle intensiv nachgehakt. Es ging im Protokoll mit Silvas Bericht erst damit weiter, dass von fern Martinshorn zu hören gewesen wäre. Da wäre Como aus der Villa geflüchtet. Puschkin überflog die Darstellungen des weiteren Tathergangs. Die Polizei war in die Villa gestürmt. Silva hatte sich im gleichen Moment aufgerichtet und seine Pistole noch in der Hand gehalten. Der Eindruck seiner Kollegen war, dass er die beiden Drogenhändler erschossen hatte. Ein Päckchen Kokain wurde in Silvas Jacke gefunden. Vor Gericht hatte Staatsanwalt Dr. Reichwein in diesem Zusammenhang darauf hingewiesen, dass Mario Silva bereits als Jugendlicher mit Drogen erwischt worden war. Bei den erschossenen Drogendealern wurden keine Waffen gefunden. Aber in ihrer Brust steckten die Projektile aus

Silvas Dienstwaffe. An seiner Hand waren Schmauchspuren. Silva wurde für schuldig befunden, zwei unbewaffnete Täter rücksichtslos erschossen zu haben. Das Urteil des Richters Dr. Eichholz lautete daraufhin: lebenslange Haft.
Irina Puschkin schloss im PC Silvas Akte. Ihre Finger trommelten auf der Schreibtischplatte. Mehr und mehr versank sie in die Erinnerungen zurzeit von Silvas Verhaftung. Wie ein Lauffeuer hatte sich damals die Nachricht im Präsidium verbreitet, dass Silva zwei Dealer kaltblütig erschossen hätte. Einige Kollegen hatten es hinter vorgehaltener Hand für richtig befunden, dass in diesem Sumpf endlich mal aufgeräumt wurde, dass Silva ‚den Arsch in der Hose gehabt hatte', der Drogenszene die Stirn zu bieten. Andere hatten keine Meinung zu diesem heiklen Thema. Die Führungskräfte hatten die Einhaltung der Vorschriften gepredigt. Vor allem hatte man besonders wegen der Sensationspresse an den guten Ruf der Polizei zu denken. Irina war entsetzt gewesen. Sie hatte zu Anfang nicht glauben wollen, dass Mario geschossen hatte. Doch alle Indizien sprachen gegen ihn. Dann waren die Verhandlung und das furchtbare Urteil gekommen. Was hätte damals aus Marios und Irinas Romanze werden sollen? Wäre es für sie wirklich angebracht gewesen, im günstigsten Fall fünfzehn Jahre lang auf einen Mann warten sollen, der zwei Menschen erschossen hatte? Selbst wenn sie ernsthafte Zweifel gehabt hätte? Auch wenn Mario die Sache anders dargestellt hatte, so waren fünfzehn Jahre eine lange Zeit. Irina hatte Mario im ersten Jahr in der JVA regelmäßig besucht, dann waren die Besuche weniger geworden und blieben irgendwann ganz aus ...
Puschkin kehrte mit Herzklopfen aus ihren Erinnerungen in die Gegenwart zurück. Sie öffnete das Dokument des Protokolls erneut und las den Namen des Richters. Dr. Jur. Peter Eichholz stand dort. Puschkin suchte im Computer nach den Daten des

ehemaligen Vorsitzenden und stellte fest, dass Dr. Peter Eichholz längst pensioniert war. Nach zwanzig Minuten ermittelte sie dessen Telefonnummer und rief dort an. Der Herr meldete sich mit freundlicher Stimme. Puschkin erklärte, dass sie als Hauptkommissarin der Mordkommission im Fall Mario Silva recherchiere und zum alten Strafprozess eine Auskunft benötige.
„Frau Puschkin, Sie finden alle Angaben dazu in den digitalen Akten. Ein paar Klicks und alles steht zu Ihrer Verfügung. Können Sie sich vorstellen, wie lange wir früher Papierberge wälzen mussten, um einzelne Informationen herauszupicken?“
„Ja, Herr Doktor, wir haben es da tatsächlich nun etwas leichter. Doch in den EDV-Daten findet sich nicht alles wieder. Deshalb rufe ich an.“ Sie erklärte, an welcher Stelle des Protokolls sich eine seltsame Lücke im Gesprächsverlauf befand. „Herr Dr. Eichholz, gerade, wenn harte Urteile gefällt werden, dann erinnern sich die Richter oft noch jahrelang an Details. Was meinte Mario Silva vor Gericht damit, dass er Raphael Comos Gesicht schon einmal in seiner Jugend gesehen hätte? Damit bezog er sich doch sicher nicht auf Pressebilder. Es musste etwas sein, das lange vor diesem Fall zurücklag.“
Der alte Richter fragte: „Frau Puschkin, waren Sie denn nicht bei der Verhandlung?“
„Nein, ich war als seine Kollegin wegen Befangenheit nicht zugelassen.“
„Wenn ich mich recht erinnere, dann hatte Silva behauptet, dass Como in Silvas Jugendzeit unter anderem Namen gelebt und zu einer Mafia-Familie gehört hätte. Es ging damals um Schutzgelderpressungen. Eines Tages wäre im Zirkus von Silvas Eltern Feuer gelegt worden. Dabei seien mehrere Wohnwagen verbrannt. Auch Silvas Eltern wären dabei umgekommen. Silva behauptete in der Verhandlung steif und fest, dass er als Junge Comos Gesicht im Feuerschein gesehen hätte.“

Puschkin lief ein Schauer über den Rücken: „Warum steht das nicht im Protokoll?“

„Ich weiß es nicht. Eigentlich müsste das drinstehen. Diese Aussage hatte dem Staatsanwalt das Argument gegeben, dass Silvas Jagd auf Como in diesem Fall sogar ein Rachefeldzug gewesen wäre. Seine Verteidigerin hatte sehr geschickt von diesem Thema abgelenkt. Aber trotzdem müsste das alles im Protokoll zu finden sein.“

„Herr Richter, Raphael Como genießt heute in unserer Stadt und darüber hinaus hohes Ansehen. Der kleinste Hinweis darauf, dass Como in alter Zeit zur Mafia gehörte, würde heute seinem Image bedrohlich schaden. Er müsste besonderes Interesse daran haben, dass die Sache mit dem Zirkusbrand nie mehr erwähnt wird, dass niemand in diesem Dreck herumstochert.“

„Damit würden Sie Como unter den Verdacht stellen, dass er Gerichtsdokumente hätte fälschen lassen. Dass Personen des Gerichts ihm dabei geholten hätten. Wissen Sie, was das bedeuten würde?“

„Sie glauben nicht daran, dass Como die Verbindungen hat, um so etwas durchzuführen?“

„Möglich ist alles, Frau Hauptkommissarin. Kein Autor muss Geschichten erfinden, die es nicht längst schon vor Gericht gegeben hat.“ Der Richter machte eine nachdenkliche Pause und fuhr dann fort: „Selbst wenn Ihr ungeheuerlicher Verdacht wahr wäre, wer wird Sie unterstützen, um das alles zu beweisen?“

„Kann ich mit Ihrer Hilfe und Ihren Beziehungen rechnen, Herr Doktor?“

„Ich stehe Ihnen gerne weiterhin zur Verfügung, aber recherchieren müssen Sie selbst.“

Puschkin bedankte sich, legte den Hörer auf und strich sich nachdenklich übers Gesicht. Was hatte Dr. Eichholz über Marios Eltern berichtet? Die wären bei einem Brandanschlag ums

Leben gekommen? Das hatte ihr Mario nie erzählt. Warum nicht? Wie alt war Raphael Como zurzeit von Mario Silvas Jugend? Silva war heute fünfzig. Como musste laut Presse fast sechzig sein und war stolz darauf, dass er noch immer den Halbmarathon laufen konnte. In wenigen Tagen wollte er laut Radio-Interview sogar an dem von ihm organisierten und finanzierten Volkslauf teilnehmen, der zwanzig Kilometer quer durch die Stadt führen würde. Dieser Lauf sollte von Comos privaten Fernsehsender live übertragen werden und auch seinem Kommunalwahlkampf dienen, da er nun für einen Sitz im Stadtrat kandidierte. Puschkin wollte mehr über die Vergangenheit des ehrenwerten Herrn Como erfahren.

Das Telefon läutete. Heilig war am Apparat: „Irina, auch wenn es die Mordkommission kaum etwas angeht, aber jemand hat an Comos Villa etwas an die Hauswand gesprüht. Dort stehen die Worte ‚Brandstifter', ‚Erpresser', ‚Dealer' und ‚Mörder'. Interessant ist, dass man nicht so einfach auf Comos Grundstück gelangt. Der Sprüher muss über die Grundstücksmauer geflogen sein. Die hat nämlich ein raffiniertes Sicherungssystem, das eigentlich hätte Alarm auslösen müssen."

Puschkin griff zu ihrer Jacke auf der Stuhllehne: „Da das Wort ‚Mörder' an der Wand steht, ist das ein Fall für unsere Abteilung. Ich komme!" Sie schaltete den PC aus und verließ ihr Büro.

Auch dieser März-Abend war bitterkalt. Erst am kommenden Wochenende sollte die Frühlingssonne höhere Tagestemperaturen mit sich bringen. Puschkin joggte aus dem Dunkel des Waldwegs heraus. Ihr Wohnhaus kam näher. Puschkin hielt inne. In ihrer Wohnung brannte Licht. Sie war sich sicher, dass sie alle Lampen ausgemacht hatte. Hatte sie jetzt ein Déjà-vu? Sie öffnete die Haustür und eilte die Treppe hinauf. In ihrer Etage lugte Irina misstrauisch zur Wohnungstür. Sie war geschlossen. Die Hauptkommissarin näherte sich auf leisen Sohlen und blickte in den Spion. Sie zog ihre Pistole aus dem Holster. Fast lautlos drehte sich der Schlüssel und die Tür wich zurück. Puschkin hielt ihre Waffe mit beiden Händen und schob die Wohnzimmertür ganz auf. Routiniert beschrieb die Mündung ihrer Pistole einen Bogen, doch niemand war zu sehen. Ein Wasserglas stand auf dem Tisch, das Irina selbst nicht dort abgestellt hatte. Im Badezimmer begann die Dusche zu rauschen. Wieder zeigte die Mündung der Pistole voraus. Die Tür zum Bad war nur angelehnt. Puschkin schob diese zurück und legte die Waffe auf die Waschmaschine. Völlig genervt sagte sie: „Mario, du bist verrückt! Ich rufe jetzt die Kollegen. Ziehe dich in der Zwischenzeit an!“

Nichts regte sich. Sie zog den Duschvorhang zurück. Silva lächelte sie frech an und verteilte Shampoo in seinem Haar. Dann griff er blitzschnell nach ihrem Arm und zog sie unter die laufende Dusche. Puschkin wollte sich zur Wehr setzen, doch er hielt ihren Kopf zwischen seinen Händen und drückte die Lippen auf ihren Mund. Ihr Widerstand ließ nach. Ihre Arme umfassten seinen Hals. Silva zog ihr das Shirt aus und warf es zu Boden. Dann streifte er ihre Jogginghose und den Slip herunter. Seine Lippen küssten ihren Bauch und wanderten zu den Brüsten.

Nach zwanzig Minuten saß Silva im Wohnzimmer auf der Couch. Er griff zu Irinas alter Konzertgitarre und strich zärtlich über die Saiten. Sie waren verstimmt. Sein Daumen schlug eine Saite an und stimmte die Übrigen nach dieser ab. Leise begann er zu zupfen. Das Spiel wurde schneller und ging in einen Flamenco-Rhythmus über. Silva begann dabei einen spanischen Text zu singen. Puschkin blickte ins Wohnzimmer. Sie trug einen weißen Bademantel und schmunzelte. „Das ist doch ‚Bam-

boléo‘ von den Gipsy Kings, nicht wahr? Das haben wir früher oft zusammengehört.“
Silva unterbrach sein Spiel: „Schön, dass du dich daran erinnerst. Ich dachte, du hättest unsere gemeinsamen Erlebnisse komplett aus deinem Gedächtnis gelöscht.“
Sie richtete verschämt ihren Blick zur Küchentür: „Hast du Hunger?“
„Du meinst auf ein Henkersmahl, bevor deine Kollegen mich hier gleich einsammeln?“
„Ich mache uns einen kleinen Snack.“
Sie drehte sich um und ging in die Küche. Silva zupfte noch eine kleine Melodie, dann stellte er das Instrument neben die Couch. Irina rief aus der Küche: „Damals hast du noch nicht so gut Gitarre gespielt! Jetzt bist du ein wahrer Meister. Das hört sich echt klasse an! Spiel weiter!“
„Im Knast hat man viel Zeit zum Üben. Übrigens haben viele Rockgitarristen ebenfalls im Knast das Spielen gelernt.“
Puschkin stellte einen Teller mit Antipasti auf den Tisch. Dann reichte sie Silva eine Rotweinflasche und einen Korkenzieher. Er bohrte die Metallspirale in den Flaschenhals und zog. Es machte laut plöp. Während Mario den Wein gluckernd in die Gläser schenkte, legte Irina eine CD in den Player. Sie setzte sich zu ihm auf die Couch, hielt ihr Glas zum Anstoßen hin und sagte: „Erzähl mir von dir.“
Die Gläser klangen. Silva nippte am Rebensaft und meinte nachdenklich: „Irina, was soll dir ein Inhaftierter erzählen? Dass man als Bulle im Knast sehr herzlich von den Mitgefangenen aufgenommen wird? Dass man versucht hat, mich im Duschraum zusammenzuschlagen und zu vergewaltigen? Dass ich mich einigermaßen gewehrt habe? Dass ich meinen drei Widersachern einige Beulen verpasst habe? Dass das Handgemenge von den Wärtern unbemerkt blieb, sodass ich wochenlanger

Einzelhaft entging? Dass ich eine Freundin gehabt hatte, die mich nach kurzer Zeit aufgab? Dass ich mich gefragt habe, ob solch ein Leben noch Sinn macht? Ob ein mutiger Suizid nicht von all dieser irdischen Scheiße erlöst?"

Sie nahm ihm das Glas aus der Hand und drückte ihre Lippen auf seinen Mund. Der Kuss schmeckte nach Wein und echter Leidenschaft. Silva löste sich und blickte zur Seite. „Irina, im Knast werden die Menschen nicht besser. Sie lernen nur zu überleben. Sie lernen Tricks, wie man andere Mithäftlinge unbemerkt bestiehlt und wie man spurlos die Wohnung einer Hauptkommissarin öffnet." Mit breitem Grinsen schaute er in ihre großen Augen. Da sie keine Miene verzog, wurde er wieder ernst. „Ich hatte zuvor nie gedacht, dass ich ein Feigling wäre. Doch bei dem Gedanken an einen Suizid hatte ich Schiss. Ich weiß nicht, wie andere das machen. Ich kann es einfach nicht."

Sie drehte sein Gesicht zu sich und sagte leise: „Das ist gut so. Ich bin froh darum."

Sie küsste ihn erneut. Doch Silva entzog sich ihrer Umarmung und stand von der Couch auf. Er lief bis zur Tür, drehte sich herum und sagte: „Es wird nach diesem Abend einen neuen Tag geben. Der deinige ist Routine. Ich hingegen muss improvisieren."

„Mario, tut mir leid, ich verstehe kein Wort."

„Ich sagte dir bereits, dass ich eine Katastrophe verhindern muss."

Sie schüttelte genervt den Kopf: „Du hast dich da in etwas verbohrt. Woher willst du hundertprozentig wissen, dass Raphael Como ein Verbrechen plant? Kann es nicht sein, dass deine Informanten in der JVA falsche Dinge gehört haben? Como ist nie wegen schwerer Verbrechen verurteilt worden. Nirgendwo sind wesentliche Vergehen dokumentiert."

Silvas Augen begannen zu funkeln: „Ich habe dir nie alles über meine Vergangenheit erzählt. Als ich ein Kind war, da brach in unserem Zirkus des Nachts Feuer aus. Meine Eltern versuchten, die Tiere zu retten. Vater kam in dem Feuer um, Mutter wurde von einer riesigen Zeltstütze erschlagen. Ich habe mitten in dem Inferno Comos diabolisches Grinsen gesehen."
„Mario, warum sollte ein Mensch so etwas tun?"
„Weil dieser Mensch damals unter anderem Namen zur Mafia gehörte. Meine Eltern sollten Schutzgelder bezahlen. Sie hätten das sogar getan, doch die Geschäfte des Zirkus liefen nicht gut. Der Betrieb kam nur eben so über die Runden. Um riesige Schutzgelder bezahlen zu können, hätte mein Vater Leute entlassen müssen. Das Zirkusleben sieht für Kinder lustig und abenteuerlich aus. Tatsächlich aber ist das kein Spaß, sondern reine Knochenarbeit."
Puschkin ging auf Silva zu und legte ihm ihre Arme um den Hals: „Was ist, wenn Comos Gesicht einem anderen bösen Menschen nur ähnlich sieht? Es gibt Doppelgänger. Kannst du dir ganz sicher sein?" Sie blickte ihm tief in die Augen. Da er nicht antwortete, sagte sie: „An Comos Villa hat jemand die Worte ‚Dealer', ‚Mörder' und Ähnliches gesprüht. Hast du eine Vorstellung, wer das gewesen sein könnte?"
„Nein, ich bin schließlich nicht bei der Kripo. Außerdem ist das Grundstück mit einem aufwendigen Alarmsystem gesichert. Ich kenne niemanden, der nur zum Sprühen solch ein hohes Risiko auf sich nehmen würde."
Sie küsste ihn auf den Mund und flüsterte: „Aber ich kenne jemanden, der so verrückt wäre."
Silva hob sie auf seine Arme und drückte mit dem Ellenbogen die Klinke der Schlafzimmertür herunter. Eine Stunde später lag Silva in Puschkins Bett auf dem Rücken. Fast wäre er eingeschlafen. Der Schweiß stand ihm immer noch auf der Stirn. Irina

war kurz im Bad und huschte nun wieder ins Bett. Sie kuschelte sich an ihn und fuhr mit dem Finger über seine Brust.

„Mario, ich möchte, dass du dich morgen freiwillig stellst. Ich setze alle Hebel in Bewegung, dass es keine Strafverlängerung geben wird. Ich kenne Staatsanwälte und Richter. Ich werde sie milde stimmen. Und ich werde dieses Mal auf dich warten. Okay?"

„Ja, es ist okay, wenn du auf mich wartest."

Sie stützte ihren Kopf auf den Unterarm: „Das sagst du jetzt nur so, damit ich dich nicht weiter mit Fragen bedränge, nicht wahr?"

„Ob du das für Blödsinn hältst oder nicht. Como hat bereits den Termin festgelegt, wann zwei seiner Textilfabriken in Asien in Flammen aufgehen."

„Welche Fabriken? Wo sind diese Fabriken? Wenn es wirklich so wäre, dann könnte man die Behörden dort in Kenntnis setzen. Von wem hast du die Informationen?"

Silva wickelte eine ihrer Locken um seinen Finger: „Ein Häftling, der für Comos Dreckgeschäfte im Menschenhandel gearbeitet hat und bei einer der letzten Touren als Schlepper geschnappt wurde."

„Menschenhandel? Mario, ich verstehe jetzt gar nichts mehr. Was willst du Como denn noch anhängen?"

„Von mir aus nenne ihn Flüchtlingshelfer, Glückskekshändler oder was weiß ich. Es gibt kaum eine dunkle Branche, in der er nicht die Finger stecken hat. Dein sauberer Herr Como wird selbst bei dem Halbmarathon mitlaufen, den er organisiert und gesponsert hat. Wenn er die Ziellinie überschreitet, dann ist dies das Signal, dass irgendwo in Asien ein Inferno ausbricht. Also darf er niemals die Ziellinie erreichen. Kannst du dafür sorgen?"

„Mario, um den Befehl zu geben, ein Feuer zu legen, muss niemand beim Marathon eine Ziellinie überschreiten. Was für ein

theatralischer Schwachsinn. Es gibt Telefone, Smartphones und tausend andere Kommunikationswege."
„Frau Hauptkommissarin, jede Sprachnachricht, jeder elektronische Datenfluss kann heute als Beweismittel verwendet werden. Como ist ein Meister der Demagogie, ein Meister darin, unbemerkt Befehle zu erteilen, nirgendwo die kleinsten Spuren zu hinterlassen. Dass mit seinem Überqueren der Ziellinie auf der anderen Seite des Planeten ein riesiges Feuer entzündet wird, ist für ihn eine Zeremonie. So wie der Schlag eines Schmetterlingsflügels nach der asiatischen Philosophie auf der anderen Seite der Erdkugel einen Sturm auslösen kann. Genau so empfindet Como seine weltweite Macht. Er begeht nicht einfach plump ein Verbrechen, er zelebriert es. He is the master of desaster."
„Was du mir hier erzählst, dafür gibt es doch keine Beweise. Das wird mir niemand glauben."
„Irina, dann lass deinen Computer schwitzen. Kriege heraus, wo und welche Textilfabriken Como im Osten besitzt. Lass sie auf Brandbeschleuniger untersuchen. Lass diese wenigstens am Tag des Marathons beobachten. Kannst du mir das versprechen?"
Sie sog nachdenklich an ihrer Unterlippe und blickte zum Fenster. Am Nachthimmel waren einige Sterne zu sehen.
Silva drehte ihr Kinn zu sich und fragte nach: „Wirst du in dieser Sache recherchieren und etwas unternehmen?"
„Ja, ich werde wegen der Fabriken recherchieren. Verdammt, der Halbmarathon ist bereits am kommenden Wochenende. Mir bleibt nur wenig Zeit. Aber du musst mir versprechen, ab jetzt keine Dummheiten mehr zu machen."
„Okay, du hast recht."
Er legte seinen Arm um ihre Schultern und drückte sie an sich.

Als Puschkin erwachte, war Silvas Platz leer. Sie eilte aus dem Bett und rief: „Mario? Mario, bist du im Bad?"

Silva hatte die Wohnung verlassen. Auf dem Tisch lag eine Nachricht: *Das war die angenehmste Nacht seit fünfzehn Jahren. Danke!*
Irina stellte sich unter die Dusche und fluchte: „Warum geht dieser verdammte Kerl immer mit dem Kopf durch die Wand?“

Eine Stunde später betrat Puschkin im Präsidium das Büro. Kollege Heilig saß bereits am Schreibtisch und blickte von seinem Computermonitor auf. Sie trug eine schicke, wetterfeste Jacke, Schal und Strickmütze. Die Hosenbeine der Jeans waren über Lederstiefel gestülpt.
„Hi Roman, wer hat eigentlich am Wochenende Bereitschaft?“
„Immer die, die fragt.“ Er blickte sie forschend an: „Du siehst aus, als hättest du wenig Schlaf bekommen. Alles in Ordnung?“
„Entweder sagt man einer Frau, dass sie blendend aussieht oder man hält einfach die Klappe. Du hast dich übrigens nicht rasiert und rote Augen. Kann es sein, dass gestern eines deiner Bierchen schlecht war?“
„Irina, wenn du auf Krawall gebürstet bist, dann sage das gleich. Ich habe nämlich einen Kater und keinen Bock, mich zu streiten.“
„Oh, miau, du armer Kater. Spaß beiseite. Kannst du mich am Wochenende in der Bereitschaft vertreten? Ich möchte gerne beim Halbmarathon mitmachen. Wenn Frauen mit Ende vierzig für die Herren bereits unsichtbar werden, dann sollten sie wenigstens beim Sport glänzen.“
„Was kriege ich dafür, wenn ich die Bereitschaft übernehme?“
„Ich mache dir einen starken Kaffee und gebe dir ein Aspirin.“
„Ich habe es mir gedacht. Bei Kleinigkeiten bis du großzügig.“
Puschkin hängte ihre Kleidung auf und startete den Computer. Nach einer Stunde hatte sie eine Textilfabrik in Bangladesch gefunden, in deren Zusammenhang der Name Raphael Como

genannt wurde. Es handelte sich aber nur um eine kleine Pressemeldung, dass dieser Geschäftsmann aus Deutschland mit einer Kommission des Textilhandels an einer Besichtigung in Bangladesch teilgenommen hatte. Die Schlagworte ‚Como-Sporttex' und ‚Asien' ergaben einen Treffer im nördlichen Indien. Roman schaute seiner Kollegin über die Schulter: „Como-T, verkaufen die nicht diese teuren Joggingschuhe? Brauchst du die für den Marathon?"
„Roman, du bist wieder die hellste Kerze auf der Torte", sagte sie, rieb sich die müden Augen und ging zur Kaffeemaschine.
„Irina, was habt ihr nur davon, auf einer Strecke von zwanzig Kilometern eure Lunge aus dem Hals zu rennen? Wir leben im Zeitalter öffentlicher Verkehrsmittel, Autos und Zweiräder." Da sie nicht darauf einging, fuhr er fort: „Übrigens habe ich Raphael Como angerufen und ihm gesagt, dass Silva frei herumläuft. Dass wir die Befürchtung haben, dass unser Ex-Kollege ihm eventuell beim Marathon auflauern könnte, falls wir ihn nicht vorher wieder einbuchten." Er sah, dass sich Puschkins Wangen bei diesen Gedanken röteten. Heilig fragte gezielt nach: „Silva hat dich nicht zufällig angerufen?"
„Nein, das hat er nicht!", antwortete sie barsch. „Außerdem müsstest du das wissen, da mein Telefon überwacht wird."
Er winkte ab, griff nach seiner Lederjacke und verließ das Büro. Puschkin wählte eine Telefonnummer des Einwohnermeldeamts und grüßte: „Hi, Bernd. Irina hier. Du musst der lieben Polizei mal wieder eine Auskunft geben."
Bis zum Mittag hatte Puschkin über den ehrenwerten Textilhändler Herrn Raphael Como kaum mehr in Erfahrung gebracht, was nicht allgemein über eine Person der Öffentlichkeit bekannt werden konnte. Aber Silva hatte recht, dass Como aus Italien stammte, wo sich seine Herkunft scheinbar im grauen Nichts der Vergangenheit verlor. Und der Name des Geschäftsmanns

tauchte im asiatischen Raum im Zusammenhang mit dem Textilhandel auf. Puschkin eilten viele Gedanken durch den Kopf: Wo steckte Silva? Was hatte er vor? Würde er sich an Como rächen wollen? Wenn ja, dann wäre die Teilnahme des Unternehmers am Volkslauf für Silva eine Möglichkeit, dem angeblichen Mörder seiner Eltern gefährlich nahe zu kommen. Doch Como war nicht unvorsichtig. Es war bekannt, dass er private Bodyguards beschäftigte. Wenn Silva wirklich zum Halbmarathon kommen sollte, dann hätte die Kripo die Möglichkeit, den entflohenen Häftling zu identifizieren und festzunehmen. Doch durfte sie Silva verraten? Könnte sie damit leben? Könnte sie damit leben, wenn Silva diesen Como schwer verletzen oder töten würde? Puschkin stellte sich mit dem Kaffeebecher ans Fenster und blickte in die Ferne. Leise sagte sie: „So ein Mist! Egal wie ich mich entscheide, es wird Ärger geben!"
Gott sei Dank gab es noch andere Fälle, um die sie sich nun kümmern musste. Puschkin hatte bis kurz vor Feierabend ihre polizeiliche Verwaltungsarbeit sowie viele Telefonate rund um laufende Ermittlungen alter und neuer Fälle getätigt und fühlte sich müde. Ihre Hand griff die verwaiste Tageszeitung auf dem Schreibtisch des Kollegen Heilig. Irina schlug die Seite mit dem Sportteil auf. Dort fiel ihr sogleich ein großer Bericht ins Auge: *Textilfabrikant Raphael Como sponsert Stadtmarathon. Der spendenfreudige Sportkleidungsgroßhändler Raphael Como ist der Schirmherr des diesjährigen Volkslaufs. Der 59-jährige Familienvater will sogar den Halbmarathon laufen ...*
Der weitere Bericht stellte Comos Engagement beim heimatlichen Fußballverein heraus, seine Förderungen der Jugend und seinen neuen Weg in die kommunale Politik. Puschkin legte die Zeitung zusammen, ließ sie auf den Schreibtisch fallen und knurrte: „Bei dem Schmalz müssten sämtliche Blätter zusammenkleben."

Sie blickte auf die Uhr und griff zu ihrer Jacke. Trotz der Müdigkeit begann Puschkin ihr Lauftraining direkt nach dem Dienst. Es blieben ihr bis zum Halbmarathon nur noch drei Tage, um sich vorzubereiten.

Seit Tagen hatte sich die Stadt auf das Sportereignis vorbereitet. Der Volkslauf war in aller Munde. Mitarbeiter des Straßenverkehrsamts, des Ordnungsamts, der Straßenreinigung und der Abfallbeseitigung bekamen ihre Anweisungen. Polizei, Feuerwehr, das Rote Kreuz und andere Hilfsorganisationen sorgten sich um die Sicherheit der Läufer und der Zuschauer. Getränkewagen und der mobile Schnellimbiss waren an diesem Tag für den Großangriff der Massen gerüstet. Die Gebete aller Religionsgruppen waren erhört worden und so stand die Frühlingssonne an einem fast wolkenfreien Himmel. Auch wenn um diese Jahreszeit nicht mit extremer Hitze zu rechnen war, so hielten die Helfer für die Sportlerinnen und Sportler in regelmäßigen Abständen Wasser und Energy-Drinks bereit. Die Strecke war markiert und völlig vom Verkehr abgegrenzt. Mehr und mehr Menschen säumten den Rand der Straßen. Überall schallte Musik aus Lautsprechern, echoten Durchsagen und Hinweise. Banner und Plakate trugen Werbung, sehr häufig die Reklame für Como-T, der ‚optimalsten Sportkleidung der Welt'. Auf einzelnen Bühnen sprachen Kommunalpolitiker und Sprecher der Sportverbände. Jubel, Rufen, Pfeifen, Stimmung überall.
Nur noch 21.0975 Kilometer hatte ein Witzbold auf sein Schild geschrieben und hielt es neben der Startlinie hoch. Mehr und mehr Läuferinnen und Läufer sammelten sich am Start. Unter einem Jubelsturm und Blitzlichtgewitter trat Raphael Como auf die Laufbahn. Gebräunt, schlank, in bester Como-T-Ausstattung wirkte der geborene Südländer höchstens wie Ende vierzig. Zwei ähnlich gekleidete Hünen wichen nicht von seiner Seite.

Das waren Bodyguards. Mehrere Mikrofone der Presse wurden auf Como gerichtet. Der Unternehmer gab sich demonstrativ bescheiden: „Bitte, meine Damen und Herren, das hier ist zwar eine Sportveranstaltung, aber für mich ist das ein Volkslauf. Ich bin kein Profi. Ich möchte unseren lieben Mitbürgern nur ein Beispiel geben, dass man auch mit fast sechzig immer noch hohe körperliche Leistungen bringen kann. Außerdem will ich sportliche Aktivitäten fördern, die der Gesundheit dienen. Nun entschuldigen Sie mich bitte. Ich möchte mich bei den übrigen Läufern einreihen."
Wieder jubelten ihm die Massen zu. Eine Läuferin wartete unweit von Como und seinen beiden Beschützern. Sie trug einen knallgelben Jogginganzug und schneeweiße Como-T-Langlaufschuhe. Die dunkelblonden Haare wurden von einem Stirnband nach hinten gehalten. Eine große Sonnenbrille verdeckte die Augenpartie. Die Frau blickte sich immer wieder in alle Richtungen um. Im Pulk der wartenden Teilnehmer sprach man über die Weltrekorde des Halbmarathons. Angeblich waren die Männer diese Strecke in einer Zeit unter einer Stunde gelaufen. Die Frauen lagen knapp über einer Stunde. Doch die Volkslaufteilnehmer würden zum Teil mehr als zwei Stunden unterwegs sein. Bei anfeuernder Musik mit Hörnerklang erschallte das Startsignal und die sportliche Menschenmasse bewegte sich immer schneller voran. Der Pulk dehnte sich mehr und mehr aus. Das dichte Gedränge lockerte sich. Bald liefen nur noch kleine Gruppen zusammen. An der Spitze trabten einzelne Kämpferinnen und Kämpfer. Im Ohrhörer der Läuferin mit dem Stirnband ertönte eine Stimme: „Irina, hast du schon eine verdächtige Person gesehen?"
„Nein. Ich vermute, dass Silva Como erst vor dem Ziel abpassen wird. Falls er überhaupt kommen wird."

„Wir haben mindestens zehn Leute im Bereich der Zielgeraden. Vorsichtshalber hat das SEK auch einen Scharfschützen positioniert.“
Puschkin lief ein Schauer über den Rücken. Sie flüsterte: „Ist ja toll. Dann soll Silva wie eine Setzente abgeknallt werden?“
„Irina? Du musst lauter sprechen. Übrigens scheuert deine Kleidung irgendwie am Mikrofon. Also halte die Augen auf und schwinge fleißig deine schönen Beine.“
„Idiot!“, flüsterte sie keuchend und erhöhte ihr Tempo.
Raphael Como zeigte für sein Alter eine erstaunlich gute Kondition. Er war elf Jahre älter als Puschkin und musste das Laufen gewohnt sein. Seine Bodyguards blickten sich immer wieder unauffällig um. Nur einmal hatte Puschkin gedacht, dass sie Silva unter den Läufern erkannt hätte. Der Mann hatte sehr ähnliche Augen. Doch dann müsste Mario jetzt einen Vollbart tragen. Der Bart des Läufers wirkte nicht künstlich. Silva hatte vor fünfzehn Jahren nur einen spärlichen Bartwuchs gehabt, sein jungenhaftes Gesicht war höchstens mal von einem zarten Flaum umflort gewesen. Irina hielt es daher für ausgeschlossen, dass sich Mario innerhalb weniger Tage einen Vollbart hätte wachsen lassen können.
Raphael Como blickte hinter sich. Er lächelte die Frau im gelben Jogginganzug freundlich an. Sie lächelte zurück. Puschkin erwischte sich bei dem Gedanken, dass dieser Como sehr sympathisch wirkte. Ein attraktiver Mann mit grauen Schläfen und einem Blick, der vor Selbstsicherheit strotzte. Dazu braun gebrannt und sportlich, erfolgreich und vermögend. Verständlich, dass die Frauen bei ihm Schlange standen. Sein Lauftempo war sehr angenehm. Die Hälfte der Strecke war nach fünfundvierzig Minuten überwunden. Hier und dort standen Läuferinnen und Läufer, die sich unter gequälter Miene die Hand auf die stechende linke Rippenseite hielten. Helfer des Roten Kreuz verteilten

Wasser. Auch Puschkin nahm eine kleine Plastikflasche an und trank diese während des Laufens leer. Sofort bildete sich noch mehr Schweiß. Irgendwie störte sie außerdem das verborgene Pistolenholster. Zuschauer applaudierten, riefen den Läufern Mut zu, machten sich lustig. Das Stimmengewirr und die verschiedenen Musikrichtungen, die sich von Straße zu Straße mischten, schafften eine Jahrmarktsatmosphäre. Etwas voraus lief wieder der Mann mit dem Vollbart. Jetzt trug er seine Schirmmütze mit dem Schirm nach hinten. Ein kurzer Blick zu Puschkin und er wendete sich rasch ab. Diese Augen ... Dieses Lächeln ... Das war der Hauptkommissarin doch bekannt. Der Mann trank im Laufen von seiner Wasserflasche, warf sie in die Zuschauermenge und spurtete an Como und seinen Begleitern vorbei. Puschkin fragte in ihr verstecktes Mikro: „Roman, hörst du mich?“

„Ja, die Verständigung ist halbwegs gut. Was ist los?“

„Vor Como läuft ein Mann mit Vollbart. Blau und schwarz gestreifter Jogginganzug. Er trägt eine grüne Schirmmütze.“

„Ist das Silva?“

„Wenn er es wäre, dann müsste ihm innerhalb von wenigen Tagen ein dichter Bart gewachsen sein. Silva hat aber keinen dichten Bartwuchs.“

„Du musst es wissen. Du kennst ihn ja aus nächster Nähe.“

„Leck mich doch!“, fluchte Puschkin und blickte sich wieder zu allen Seiten um.

Der Bärtige war auf der Laufstrecke nicht mehr zu sehen.

Über der Ziellinie flatterte ein Banner im Wind. Links und rechts neben dem Wort ‚Ziel‘ stand die Como-T-Werbung. Hundert Meter vor dem Ziel wartete ein Übertragungswagen des Regionalradios. In der Liveübertragung sagte der Sprecher soeben: „Längst stehen die Namen der zehn schnellsten Läuferinnen und Läufer fest. Wie schon vor einigen Minuten bekannt gegeben, hat heute zum ersten Mal in der Geschichte unserer Stadt eine Frau den Halbmarathon gewonnen. Iris Selm ist mit ihren achtunddreißig Jahren nicht die jüngste Teilnehmerin, aber offensichtlich die fitteste Sportlerin an diesem Tag. Wie uns Frau Selm erklärte, trainiert sie unsere regionale Leichtathletik-Jugend.“ Auf der Straße mischte sich die Musik mit Zwischenrufen und den Anfeuerungen der Läufer. Der Radiosprecher fuhr fort: „Mehr und mehr Läuferinnen und Läufer biegen auf die Zielgerade ein. Man sieht auch deutlich, dass nun das Alter der Teilnehmerinnen und Teilnehmer zunimmt. Während die Jugend ihren erfolgreichen Lauf schon feiert, mobilisieren unsere sportlichen Senioren nun die letzten Kräfte. Oh, was sehe ich da? Endlich kommt der Schirmherr dieses Langlaufwettbewerbs in Sicht. Raphael Como biegt in die Zielgerade ein. Unglaublich, wie fit dieser Mann noch aussieht, obwohl er im kommenden Jahr seinen sechzigsten Geburtstag feiert. Die Massen winken ihm zu und feuern ihn noch einmal auf den letzten Metern an ...“

Plötzlich ein Aufschrei. Direkt in der Nähe des Ü-Wagens. Der Schrei einer Frau. Sie bewegte hysterisch die Arme.

In der Liveübertragung wurde die Stimme des Radiosprechers hektischer: „Unsere Blicke sind nun auf eine Frau gerichtet, die in Gefahr zu sein scheint. Zwei von Herrn Comos Begleitern gehen auf die Frau zu. Ist sie ein typisches Opfer, das in der Anonymität der Masse angegrapscht oder bestohlen wurde? Dieses gesellschaftlich und politisch aufgeladene Reizthema scheint kein Ende zu nehmen, liebe Zuhörer. Moment, was sehe ich da? Uniformierte Polizei kommt hinzu. Oh, mein Gott, jetzt ist es zu erkennen! Ein Mann hat Raphael Como von hinten umklammert und hält ihm ein Messer an die Kehle. Comos Bodyguards wollen eingreifen, halten sich aber noch zurück. Der Gei-

selnehmer ruft ihnen irgendetwas zu ... Meine Damen und Herren, das Programm wird kurz unterbrochen."
Umgehend spielte der Sender angenehme, wenngleich absolut unpassende Instrumentalmusik.

Puschkin stand fünf Meter von Raphael Como und seinem Geiselnehmer entfernt. Der Mann mit dem Vollbart und der Schirmmütze hielt seinem Opfer eine lange Klinge vor die Kehle und rief: „Sie alle bleiben im Abstand von zehn Schritten zurück. Wenn nicht, dann ist dieser Mann tot!"
Puschkin erkannte Silvas Stimme. Ihre Gedanken und Gefühle überschlugen sich. Ihre neue Hoffnung auf eine gemeinsame Zukunft hatte Silva mit diesem Verbrechen endgültig zerstört. Sie öffnete ihre Joggingjacke und tastete nach der Pistole. Sie zog die Hand wieder zurück.
Im Ohrhörer hörte sie die Funkstimme des Kollegen Heilig: „Irina, hältst du deine Waffe bereit?"
„Ja, aber das nutzt nichts. Wir müssen mit Silva verhandeln. Schafft vor allem die verdammten Schaulustigen fort. Du hast doch genug Leute."
Puschkin blickte sich um. Mindestens drei uniformierte Polizisten hatten ihre Waffen gezogen. Ebenso die beiden Bodyguards. Heilig sagte in Puschkins Ohrhörer: „Der Scharfschütze ist klar. Sobald er freie Sicht hat, wird er einen finalen Rettungsschuss abgeben."
„Scheiße, nein!", zischte Puschkin ins Mikro. Sie trat einen Schritt vor und rief zum Geiselnehmer: „Silva, lassen Sie Herrn Como augenblicklich frei. Sie sehen doch selbst, dass Sie von Polizei umringt sind und keine Fluchtmöglichkeit haben. Wenn Sie Ihre Waffe zu Boden fallen lassen, wird Ihnen nichts geschehen. Dafür bürge ich." Puschkin schob ihre Sonnenbrille nach oben auf die Haare und sprach die Geisel an: „Herr Como,

bleiben Sie ganz ruhig. Ich bin Irina Puschkin von der Polizei. Wir klären das in aller Ruhe."
„Du klärst gar nichts, Irina!", rief Silva. „Dieser Mann hier hat vor siebenunddreißig Jahren den Zirkusbesitzer Tino Silva und seine Frau Maria getötet. Dann stieg er ins Drogengeschäft ein und erschoss vor fünfzehn Jahren zwei Menschen. Da unsere Justiz nicht fähig ist, solche skrupellosen Verbrecher hinter Gitter zu bringen, muss der brave Bürger eben selbst Hand anlegen. Und genau das tue ich hier und heute."
Das Gemurmel der Zuschauermenge wurde mit wachsender Spannung lauter. Die Polizei hatte es schwer, die verängstigten, neugierigen und faszinierten Menschen vom Tatort zurückzudrängen. Doch Geisel und Geiselnehmer standen für neugierige Ohren außer Hörweite. Ferner wurde der Tatort von unzähligen Stimmen der schaulustigen Masse übertont.
Como flüsterte zu seinem Angreifer: „Silva, du bist ein Arschloch. Den Scheiß mit dem Zirkus glaubt dir doch niemand. Du warst ein Nichts und du bist ein Nichts. Genau wie deine Eltern. Ihr kleinen Lebenskünstler wisst nie, wann man sinnvoll in Schutzgeld investieren muss und wann man eine dicke Lippe riskieren darf. Wenn du mich hier umlegst, gehst du für dein restliches Leben in den Knast."
„Como, mein Vater hatte damals nicht genug Geld, um eure erpresserische Mafia zu finanzieren. Im Gegensatz zu dir hat er sein Einkommen legal verdient. Du bist ein Hurensohn, ein eiskalter Verbrecher und Killer."
„Silva, wenn dein Alter nicht versucht hätte, die scheiß Zirkusviecher aus dem brennenden Stall zu retten, dann hätte er vielleicht nicht sterben müssen."
„Und Maria, meine Mutter?"
„Ich konnte nicht ahnen, dass sie von einer Zeltstange erschlagen wird."

„Nein, konntest du nicht? Was dachtest du denn, was mit einem Zelt geschieht, das in voller Ausdehnung brennt?“
Silvas Hand begann zu zittern und die Klinge ritzte Comos Hals. Der Schuft blieb erstaunlich beherrscht: „Silva, du legst mich sowieso nicht um. Dazu fehlt dir die notwendige kriminelle Energie. Du bist und bleibst ein Weichei.“
Die Männer sprachen so leise, dass auch die Bodyguards und Polizeibeamten in ihrer Nähe kaum ein Wort verstanden.
Puschkin sah Silvas zitternde Hand und wurde nervös. Sie hörte Heiligs Stimme in ihrem Ohr: „Der Scharfschütze ist bereit. Er hat Silvas Kopf im Visier. Gibst du den Schießbefehl oder der Leiter des SEK?“
Puschkin rief zu Silva hinüber: „Mario, gib endlich auf. Du hast keine Chance! Ich weiß außerdem, dass du kein Mörder bist!“
„Puschkin, gib endlich den finalen Rettungsschuss frei!“, rief Heilig so laut über Funk, dass Irinas Ohr schmerzte.
Silva fragte Como: „Warum mussten die Männer in der Villa damals sterben?“
„Ganz einfach: weil sie meinen Namen kannten. Und weil du kurz davor warst, eine Verbindung zwischen mir und dem alten Drogensyndikat herzustellen. Ja, das waren noch spannende Zeiten.“
„Oh, wie mir ein Singvogel im Knast berichtete, sind deine spannenden Zeiten noch nicht vorbei. Wenn du über die Ziellinie dort hinten gerannt wärst, dann wäre mindestens eine deiner Fabriken im Osten in Flammen aufgegangen. Como, deine Kommunikationswege sind sehr undicht geworden.“
„Was weißt du über Bangladesch und ...“ Como brach seinen Satz vorzeitig ab und zog ein diabolisches Lächeln auf. „Silva, du weißt nichts. Du bluffst. Und du Idiot wirst von mir auch nichts erfahren. Auch nicht mit einem Messer an der Kehle. Fahr zur Hölle.“

„Raphael, weißt du, was ich von dir halte? Du bist nicht nur ein mehrfacher Mörder, sondern auch ein Schwachkopf. Dein Imperium versinkt soeben. Ich habe unter der Jacke in der Brusttasche ein empfindliches Diktiergerät. Alles, was du gesagt hast, habe ich nun aufgezeichnet. Das Diktiergerät werde ich gleich der Polizei übergeben."
Comos Schläfen begannen zu pochen. Mehr und mehr Wut stieg in ihm auf.
„Ich werde dich jetzt ganz langsam loslassen und wir verhandeln später weiter." Silva hielt die Klinge nur noch vor Comos Gesicht. Gleichzeitig löste er die Umklammerung der Geisel. Comos Augen sprühten vor Hass. Er wirkte wie ein brodelnder Vulkan. Lächelnd überreichte Silva Como den Messergriff und flüsterte: „Nimm die Waffe. Du hast nach deinem aufgezeichneten Geständnis alles verloren und ich werde gleich alles gewinnen."
Blitzschnell ergriff Como das Messer und schlitzte damit Silvas Jacke von der Brust bis zum Bauch auf. Blut spritzte beiden Männern in die Gesichter und über die Hände. Silva stürzte auf den Rücken. Como beugte sich vor und tastete suchend auf dem Körper des Schwerverwundeten herum. Er schrie: „Wo ist das verdammte Diktiergerät?" Er hob das Messer und stach auf Silvas Brustkorb ein. Die Klinge schnitt aber nicht tief in Silvas Körper. Scheinbar hatte Como eine Rippe getroffen. Das Messer zielte auf Silvas Hals. Die Spitze traf jedoch knapp daneben den Asphalt.
Puschkin zerrte mit aller Kraft den wahnsinnig tobenden Como am Kragen seiner Joggingjacke zurück. Immer noch schrie der Industriemagnat: „Lasst mich, ihr Idioten! Ich will das Diktiergerät!"
Polizeibeamte drängten sich massiv zwischen Como und Silva. Zuschauer riefen um Hilfe. Hysterische Frauen taumelten. Je-

mand musste sich beim Anblick der großen Blutlache übergeben. Ungeniert wurden Handyfotos von dem blutüberströmten Geiselnehmer gemacht. Puschkin beugte sich entsetzt über Mario und hielt sein Gesicht zwischen ihren Händen.
„Mario, hörst du mich? Mario, bitte mach die Augen auf!"
Sanitäter beugten sich ebenfalls zu Silva und wollten Puschkin zurückdrängen. „Bitte, Frau Kommissarin, lassen Sie uns unsere Arbeit machen!"
Wieder rief sie: „Mario, hörst du mich?"
Der Sanitäter wurde energischer: „Frau Kommissarin, gehen Sie zur Seite!"
Ein weiterer Mann trat hinzu. Er war Mitte fünfzig und hatte ein kantiges Gesicht. Er sagte mit sonorer Stimme: „Frau Puschkin, stehen Sie auf. Ich muss Sie dringend sprechen. Mein Name ist Reiner Marschmann. Ich bin vom BKA."
Die Hauptkommissarin erhob sich. Silva wurde auf eine Trage gelegt und zu einem Rettungswagen gebracht.
Der Mann vom BKA blickte Puschkin streng an und sagte im Befehlston: „Folgen Sie mir jetzt!"
Puschkin und Marschmann durchquerten die gaffende Menge und betraten eine weniger belebte Gasse.
Die Hauptkommissarin fragte verärgert: „Dürfte ich erfahren, was Sie von mir wollen?"
„Wir sind gleich an meinem Wagen", antwortete Marschmann sachlich und zeigte auf eine Limousine.
Die Fernbedienung entriegelte und Marschmann hielt der Polizistin die Beifahrertür auf. Dann stieg er hinter das Lenkrad und fuhr schweigend los. Puschkin fühlte sich so unwohl wie lange nicht mehr. Ihr Einsatz war außer Kontrolle geraten. Auf Mario war so heftig eingestochen worden, dass sein Leben nur noch an einem seidenen Faden hängen konnte. Würde sie ihn noch lebend zu Gesicht bekommen? Puschkin herrschte Marschmann

an: „Dürfte ich verdammt noch mal jetzt erfahren, was Sache ist?“
Er zeigte stumm hinter sich. Fast gleichzeitig wurden sie von einem eiligen Rettungswagen überholt. Marschmann folgte dem Krankentransport. Vor der Unfallklinik verstummte das Martinshorn. Der Wagen bog zur Notaufnahme ein. Die Limousine fuhr hinterher und parkte in der Nähe. Die Sanitäter zogen die Trage aus dem Wagen, setzten sie auf ein rollbares Untergestell und schoben den Patienten ins Gebäude. Marschmanns stoisches Schweigen ging Puschkin arg auf die Nerven. Ihr kriminalistischer Instinkt witterte jedoch, dass an dieser Handlung etwas nicht stimmte. Sie beschloss, das Spiel weiter mitzuspielen.
„Kommen Sie, Frau Kollegin“, sagte der BKA-Beamte nach wenigen Minuten und stieg aus dem Wagen.
Sie betraten die Notaufnahme. Ein Pfleger winkte ihnen und wies zur Tür eines Behandlungsraums. Puschkin ging voraus. Mitten im Raum stand die Trage mit dem Verletzten. Der Geiselnehmer öffnete mit schmerzverzerrtem Gesicht die Augen und blickte zur Tür. Ein Arzt öffnete die zerstochene Jacke des Patienten noch weiter. Er zog einen blutverschmierten Kunststoffbeutel von Brust und Bauch. Darunter kam eine stichfeste Schutzweste zum Vorschein. Auch diese wurde geöffnet. Unter der Schutzweste zeichneten sich frische Hämatome ab. Ein Pfleger fingerte am Hals des Patienten herum. Stück für Stück löste sich eine Maske mit natürlich wirkendem Vollbart. Silvas Gesicht kam zum Vorschein. Er blickte Puschkin an und lächelte mühsam. Sie trat näher. Ihre Schläfen pochten vor Ärger. Die schmerzhafte Sorge um diesen Verrückten hatte sie tief getroffen. Dabei war alles nur eine Inszenierung gewesen.
„Du bist ein verdammter Vollidiot!“, fuhr sie Silva an.
Marschmann zog Puschkin am Ellenbogen aus dem Raum der Notaufnahme und sie gingen zu seinem Wagen zurück. Er hielt

ihr die Tür auf. Sie nahm Platz. Er stieg ein und sagte: „Wir haben Como eine Falle gestellt. Er hat sich in unserer Gesellschaft über Jahrzehnte eine perfekte Tarnung zugelegt. Tatsächlich ist er in Deutschland einer der größten Mafia-Bosse. Er pflegt seit Jahren immer mehr Kontakt zu den mafiösen Strukturen in der asiatischen Welt. Alles Weitere wird Ihnen Silva später selbst berichten. Er wird noch auf weitere Verletzungen untersucht. Sie treffen ihn heute Abend um 18:00 Uhr zusammen mit Richter Dr. Eichholz im Hotel Riegel. Seien Sie bitte pünktlich." Der BKA-Beamte startete den Motor und fragte: „Wo soll ich Sie absetzen?"
„Bringen Sie mich bitte zum Präsidium."
Der Wagen rollte los. Puschkin blickte den BKA-Beamten von der Seite an: „Ich weiß nicht, ob Sie ein guter Polizist sind. Ein großer Redner sind Sie auf keinen Fall."
Ein Lächeln zog auf seine Lippen: „Schweigen bedeutet überleben. Aber ich kann gut zuhören. Wollen Sie mir etwas von sich erzählen?"
„Nein, setzen Sie mich nur am Präsidium ab."

Fünfzehn Minuten später stieg Puschkin aus und Marschmann eilte wortlos davon. Die Hauptkommissarin betrat das Gebäude. In einem Gang kam Heilig auf die Kollegin zugestürzt: „Wo bist du gewesen? Hat man dir schon mitgeteilt, wer der Geiselnehmer ist? Wenn du mich fragst, dann steckt dahinter eine Schmierenkomödie vom BKA, BND oder anderen Geheimniskrämern. Uns braucht man ja nichts zu sagen." Sie zuckte stumm mit den Schultern. Heilig schüttelte den Kopf und fuhr fort: „Die Presse rennt uns die Bude ein. Die Telefone stehen nicht mehr still. Comos Anwalt macht ein riesiges Theater, weil wir seinen Mandanten festgenommen haben. Como hätte im Affekt gehandelt. Die Messerattacke gegen den Geiselnehmer wäre reine

Notwehr gewesen. Verdammt, ich weiß nicht, wo mir der Kopf steht." Puschkin lief ohne zu antworten weiter. „Heh, Irina, ich brauche Antworten. Was soll ich der Presse sagen?"
Sie drehte sich lächelnd zu ihm herum: „Ich bin soeben belehrt worden und gebe diese Lehre gerne weiter. Sag der Presse: Schweigen heißt überleben!"
Sie ließ Heilig stehen und verschwand in ihrem Büro.

Puschkin betrat kurz vor 18:00 Uhr das Foyer des noblen Hotels Riegel und folgte der Beschilderung zum Restaurant. Sie trug einen Hosenanzug und Pumps. Ihre Haare waren zu einer strengen Frisur hochgesteckt. An der Garderobe sprach sie ein Ober höflich an. „Guten Abend, Madame. Haben Sie einen Tisch bestellt oder werden Sie erwartet?"
„Mein Name ist Puschkin. Herr Dr. Eichholz erwartet mich."
„Madame, folgen Sie mir bitte."
Der Kellner zeigte in Richtung Lokal und ging voraus. Leise Musik erfüllte den Gastraum. Die Tische waren alle besetzt. Stilvoll gekleidete Gäste unterhielten sich in maßvoller Lautstärke. Der Ober führte Puschkin zu einem Tisch, der für fremde Ohren zu weit von den Nachbartischen entfernt stand. Zwei Herren saßen dort und waren in ein Gespräch vertieft. Der Ältere blickte kurz auf und erkannte die Hauptkommissarin. Er gab seinem Tischnachbarn ein Zeichen. Beide Männer erhoben sich. Der Jüngere war Silva. Er trug einen Anzug.
„Ich freue mich, dass Sie gekommen sind, Frau Puschkin", grüßte der Ältere und reichte ihr die Hand. „Ich bin Richter Eichholz. Richter a.D. sollte es korrekterweise heißen. Herrn Silva muss ich Ihnen ja nicht vorstellen."
Puschkin blickte Silva mit ungerührter Miene an. Er hielt ihr höflich seine Hand entgegen, doch sie nahm diese demonstrativ

nicht an. Die Augen zu Schlitzen verengt, sagte sie: „Glückwunsch zu Ihrer Spontanheilung, Herr Silva."
Dr. Eichholz zog für den neuen Gast einen Stuhl zurück: „Bitte nehmen Sie Platz, Frau Hauptkommissarin."
Der Ober fragte nach den Getränkewünschen und entfernte sich wieder. Puschkin blickte den Richter auffordernd an: „Wenn Sie mir nicht umgehend erklären, was hier für eine Komödie gespielt wird, dann bin ich wieder weg."
Richter Eichholz lächelte: „Ich erteile für diese Erklärung Herrn Silva das Wort."
Mario begann: „Als ich im Gefängnis von einem neuen Häftling erfuhr, dass Como in Asien ohne Rücksicht auf menschliche Verluste zwei, drei Textilfabriken abfackeln lassen wollte, da musste ich etwas unternehmen. Dass mir die Polizei niemals helfen würde, weil die aufgrund ihrer Strukturen und Regeln nur viel zu unflexibel reagieren, war von Anfang an klar. Also hatte ich die Idee, den pensionierten Richter Eichholz anzuschreiben. Ich schilderte ihm meinen gesamten Fall, alles, was ich über Comos Vergangenheit wusste, und was der Schuft nun eventuell vorhatte. Im Knast hat man viel Zeit, ausgefeilte Pläne zu schmieden. Ich schlug Richter Eichholz vor, mich mit Como zu treffen und ihn in ein Gespräch zu verwickeln. Bei diesem Gespräch wollte ich versuchen, Como die Aussagen zu seinen Verbrechen zu entlocken, die im Zusammenhang mit mir stehen. Und ich wollte herausfinden, wo genau in Asien Brandanschläge auf seine Textilfabriken geplant sind. Alle Aussagen sollten heimlich aufgezeichnet werden. Doch wie sollte man an Como ganz nah herankommen? Da kam uns Como mit seinem Propaganda-Volkslauf direkt entgegen."
Der Richter fügte an: „Marschmann hat auch schon seit Jahren ein Auge auf Como. Die Mafia in Deutschland ist ein Tabuthema. Die Bevölkerung soll sich nicht unnötig sorgen. Sie jam-

mert ja sowieso schon ständig herum, obwohl die Verbrechensquote seit Jahren sinkt. Die außergewöhnliche Verbindung zwischen Como und Silva eröffnete uns plötzlich eine seltene Chance."

Silva fuhr fort: „Ich bin Como beim Laufen bis zum Ü-Wagen gefolgt. Ich wollte die Presse in der Nähe haben. Irina, wie du selbst gesehen hast, hielt ich ihm das Messer an die Kehle. Dann machte ich ihm flüsternd Vorhaltungen zu seinen Verbrechen. Como ging darauf ein, weil er sich sicher war, dass niemand zuhören konnte. Er hielt mich für einen Irren, der sich an ihm rächen wollte. Das Gespräch wurde funktechnisch übertragen und vom BKA aufgezeichnet. Jetzt hat die Justiz Comos Aussagen zum Zirkusbrand meiner Eltern und zum Mord in der Villa an den beiden Dealern, die angeblich ich erschossen haben soll. Leider konnte ich über seine Fabriken im Osten und andere mafiöse Verbindungen nicht genug erfahren."

Der Ober kehrte zurück, schenkte Sekt ein und stellte die Flasche in einen Kühler. Puschkin nippte an ihrem Getränk. Dann sagte sie: „Jetzt mal ganz langsam. Du hast Richter Eichholz angeschrieben, um eine Aktion gegen Como zu starten? Wie konntest du mit Wissen des Richters aus dem Gefängnis entkommen? War der JVA-Leitung die Flucht etwa bekannt?"

Dr. Eichholz sagte: „Wir hätten niemals das Personal der JVA mit in dieses Wissen einbeziehen können. Silvas Flucht war echt. Und sie hat eine Lücke in der Sicherheit der JVA aufgedeckt. Die wurde aktuell geschlossen. Frau Puschkin, glauben Sie mir, Silvas Freiluftnummer hat die Dosis meiner Magentabletten deutlich erhöht. Er hingegen war völlig zuversichtlich."

Silva schmunzelte und blickte Irina tief in die Augen.

Sie schüttelte den Kopf und grollte: „Mario, ich kann über deine waghalsigen Alleingänge absolut nicht lachen. Ich halte dich auch nicht für einen Helden. Was du für einen abenteuerlichen

Kick hältst, malträtiert die Nerven anderer Menschen.“ Sie fragte den Richter: „Wer hat Mario bei dieser Aktion technisch unterstützt? Irgendjemand muss ihn verkabelt und abgehört haben.“
„Das hat Marschmann vom BKA organisiert. Er leitet viele verdeckte Sondereinsätze. Wir kennen uns seit Jahren.“
Puschkin wedelte mit der Hand: „Die ganze Aktion war doch auf Zufälle aufgebaut. Dass zum Beispiel diese Frau am Straßenrand plötzlich hysterisch schrie und dass Comos Bodyguards dadurch abgelenkt wurden, konnte niemand voraussagen.“
Silva erwiderte: „Das konnten wir doch steuern. Diese hysterische Dame war ebenfalls vom BKA eingesetzt worden.“
Dr. Eichholz erklärte weiter: „Die zweite risikoreiche Geschichte, die mir ebenfalls Bauchschmerzen machte, war die Aktion mit dem Messer. Dass Silva damit umgehen kann, da war ich mir sicher. Ich hatte keinen Moment Sorge um Comos Gesundheit. Aber Silva bestand auf die Idee, Como das Messer zu übergeben und ihn so zu provozieren, dass dieser die Beherrschung verlieren und zustechen würde. Gott sei Dank ging das nicht ins Auge.“
Silva winkte gelassen ab und beschwichtigte: „Ich hatte alles unter Kontrolle.“
Puschkin schlug empört mit der flachen Hand auf den Tisch und rief: „Nichts hattest du unter Kontrolle! Absolut gar nichts!“
Da sich die Bedienung und die Gäste an den Nachbartischen zu ihr verwundert herumdrehten, mäßigte sie ihre Stimme und zischte über den Tisch: „Comos Messer hat deinen Hals um Fingerbreite verfehlt, weil ich diesen Mann in letzter Sekunde am Kragen von dir zurückgerissen habe! Das nennt ihr Planung? Das nennt ihr Kontrolle? Diese dilettantische Komödie hat mir den letzten Nerv geraubt!“

„Ich bin froh, dass Sie Silvas Schutzengel waren. Ein anderer Ausgang hätte meinen Lebensabend überschattet. Und doch haben wir auf ganzer Linie Erfolg gehabt. Nicht nur seine eigenen Aussagen werden Como jetzt belasten. Nein, sein Versuch, Silva zu erstechen, hat ihn als skrupellosen Menschen enttarnt. Selbst als Blut lief, bewies der ehrenwerte Herr Como immer noch hemmungslose Gewaltbereitschaft und eine Tötungsabsicht."

Puschkin verzog das Gesicht: „Die Inszenierung mit dem Blutbeutel war eine riesige Sauerei. Einige Zuschauer sind sicherlich so traumatisiert, dass sie psychologisch betreut werden müssen."

Silva erwiderte: „Scheinbar sind nicht alle schockiert. Angeblich ist jetzt von dieser Messerattacke ein Video im Internet aufgetaucht."

Sie winkte ab und fragte weiter: „Was ist mit diesen Textilfabriken in Asien?"

Der Richter sagte: „Es wird wohl noch heute in den Nachrichten kommen. Eine von Comos Fabriken, die aber nicht unter seinem Namen zu finden war, hat das BKA in der Zusammenarbeit mit ausländischen Stellen aufgetan. Die örtliche Polizei in Bangladesch hat Brandbeschleuniger gesichert und die Leute evakuiert. Die zweite Fabrik kennen wir nicht. Es gibt bis jetzt aber keine Katastrophenmeldung. Da Como nicht die Ziellinie erreicht hat, blieb damit vielleicht tatsächlich das Signal für eine Brandstiftung aus. Auch die Geheimdienste bleiben in dieser Sache am Ball."

Der Ober reichte den Gästen die Speisekarten. Während sich Puschkins Gedanken auf das kulinarische Angebot richteten, legte sich langsam ihre Anspannung. Und doch bestellte sie nur leichte Kost.

Der Richter erhob sein Glas: „Stoßen wir darauf an, dass Herr Silva nicht nur einen Verbrecher überführt hat, sondern dass er auch in eigener Sache seine Unschuld beweisen konnte. Ich habe mich bei ihm für meinen Justizirrtum bereits entschuldigt, werde das aber auch noch öffentlich wiederholen. Ich werde immer in seiner Schuld stehen, auch wenn er mich entschuldigt hat."

Silva hob ebenfalls sein Glas: „Man kann keine fünfzehn Jahre zurückholen. Nach der damaligen Sachlage sprachen alle Indizien gegen mich. Comos perfide Pläne grenzten bis heute an das perfekte Verbrechen. Ich verzeihe Dr. Eichholz, weil er nun doch an mich geglaubt hat. Ohne seine Bereitschaft, einen entflohenen Häftling bei dieser Aktion zu unterstützen, und ohne seine Beziehungen zum BKA hätte ich niemals meine Unschuld beweisen können. Ich wäre zwar in Kürze auf Bewährung entlassen worden, hätte jedoch weiterhin als Mörder und Verbrecher gegolten. Jetzt habe ich auch gesellschaftlich eine Chance, neu anzufangen."

Der Ober servierte das Essen. Das Gespräch brach ab. Während die drei Personen speisten, verharrten sie in nachdenklichem Schweigen. Erst als der Ober einen Digestif servierte, brach Richter Eichholz das Schweigen. Er blickte Puschkin an und sagte mit erhobenem Schnapsglas: „Silva mag hin und wieder tollkühn sein, aber er hat Verständnis verdient. Seien Sie nicht so streng mit ihm. Vielleicht engagieren Sie sich bei diesem entflohenen Sträfling ein bisschen als Integrationshelferin."

Puschkins Ärger war verpufft. Sie hatte sogar das Essen genossen. Schmunzelnd sagte sie: „Ich bin Polizistin, keine Bewährungshelferin. Außerdem ist Herr Silva ein Dickschädel und völlig beratungsresistent."

Das Smartphone des Richters meldete sich mit einer Vibration in seinem Sakko. Er schaute auf das Display und las eine Nachricht. Sein Gesicht wurde ernst: „Wir haben uns zu früh auf die Schultern geklopft. Der Polizeiwagen, in dem Como zur U-Haft gefahren werden sollte, hatte einen schweren Unfall. Es gibt mehrere Verletzte."

Silvas Gesicht verfinsterte sich: „Was ist mit Como?"

„Er ist dank irgendwelcher Helfer entkommen. Marschmann befürchtet, dass Como sich nun an Ihnen rächen will, Herr Silva. Marschmann rät ihnen, vorläufig als Freigänger in die JVA zurückzukehren, bis Como gefasst wird."

Puschkins Wangen waren gerötet. Sie blickte Silva an und wusste, dass der am liebsten aufspringen würde, um Como wieder zu jagen. Deshalb sagte sie: „Meinst du, du könntest einmal in deinem Leben auf den vernünftigen Rat anderer Menschen hören?"

Er nickte stumm.

Seit Tagen fühlte sich Puschkin unwohl. Sie nahm nach Feierabend ihr Lauftraining auf, um den Kopf freizubekommen. Doch das funktionierte nicht besonders gut. Sie lief und lief, doch ihre Gedanken kreisten und kreisten um Silva und Como: Mario hatte sich direkt nach dem Abendessen von dem Richter und ihr verabschiedet. Marschmann hatte ihn zur JVA gebracht, da Silva dort angeblich vor Como sicher sein würde. Aber solche Mafia-Bosse hatten doch oft Verbindungen bis ins Gefängnis. Vor solchen Leuten war man nirgendwo sicher. Puschkin hatte versucht, Silva in der JVA anzurufen, doch angeblich hatte er keine Zeit für sie.

Nachdem er seine Unschuld bewiesen hatte und als rehabilitiert galt, hätten sie beide nun zusammen neu anfangen können. Bei Silvas letztem Überraschungsbesuch hatte sich das alles gut angefühlt. Oder hatte sie sich gründlich getäuscht?

Längst hatte die Dämmerung eingesetzt. Sie kehrte von ihrer Laufstrecke heim. Ihr Wohnhaus kam näher. Puschkin hielt inne. Sah sie richtig? In ihrer Wohnung brannte ja schon wieder Licht. Von der Anstrengung trommelte der Puls in den Ohren.

Hatte sie jetzt ein zweites Déjà-vu? Sie öffnete die Haustür und stieg die Treppe hinauf. An der Wohnungstür blickte sie in den Spion. Fast lautlos drehte sich ihr Schlüssel im Schloss und die Tür wich einen Spaltbreit zurück. Puschkin öffnete ihre Jacke und die Hand tastete zur Pistole. Doch dieses Mal ließ sie ihre Waffe stecken, schob die Wohnzimmertür lachend auf und rief in freudiger Erwartung: „Mario, deine Spielchen sind kindisch!“
Blitzschnell zog eine fremde Hand ihre Pistole aus dem Holster und hielt ihr die Waffe an die Schläfe.
„Da ist ja unsere Heldin!“, rief Como. „Ich will wissen, wo Silva steckt!“
„Ich weiß es nicht. Ich habe ihn seit dem Volkslauf nicht mehr gesehen!“
Er schlug ihr brutal ins Gesicht.
„Du weißt immer noch nicht, wen du vor dir hast? Ich kenne jeden eurer Schritte. Ich bin Como. Meine Augen und Ohren sind überall in dieser Stadt. Glaubst du, ich wüsste nicht, dass du, Silva und der Richter meine Verhaftung im Hotel Riegel gefeiert habt?“ Como stand mit ausgestrecktem Arm vor Puschkin und hielt ihr die Mündung der Pistole genau vor die Stirn. Sie versuchte, ihm fest in die Augen zu blicken, doch ihre Lider zuckten. Er hatte einen diabolischen Blick.
Mit Grabesstimme sagte er: „Du weißt, wo er steckt. Ich zähle bis zehn, und dann sagst du mir, wo ich Silva finde.“
Puschkin sah die Entschlossenheit in seinen Augen. Dieser Mann ging über Leichen. Ihr war völlig klar, dass er sie in jedem Fall töten würde.
Como zählte: „Eins, zwei, drei, vier, fünf, sechs, sieben ...“
Es gab einen furchtbaren Knall. Die Wohnzimmerscheibe klirrte. Puschkin ließ sich reflexartig zur Seite fallen. Como schoss. Das Projektil sauste an Puschkins Kopf vorbei und schlug im Fernseher ein. Der Schurke blickte starr zum Fenster. In seinem

Hals steckte ein Wurfmesser. Der Arm mit der Pistole hob sich noch einmal etwas, doch dann polterte die Waffe zu Boden. Comos Körper fiel lang auf den Rücken. Stoßartig spritzte Blut aus der Halsschlagader. Silva griff von außen durch das zerbrochene Fenster, entriegelte den Rahmen und kletterte nach innen. Er hielt eine schwere Feuerwehraxt in der Hand und ließ sie zu Boden poltern. Puschkin kam schwankend auf die Beine. Silva eilte zu ihr und hielt sie an den Schultern fest. Beide blickten sich stumm an. Einer konnte in der Seele des anderen lesen. Mario drückte Irina erleichtert an sich. Draußen dröhnten Martinshörner. Reifen quietschten. Stimmen bellten Befehle. Blaues Licht erhellte flackernd den dunklen Abend. Die Wohnungstür flog krachend auf. SEK-Männer stürmten mit Maschinengewehren herein. Ein Beamter beugte sich zu Como, dann blickte er Puschkin und Silva erstaunt an. Auch Heilig trat ein. Er senkte seine Waffe. Der SEK-Beamte sprach in sein Headset: „Einsatz beendet! Zielperson eliminiert. Puschkin relativ unverletzt! Alles unter Kontrolle!“
Schon bald zog sich das Sondereinsatzkommando zurück. Beamte der KTU begannen, Spuren des Tatorts zu sichern. Comos Leichnam wurde abtransportiert. Puschkin schob kopfschüttelnd die ramponierte Haustür zu, doch diese hielt nicht mehr im Schloss. Im verwüsteten Wohnzimmer nahm sie drei Gläser aus der Vitrine und schenkte Cognac ein. Heilig fragte: „Silva, wussten Sie, dass Como geflüchtet war und Puschkin aufsuchen würde?“
„Nein, woher? Ich bin rein zufällig hier.“
„Ach, und Sie trugen rein zufällig eine Feuerwehraxt bei sich? Ebenso zufällig ein Wurfmesser? Wollen Sie mich verarschen?“
„Das würde ich mir niemals erlauben. Die Polizeikollegen sind mir heilig. Die Axt lag unten im Garten neben einem Holzstoß. Das Messer ist ein Erbstück aus unserem Zirkus.“

„Das beantwortet nicht meine Frage, wieso Sie in diesem Moment die Kollegin Puschkin aufgesucht haben.“
„Ich wollte Frau Puschkin fragen, ob sie einem ehemaligen Häftling bei der gesellschaftlichen Integration behilflich sein kann.“
Irina antwortete mit einem verschmitzten Lächeln: „Das wird keine leichte Aufgabe werden. Zuerst bringe ich Herrn Silva bei, dass man eine Wohnung grundsätzlich nur über das Treppenhaus betritt und wieder verlässt. Bisher hat er dazu stets die Fenster benutzt.“
Silva leerte sein Glas, fasste Puschkin am Arm und zog sie mit sich durch die zerbrochene Wohnungstür zum Hausflur hinaus.
Heilig rief: „Silva, Puschkin, wir müssen eure Aussagen noch aufnehmen! Wir sehen uns gleich im Präsidium.“
Die Hauptkommissarin erwiderte: „Ich habe jetzt Feierabend. Wir sehen uns morgen im Büro.“
„Ach, und wo wollt ihr jetzt hin?“
„Das Hotel Riegel wurde mir empfohlen. Heilig, vergiss nicht, meine Wohnung zu versiegeln.“
„Wie soll ich die versiegeln? Die Tür ist völlig hin.“
„Besorge einen Schreiner. Du hast die Tür vom SEK eintreten lassen, also ist das dein Fall.“

Dieter Kleffner

wurde 1957 in der Stadt Essen in NRW mit einem Glaukom geboren und bereits im Säuglingsalter an beiden Augen operiert. Als Sehbehinderter absolvierte er in der Rehabilitations- und Ausbildungsstätte in Mainz das Staatsexamen zum Masseur und med. Bademeister. Nach vierzehn Augenoperationen trat die völlige Erblindung ein. Dieter Kleffner arbeitete über dreißig Jahre in der klinischen Physiotherapie.
Mithilfe eines Computerprogramms für Blinde verfasst er literarische Texte, die in Anthologien, in allgemeinen Zeitungen und Hör-Magazinen der Sehbehindertenverbände veröffentlicht wurden.
Dieter Kleffner betätigt sich in der Redaktion des Arbeitskreises BLAutor, einem Zusammenschluss sehbehinderter und blinder Autoren. www.blautor.de

Er lebt in Hattingen, ist verheiratet und hat zwei erwachsene Kinder.

Zusätzliche Informationen zu Büchern und Presseberichten gibt es unter www.dieterkleffner.de

Den direkten Kontakt zu ihm erhalten Sie auf:
https://www.facebook.com/dieter.kleffner

Von ihm im EPV erschienen:

Blind – Freundschaft mit der Dunkelheit
Autorenstolz
Der Stalker von nebenan
Ein Tag für Blinde, Lahme und Verrückte
Schlaflose Kissen und schlechte Gewissen
Im Testprogramm des Schicksals

Außerdem ist er diversen Anthologien vertreten wie:
Geschichte in Tierische Weihnachten
Kapitel in Schnauze - der 3. EPV-Roman
Kapitel in Intrigenspiel - der 2. EPV-Roman
Kapitel in Machenschaften - der 1. EPV-Roman

Alle weiteren Infos finden Sie auf
www.verlag-epv.de